陕西省重点扶持学科渭南师范学院中国语言文学学科建设项目
陕西哲学社会科学重点研究基地秦东历史文化研究中心项目
陕西省"一流专业"建设项目
渭南师范学院第三批特色学科建设项目

秦东民俗调查研究系列丛书

主编◎徐军义 曹 强

蒲城民俗调查研究

徐军义◎著

中国社会科学出版社

图书在版编目(CIP)数据

蒲城民俗调查研究 / 徐军义著. —北京：中国社会科学出版社，2020.8

（秦东民俗调查研究系列丛书）

ISBN 978-7-5203-7147-6

Ⅰ.①蒲… Ⅱ.①徐… Ⅲ.①风俗习惯—调查研究—蒲城县 Ⅳ.①K892.441.4

中国版本图书馆 CIP 数据核字（2020）第 169103 号

出 版 人	赵剑英
责任编辑	周慧敏　任　明
责任校对	闫　萃
责任印制	郝美娜
出　　版	中国社会科学出版社
社　　址	北京鼓楼西大街甲 158 号
邮　　编	100720
网　　址	http://www.csspw.cn
发 行 部	010-84083685
门 市 部	010-84029450
经　　销	新华书店及其他书店
印刷装订	北京君升印刷有限公司
版　　次	2020 年 8 月第 1 版
印　　次	2020 年 8 月第 1 次印刷
开　　本	710×1000　1/16
印　　张	17
插　　页	2
字　　数	285 千字
定　　价	85.00 元

凡购买中国社会科学出版社图书，如有质量问题请与本社营销中心联系调换
电话：010-84083683
版权所有　侵权必究

《秦东民俗调查研究丛书》
编委会

主　任：卓　宇　赵　曼
副主任：卢爱刚　王菊霞　韩小卫　凌朝栋
委　员：梁建邦　王双喜　孙红恩　袁　梁　曹　强
　　　　李三岗　赵前明　韦爱萍　田晓荣　王晓红
　　　　李险峰　陈西洁　孙慧玲　孙萍萍　徐军义
　　　　高军强　王　昱
主　编：徐军义　曹　强

前　　言

　　文化是民族的血脉，是人民的精神家园。中国民俗是中华文化的重要组成部分，是中华优秀文化传承的重要方式。作为群体的生活文化，民俗包含人们相互认知、理解和行动的基本文化指令，是人们共享、共建生活常识的重要领域，有群体生活的地方就有民俗，有民俗的地方就有文化创造。人民生活在民俗中就像鱼儿生活在水中，人与民俗须臾不可分离。

　　民俗是文化的生命形式，文化是民俗的生命根基。作为一种历史传统，民俗包含历代相传的物质实体、精神信仰、人事经验、法律制度等，它历久弥新，是人们日常生活的遵循和规范，也是推进社会治理的重要依据。司马光在《资治通鉴》中强调，"教化，国家之急务也，而俗吏慢之；风俗，天下之大事也，而庸君忽之。夫惟明智君子深识长虑，然后知其为益之大而收功之远也"，所谓"教之以上，俗之以下"。

　　为建设社会主义文化强国，增强国家文化软实力，实现中华民族伟大复兴的中国梦，2017年1月25日，中共中央办公厅、国务院办公厅联合印发了《关于实施中华优秀传统文化传承发展工程的意见》（中共中央办公厅、国务院办公厅〔2017〕5号），对传承发展中华优秀传统文化做了全面部署。《意见》认为，中华文明的发展孕育了中华优秀传统文化，沉淀着中华民族最深沉的精神追求，代表着中华民族独特的精神标识，是中华民族生生不息、发展壮大的丰厚滋养，是中国特色社会主义根植的文化沃土，是当代中国发展的突出优势，对延续和发展中华文化、促进人类文明进步，发挥着重要作用。2018年1月31日，中国文学艺术界联合会、中国民间文学大系出版工程领导小组办公室、中国民间文艺家协会联合下发了《中国文联关于实施中国民间文学大系出版工程的通知》（文联发〔2018〕22号），开展以中国民间文学为主体内容的社会活动等，着力推动中国民间文艺建设发展。为落实相关文件精神，传承秦东优秀传统文化，渭南师范学院人文学院组织开展了秦东民俗调研活动。

渭南有悠久的历史，灿烂的文化，不同时代的人民创造了丰富多彩的民俗生活。本次民俗调查研究以马克思主义为指导，坚持历史唯物主义与辩证唯物主义，实事求是，收集记述本区域优秀传统民俗生活，整理富有区域特色的民俗事象，研究不同民俗形式的文化意蕴，形成对我市优秀传统民俗的系统调研成果。此次调研对象为渭南市下属 10 个县市区，即临渭区（含高新区、经济开发区）、大荔县、潼关县、华州区、华阴市、富平县、蒲城县、合阳县、白水县、澄城县及陕西省计划单列的韩城市，力争既能全面反映渭南市域民俗文化生活，又能发掘不同区域民俗文化特色。

渭南师范学院是秦东地区唯一一所本科院校，在 60 多年的办学历史中，为地方经济社会发展培养了大量优秀人才，积累了丰富的教学科研经验。秦东历史文化研究中心是陕西（高校）哲学社会科学研究重点基地，致力于秦东地区历史、文学、方言、民俗、文化及其扩展领域的研究和传播，目前已陆续出版"《史记》选本"系列丛书（12 册），《史记论著集成》（20 卷）、《史记通解》（9 卷）、《〈史记〉人物大辞典》等重大成果。连续出版《秦东历史文化研究》年刊。其中，《史记》选本系列图书荣获陕西省社科普及读物奖。渭南师范学院已形成一支热心地方教育事业和服务地方社会的教学科研团队。他们坚持立德树人，积极投身地方文化的研究、传承与保护。在此基础上，人文学院组织了一支调研活动团队，分别对不同县域民俗文化进行调查研究，出版"秦东民俗系列丛书" 12 册，在提高中国语言文学学科、历史学专业建设的同时，推进秦东历史文化知识的理论研究与社会普及。

本系列丛书涉及调查研究内容庞杂，虽然做了充分准备，但是难免挂一漏万，不足之处，尚祈海内外方家指正。

秦东民俗调查研究丛书编委会
2020 年 4 月

目　录

前　言 ·· （1）

民俗，一种有"意味"的生活模式 ································ （1）

第一章　县域概述 ·· （14）
第一节　县域历史及沿革 ·· （14）
第二节　自然地理及资源 ·· （16）
第三节　人文底蕴及习俗 ·· （17）
第四节　蒲城人及其"刁"性格 ································ （18）
附录一　蒲城行政区划与人口 ································ （20）
附录二　鱼茂盛《蒲城咏怀》 ································ （22）

第二章　物质生产习俗 ·· （25）
第一节　农业生产习俗 ·· （25）
第二节　农业养殖习俗 ·· （37）
第三节　采掘及其他生产习俗 ································ （40）
第四节　物质生产用具 ·· （42）
附录一　米宴周蒲城怀古三首 ································ （47）
附录二　王杰山蒲城赞四首 ···································· （48）

第三章　物质生活习俗 ·· （50）
第一节　饮食习俗 ·· （50）
第二节　服饰习俗 ·· （63）
第三节　居住习俗 ·· （68）
第四节　交通行旅习俗 ·· （73）
附录一　关中百大怪 ·· （76）

附录二　传统布鞋制作 …………………………………………（77）

第四章　社会组织习俗 ……………………………………………（78）
　　第一节　家族组织习俗 …………………………………………（78）
　　第二节　村落组织习俗 …………………………………………（88）
　　第三节　村落伦理习俗 …………………………………………（93）
　　第四节　其他社会组织习俗 ……………………………………（99）
　　附录一　蒲城姓氏情况 …………………………………………（101）
　　附录二　蒲城部分地名起源 ……………………………………（104）

第五章　手工业习俗 ………………………………………………（106）
　　第一节　建筑类行业习俗 ………………………………………（106）
　　第二节　生产生活类行业习俗 …………………………………（114）
　　第三节　服务类行业习俗 ………………………………………（126）

第六章　商贸习俗 …………………………………………………（129）
　　第一节　尧山庙会习俗 …………………………………………（130）
　　第二节　集市习俗 ………………………………………………（133）
　　第三节　商贩习俗 ………………………………………………（135）
　　第四节　店铺习俗 ………………………………………………（137）

第七章　人生礼俗 …………………………………………………（144）
　　第一节　生育礼俗 ………………………………………………（144）
　　第二节　成长礼俗 ………………………………………………（147）
　　第三节　婚姻礼俗 ………………………………………………（149）
　　第四节　寿诞礼俗 ………………………………………………（161）
　　第五节　丧葬礼俗 ………………………………………………（163）

第八章　岁时节日习俗 ……………………………………………（172）
　　第一节　春季节日习俗 …………………………………………（173）
　　第二节　夏季节日习俗 …………………………………………（179）
　　第三节　秋季节日习俗 …………………………………………（181）
　　第四节　冬季节日习俗 …………………………………………（183）
　　附录一　蒲城八景 ………………………………………………（186）
　　附录二　贾曲八景 ………………………………………………（187）

第九章　民间艺术 ……………………………………………… (189)

 第一节　民间歌谣 …………………………………………… (189)

 第二节　民间舞蹈 …………………………………………… (192)

 第三节　民间美术 …………………………………………… (193)

 第四节　民间音乐 …………………………………………… (194)

 第五节　民间雕塑 …………………………………………… (195)

 第六节　民间戏曲 …………………………………………… (197)

 第七节　民间杂技 …………………………………………… (199)

 第八节　其他传统手工艺 …………………………………… (205)

 第九节　蒲城方言 …………………………………………… (207)

第十章　民间信仰 ………………………………………………… (213)

 第一节　日常生活信仰 ……………………………………… (213)

 第二节　民间宗教信仰 ……………………………………… (216)

 第三节　民间诸神信仰 ……………………………………… (225)

 第四节　民间日常祈禳 ……………………………………… (229)

 第五节　民间日常禁忌 ……………………………………… (233)

第十一章　民间智慧 ……………………………………………… (235)

 第一节　民间谚语 …………………………………………… (235)

 第二节　民间传说 …………………………………………… (240)

 第三节　民间幻想故事 ……………………………………… (243)

 第四节　民间机智故事 ……………………………………… (245)

 第五节　民间游艺 …………………………………………… (249)

参考文献 …………………………………………………………… (259)

后　记 ……………………………………………………………… (260)

民俗，一种有"意味"的生活模式

民俗即民间风俗，是历久弥新的一种生活习惯，是一种有"意味"的生活模式。世界上凡有人生活的地方，就有与之相应的生活方式及各不相同的生活习惯。民俗一旦形成，就成为一种规范人日常心理、语言、行为的基本力量。不同时代的人在习得民俗的过程中，又创造着新的民俗内容与形式，积累着新的民俗文化。各不相同的民俗既是一个民族国家最重要的精神文化象征之一，也是不同时代、不同地域人生产生活方式的重要标志之一。

一

民俗有漫长的发生发展史。从人类产生起，民俗就被创造和传播，渗透在人类生活的所有角落，它内容丰富、形式多样，涵盖了人们生活的所有方面。"人民生活在民俗当中，就像鱼类生活在水里一样"[①]，人与民俗须臾不可分离。

作为人类生活经验的积累和保存，各种民俗的产生都与当时人们生存的自然环境、气候变化、物质条件、生产生活方式等有密切关系，是自然历史和人类创造的结果。民俗是"一国之学"，是"历史之学"，当今社会分工所形成的政治学、经济学、人类学、民族学、社会学、语言学、宗教学、文学、艺术、医学等，无不与民俗有千丝万缕的联系，在其学科的发展形成过程中，无不以各种各样的社会民俗为基础。在科学昌明的今天，民俗更像"人类之学""社会之学""人生之学"，是我们每个人进入社会必须认真学习、认真遵循、认真研究的人生"教科书"。

在历史绵延中，人们在社会实践中传承并创造着各式各样的民俗，它

---

① 钟敬文：《新的驿站》，中国民间文艺出版社1987年版，第444页。

积累形成有地域特色、时代特色和民族特色的民俗生活。与之相应的自然规律、社会生活、人生经验便会与民俗生活融为一体，形成一个相对完整的知识结构。人们在习得各种民俗的过程中，又自然而然地接受其所承载的文化内容，使之成为规范人日常生活观念和行为方式的重要依据，创造了人们认识生活、理解生活和构建生活的话语体系。人们因为民俗生活而有了相似的价值观念，社会生活因为民俗的力量而成为一个可以被构建的命运共同体。如此，民俗不仅是过去留给现在的财富，也是现在认识过去的桥梁，更是人们创造未来理想生活的重要基础。

中华民族有悠久的历史、灿烂的文化，创造了丰富多彩的民俗生活，形成了生生不息的民俗传统。作为中华文化的重要组成部分，"中国民俗"[①]不仅是中华民族命运的见证者，而且是中国现代社会生活的参与者，它是中华民族过去的历史经验，还是中华民族未来的发展资源，是当代中国社会生活最重要的文化指南，它包含了人们相处、互动以及相互理解和对话的文化指令。[②]因此，中国民俗不仅是中华民族最重要的知识问题之一，也是中华民族最重要的文化问题之一，是构建中华民族命运共同体最重要的文化根基。近代以来，中国传统民俗的历史遭遇和现代社会发展的现实需要，促使人们重新认识传统民俗的现代价值，发掘传统民俗在当代经济社会建设中的作用，中国传统民俗已从文化负担转变为文化资源。[③]目前，我国政府不但签署了联合国人类非物质文化遗产保护公约，参加了人类非物质文化遗产杰作评选，并将许多中国传统民俗，如春节、元宵节、清明节、端午节、中秋节、重阳节等，列入国家非物质文化遗产保护名录，而更多的中华优秀传统民俗已成为人们非常珍视的一种公共文化。[④]可以看到，各种中华优秀传统民俗已在不同领域、不同层面得到不同程度的重视，这些中华优秀传统民俗"对延续和发展中华文明、促进人类文明进步"有着不可替代的作用。

中华优秀传统民俗不仅承载着中华民族最基本的文化精神，也蕴藏着

---

① 在民俗普遍受到重视后，民俗才成为人们感知和想象作为共同体的重要方式。"中国民俗"凸显了作为时代发展的一种需要，中国可以被作为一个想象的共同体，"中国人"也开始寻找和探索历史上诸多"有意义的历史事件"，使之构成一个有连续性和差异性的中国传统，从而显示"中国民俗"的源远流长和与时俱进的属性，是一种与每一个体生活息息相关的生活模式。

② 高丙中：《中国民俗学概论》，北京大学出版社2009年版，第1页。

③ 费孝通：《人文资源在西部大开发中的作用意义》，《文艺研究》2001年第2期。

④ 高丙中：《作为公共文化的非物质文化遗产》，《文艺研究》2008年第2期。

当代中国社会生活最基本的文化力量。2017年，中共中央办公厅、国务院办公厅联合颁布了《关于实施中华优秀传统文化传承发展工程的意见》，对如何实施中华优秀传统文化传承发展工程提出了明确要求，它已成为新时代人们搜集、整理和研究各种优秀传统民俗的指导性文件。我们认为，中华优秀传统文化不仅是创新当代中国文化建设的重要资源，① 也是促进中华民族走向复兴，实现"中国梦"的重要力量。

二

1846年，英国学者威廉·汤姆斯（1803—1885）在写给《雅典娜神庙》杂志的信中首先提出"folklore"概念，即"民间的知识与学问"。② 1878年10月，英国成立了世界上第一个"民俗学会"。随后，芬兰、德国、意大利、法国等国相继展开了民俗学方面的研究，"民俗学"概念很快得到国际学界认可，并广泛传播开来。欧洲国家研究民俗的最初目的带有极大的功利性，这种为政治服务的倾向在英国早期的民俗学研究中表现得非常明显。③ 日本明治维新后，欧洲科学传入日本，民俗学随之成为日本科学发展中的一门。早期的日本学界把"folklore"译作"俚谚学"或"俗说学"，主要进行"土俗研究"④。进入20世纪，在日本"民

---

① 在当代中国各种政治、经济、文化等话语世界中，"执政为民""民主""奔小康""建设小康社会""文化自觉""美丽乡村""新时代"等诸种说法，它在逻辑上显示了普通人的日常生活已成为社会关注的焦点。社会现象的存在及其进入历史的方式一般先表现为一种"话题"，随之进入"议题"。当各种民俗成为"话题"，就意味着它已经得到精英学术和大众媒介的表述，而进入"议题"则是其获取政治地位的必然过程。总体来看，"民俗""中国民俗""民俗文化"等已成为现代社会文化建设必不可少的部分。

② 汤姆斯建议用撒克逊语的合成词"Folk-lore"代替以往的各种术语，含义为"民间的知识""民间的学问""民间的智慧"，专门研究"folklore"传承、演变的科学，后被翻译为"民俗学"，并逐渐为学界接受。

③ 如博尔尼女士（C. S. Burne）《民俗学手册》的"引言"认为，民俗研究的实用价值，"就是统治国族，改善对待它统治的从属种族的方法"。她还引用理查德·登普尔爵士的话，"如果我们不深入地研究从属种族，我们就无法正确地了解他们；必须记住，亲密的交往和正确的了解才能产生同情，同情才能产生完善的统治；科学研究促进此事并确实在相当程度上使其成为可能，谁能说它是没有实用价值的呢？"可以看到，欧洲早期的民俗学研究目的非常明确，是改善和提高统治的方式。

④ 如早期日本民俗学代表人坪井正五郎说，"所谓土俗即土地的风俗之意。我把那些各地居民根据现时的风俗习惯而使用的物品，称之为土俗品。锅、釜、筷、碗、短褂、裙裤、伞、木屐、棉被、枕、笔、砚等，即为日本之土俗品"。

俗学之父"柳田国男的推动下,"民俗学"概念遂成为日本学界的通用术语。1914年1月,周作人在《儿歌之研究》中借用了日本的"民俗学"概念,使之成为中国最早使用现代意义"民俗学"概念的人。

事实上,中国人很早便对民俗有自觉的认识。在《诗经》成书的周代,"采风问俗"是当时社会的一种政治制度和文化制度。后来的"知识分子"相沿成习,在对各种民俗资料收集整理的基础上,中国人积累了大量民俗资料,在某种程度上,《诗经》就是对当时社会民俗的记录和保存。先秦《礼记》一书还对民俗产生的原因进行了分析,提出"凡居民材(材性),必因天地寒暖燥湿,广谷大川异制。民生其间者异俗:刚柔轻重迟速异齐,五味异和,器械异制,衣服异宜。修其教,不易其俗;齐其政,不易其宜"①。认为某种民俗的形成与当时的地理、气候、物产等条件密切相关,是多因素共同作用的结果,有地域的差异性和历史的传承性。

而"民俗"一词在不同文献中也多有记载。《礼记·缁衣》曰:"君民者,章好以示民俗,慎恶以御民之淫,则民不惑矣。"《汉书·董仲舒传》曰:"变民风,化民俗。"民俗的意义是生活"习惯"。后世出现的许多笔记、杂记还将民俗单列为重要条目,进行专门记述,说明民俗在中国社会已成为学术研究的关注领域。如东汉王充的《论衡》,应劭的《风俗通义》,宋代孟元老的《东京梦华录》,吴自牧的《梦粱录》等,就特别记述了各地的社会生产生活习俗,它不仅保存了历史上不同时代社会生产生活习俗的基本风貌,也是我们认识、理解和研究中国传统民俗的重要资料。

在各种文献记述中,现代意义上的"民俗"概念与中国传统文化的"民俗"概念还稍有差异,与传统文献中的"习俗""民风""风俗"等概念也有很大不同。如"风俗"一词的意义便是风俗习惯,它与日常生活中"民间的知识与学问"还不完全一样,有范畴大小的区分。《诗·周南·关雎序》曰:"美教化,移风俗。"《汉书·地理志》将其解释为:"凡民禀五常之性,而有刚柔缓急音声不同,系水土之风气,故谓之风;好恶取舍动静无常,随君上之情欲,故谓之俗。"所以,中国早期的民俗学研究者常将"民俗学"称作"谣俗学""民学""风俗学"等,以显示

---

① 王梦鸥:《礼记今注今译》,天津古籍出版社1994年版,第10页。

中国固有文化的传统。

在此基础上，1918年，北京大学成立歌谣征集处，对中国近世歌谣进行征集和选刊。1920年成立了歌谣研究会。1922年12月，创办了《歌谣周刊》，并在其《发刊词》中使用了"民俗学"概念。[①] 它标志着中国民俗学的开始。1923年，北京大学成立了专门的"风俗调查会"，成为当时推动中国民俗学研究的重要力量。1925年后，广州中山大学形成新的民俗学活动中心。1927年，中山大学成立语言历史研究所民俗学会。这是我国第一个专门的"民俗学会"，并创办了《民俗周刊》，出版了一批民俗丛书，它对中国现代民俗学队伍的形成和资料的积累产生了深远影响。

中华人民共和国成立前，由于社会动荡不安，各种民俗的收集、整理与研究更是颠沛流离，即便如此，还涌现了顾颉刚、费孝通等民俗社会学家。中华人民共和国成立后，在很长一段时间内，各种社会运动连续开展，中国民俗学没有获得真正意义上的发展。进入20世纪80年代，"解放思想、改革开放"的社会运动，推动了中国民俗学新的开始。1983年5月，中国民俗学会成立，它标志着中国民俗学发展新的里程碑。此后，中国民俗学开始真正与世界民俗学进行了对话和接轨。[②] 可以看到，人类有悠久的民俗历史，但"民俗学"建立还不到200年。从日本传入中国的现代意义"民俗学"研究，才有100多年，其间还有曲折的历程。进入"新时代"，新的政治判断和国家发展定位，为中国民俗研究提供了时代坐标和科学依据，也为中国民俗的研究创造了新的发展空间，提出了新的研究任务。

三

当汤姆斯把"民俗"确定为"民间的知识与学问"后，"民俗学"逐渐发展成为一门独立的社会学科，并构建了相对独立的民俗学知识话语

[①] 《歌谣周刊》"发刊词"提出，"本会汇集歌谣的目的共有两种，一是学术的，一是文艺的。我们相信民俗学的研究在现今的中国确是很重要的一件事业，虽然还没有学者注意及此，只靠几个有志未逮的人是做不出什么来的，但是也不能不各尽一分的力，至少去供给多少材料或引起一点兴味。歌谣是民俗学上的一种重要的资料，我们托他辑录起来，以备专门究……"（《歌谣周刊·发刊词》1922年第1期）

[②] 如1986年，在北京成立了国际亚细亚民俗学会，成为沟通亚洲各国各地区民俗研究的重要桥梁，它推动了各国各地区民俗文化之间的交流与对话。

体系。因为各国学术背景差异，不同国家的学者对"民"（folk）与"俗"（lore）的界定出现了不少分歧。

关于"民"的认知，19世纪的学者主要形成两种观点，"民"指"古人"和"农民"。① 进入20世纪，"民"的范畴有了新变。美国学者萨姆纳（1840—1910）在1906年出版的《民俗》（Folkways）中提出，原始人、古人创造民俗，现代人继承古俗，创造新民俗，认为有社会生活的地方就有民俗，发展了"民"的内涵。1921年，中国学者愈之认为，"folklore"一词中研究的"民"应包括民族全体，认为民俗是民族全体创造，并流行于全民中，它表现了全民族共通的思想与情感。北京大学在《歌谣周刊·发刊词》中认为"民"指国民，倾向于当时所有的中国人。而中山大学在《民俗周刊·发刊词》中对"民"的界定更具体，认为"民"指平民，是相对于皇帝、士大夫、僧道的农夫、工匠、商贩、妇女、游侠、优伶、娼妓、罪犯、小孩等民众。② 1983年，中国民俗学会理事长钟敬文总结了新时期以来学界对"民"的诸种认识，认为"民"不仅生活在农村，也生活在都市；不仅生活在古代，也生活在现代，只要是社会生活中的人，就不能免"俗"，普通人如此，其他看似不普通的人也如此。认为民俗研究中的"民"应该指古往今来所有社会生活中的人。这一观念为中国民俗研究确立了对象主体，也为我国后来的民俗学研究确立了基本范围。

"俗"是"folklore"中"lore"的翻译，它与中国古代文献中的"俗"字还有意义的差异。汉语词汇中有风俗、习俗、礼俗等，其"俗"的意思是指"习惯"，它是一个人通过反复学习、反复实践，而逐渐获取，最终形成一种代代传承的生活习惯。"lore"的字面意思是"知识与学问"，它与中国的"俗"字有相通的地方，如"习惯"便包含了一定知识与学问，还有知识与学问的应用与实践。从目前研究看，西方学者对"俗"的界定有三种基本认识，一是"遗留物"说；③ 二是

---

① Richard M. Dorson, Peasant Custom and Savage Myths: Selections from the British Folklorists, The University of Chicago Press, 1968, p. 238.
② 高丙中：《民俗文化与民俗生活》，中国社会科学出版社1994年版，第31—33、35—38页。
③ "遗留物"说，如汤姆斯1846年提出"folklore"时，认为"俗"就是旧时的行为举止、风俗、庆典、谚语、歌谣等，是"古代遗留在当今社会的东西"。1871年，英国人类学家泰勒出版《原始文化》，将其直接称为"遗留物"（survivals）。

"口头文艺"说;① 三是"民间文化"说②。这三种观点对中国民俗学的研究和发展都产生过重要影响。如顾颉刚就用"民众文化"指民俗,认为它包括风俗方面、宗教方面和文艺方面。③ 钟敬文则用"民间文化"指民俗,认为"每个民族都有上、中、下三层文化,民俗是中下层民间文化的一部分""一切民俗都属于民间文化,但并非一切民间文化都是民俗"。④ 其他学者多在此观点上进行阐发和增补,不断充实"俗"的内容。汉代许慎《说文解字》曰:"俗,从人从谷。习也。"认为先民穴居山谷,有自然形成进出山洞的习俗。"俗"中包含着一种约定俗成的生活方式,有反复进行的历史意味,可引申为民众代代相承的生产生活模式。这种习俗以口耳相传、行为示范和心理影响等方式进行传承和扩展,它既有过去生活经验的传递,也有现实生活内容的创造,是各种生活实践和精神观念的相互融合,从而形成一种有"意味"的生活模式。而人生的过程就是不断将自己投入这种生活模式中,在习得这种生活模式的同时,也就逐渐成为一个有文化特征的社会人。

1989年,钟敬文重新审视和发掘以往学者关于"五四"时期的民俗学研究成果,认为"五四"时期学者提出的"那些民俗"依然拥有更深远、更广泛的社会文化学意义,即"重视口头文学,宣传通俗文艺,提倡白话和推行国语,以及收集整理一般民俗资料:这四种事实,要比单纯民间文艺学的范围远为宽泛"。在此基础上,他撰写了《"五四"时期民俗文化学的兴起》,提出从文化角度研究民俗,建立民俗文化学视角上的"民俗文化"概念。他使文化成为发掘民俗的新视角,使民俗的"意味"有了研究的新平台,也为后来的"民俗学学科"建立创造了新条件。

---

① 美国加州大学人类学家威廉·巴斯寇姆(Willian Bascom)在1953年发表了《民俗学和人类学》,认为民俗学属于文化人类学的一个分支,文化人类学研究当今各民族的风俗、传统和制度。"对人类学家来说,民俗是文化的一部分,但不等于整个文化。它包括神话、传说、故事、谚语、谜语、叙事歌谣和其他歌曲的歌词,以及其他次要的形式,却不包括民间艺术、民间舞蹈、民间音乐、民间服饰、民间医疗、民间风俗、民间信仰"(载 Journal of American Folklore, vol. 66, pp. 283-290)。

② 1879年,英国民俗学会秘书高姆(G. L. Gomme)认为,"民俗学可以说作包括人民一切'文化'的学问"。法国民俗学家山狄夫(P. saintyves)认为,"民俗学是文明国家内民间文化传承的科学"。美国民俗学家多尔逊在1973年认为,民俗之"俗"可以用"民间文化""口头文化""传统文化""非官方文化"等范畴来表达界定。

③ 顾颉刚:《圣贤文化与民众文化》,《民俗周刊》1928年第1期。

④ 钟敬文:《民俗学概论》,上海文艺出版社2009年版,第4页。

1991年，钟敬文在北京师范大学民间文化讲习班上做了《民俗文化学发凡》讲座，① 明确提出将"民俗"与"文化"相结合的研究方法，"民俗文化，简要地说，是世间广泛流传的各种风俗习尚的总称"，开拓了当时民俗文化学研究的领域，构建了中国民俗学研究的新方向。

我们认为，在民俗研究中，"民"是民俗活动的主体，它包括古往今来所有社会生活中的人，他既是一个个具体的确定的生活中的人，也是一个内含广泛的群体性的观念性的人；他不仅包括过去各种民俗的创造者，现在各种民俗的传承者，还包括未来各种民俗的继承者、实践者。"俗"是"民"的生活创造和经验积累，既是一种有"意味"的生活模式，也是一个时代社会文明发展程度的重要标志。"民俗"既有各种外在形式的呈现，也有不同文化观念的内隐。民俗是文化传承的重要载体，文化是民俗存在的重要价值，我们研究民俗，既要探索各种民俗事象的形式流变，也要发掘各种民俗事象蕴藏的文化价值，如此才能更好地服务当代社会生活。

四

民俗是文化传承的重要途径，文化是民俗传承的生命根基。民俗以其独特的知识体系、价值系统和话语结构，展现了人类创造文化的多元性，它使"文化"（Culture）② 成为一个颇具争议的概念。③ 直至今天，各国学者常根据自己的政治需要、学术习惯和研究侧重，从不同角度对"文

---

① 钟敬文在《民俗文化学发凡》中明确了民俗文化学的概念、性质、范围、特点、体系构想及方法论等诸多方面的问题。20世纪80年代出现的文化热，它使民俗成为文化研究的重要领域，将民俗与文化结合，既开拓了文化研究领域，也给民俗文化学学科的建立提供了重要契机。

② 在字源学上，西方学术中的"Culture"（文化）一词源于拉丁语"Cultura"，其意为"耕耘"或"耕种土地"。这一含义在今天"Agriculture"（农业）和"Horticulture"（园艺）中仍有保留。后来，"耕耘"之意被引入精神领域，有了我们现在的"教养、培养"含义。18世纪法国思想家伏尔泰等人在运用"文化"一词时，其意常指"训练"或"修炼"心智的结果和状态。认为一个人有良好的风度、文学、艺术和科学，就常用"文化"一词形容。19世纪中叶，人类学奠基人克莱姆发展了"文化"的含义，他认为"文化"包括"习俗、工艺和技巧；和平和战争时期的家庭生活和公共生活，宗教、科学和艺术"等。这一观念推动了民俗、社会生活与文化之间的关系研究。

③ 美国文化人类学家克罗伯和克拉克洪在《文化，概念和定义中的检讨》中，概括了1871—1952年西方有关文化的诸种定义，有160多种，认为这一数量还在不断增加。

化"进行定义。

在 19 世纪,英国文化人类学家爱德华·泰勒(1832—1917)是最早给"文化"下定义的专门学者。他在《原始文化》① 一书中提出:"文化,或文明,就其广泛的民族学意义来说,是包括全部的知识、信仰、艺术、道德、法律、风俗以及作为社会成员的人所掌握和接受的任何其他的才能和习惯的复合体。"② 认为文化是人类文明进展需要维持和生活下去的所有知识、能力和经验。许多学者多沿用这一观点,并进行了部分扩展。如英国人类学家马林诺夫斯基(1884—1942)认为,"文化是指那一群传统的器物,货品,技术,思想,习惯及价值而言的,这概念包容着及调节着一切社会科学"③。美国人类学家斯普拉德利·麦迪克则认为,"文化就是人们用来计划自己的行为和解释他人行为的有系统的知识"。D. G. 蒙德尔勃姆也认为文化是"包括某一群体中人们所共有的和他们的后代将要学习到的所有知识、相互理解和继承的传统"。总之,文化是一种使自身文化不断延续的生活方式,它有完整性、系统性,对现实生活的存在和延续有重要意义。人们将这种习得的系统的生活方式称作"文化模式"。这种"文化模式"不但有规范在其中生活的人的心理、行为、信仰、观念等,人们也可以将现在人的各种生活心理、行为、信仰、观念方式作为认识和研究这种"文化模式"的切入点,它是连接过去与现在的枢纽,也是沟通人与他者的桥梁。

与西方"文化"含义不同,中国传统"文化"概念更强调"文治教化"。西汉刘向在《说苑·武指》中记载:"圣人之治天下也,先文德而后武力。凡武之兴,为不服也;文化不改,然后加诛。夫下愚不移,纯德之所不能化,而后武力加焉。"王融在《三月三日曲水诗序》中记载:"设神理以景俗,敷文化以柔远。"其"文化"含义即文治教化,它与"武力"相对,倾向将"教化"作为社会治理的重要方式或手段。中国这种"文化"观念似乎与天地自然规律有某种内在的一致性。《周易·系辞传》中记载:"古者庖牺氏之王天下也,仰则观象于天,俯则观法于地,观鸟兽之文与地之宜。近取诸身,远取诸物,于是始作八卦,以通神明之

---

① 泰勒的《原始文化》在文化人类学中具有里程碑的意义,其诸多观点、理论多为后世文化学研究者借鉴。
② [英] 爱德华·泰勒:《原始文化》,上海文艺出版社 1992 年版,第 1 页。
③ [英] 马林诺夫斯基:《文化论》,中国民间文艺出版社 1987 年版,第 2 页。

德，以类万物之情，作结绳而为网罟……庖牺氏殁，神农氏作，斫木为耜，揉木为耒，耒耨之利，以教天下，盖取诸益。"① 中国传统观念认为，人类模仿效法天地，创造了社会生活中的器物、制度等，它们都是人类社会生活的产物，属于"文化"范畴，是社会"治理"的重要内容。《老子》有"人法地，地法天，天法道，道法自然"的人类创造原理，它强调人类要遵循天地自然规律，才能营造出合情合理的社会生活。荀子在传承儒家文化思想的同时，突出人的能动性，强调"人定胜天"，认为人类能够认识自然、运用自然、改造自然，在遵循天地自然规律的前提下，可以创造出新的生活、新的世界。中国后世的诸多文化观念多是在先秦文化观念基础上发展演变而来的，它们有历史的连续性和时代的差异性。直至西方"文化"观念输入之前，中国人的文化观与中国人对自然、社会、人生的认识有千丝万缕的联系，认为文化源于日常生活，又超越日常生活，是形而上之"道"与形而下之"器"的融合，是"百姓日用而不知"的一种生活习惯。

中国民俗是中国文化传承的重要载体和方式，它渗透在中国人日常生活的所有角落，日常生活不仅传承了中国民俗的文化形式，也发挥了中国民俗的文化意义。人们在习以为常的现实生活中，中国民俗的各种"文化基因"也在相互协调、相互碰撞，在与各种社会意识形态及各种社会生活方式的相互契合中，构建了普通民众日常生活中最基本的文化"常识"。

五

近代以来，受"西学东渐"影响，西方诸种"文化"观念随之传入中国，中国学者在借鉴西方"现代"观念的基础上，对中国传统文化观念与现实社会生活进行了重新审视，并对中国传统"文化"观念进行了新的改造，形成了有中国民族特色的"文化"观，而这种文化观念又与中国人的日常生活紧密相关。

民国时期，梁漱溟认为，"所谓一家文化不过是一个民族生活的种种方面。总括起来，不外三个方面：（一）精神生活方面，如宗教、哲

---

① 黄寿祺、张善文：《周易译注》，上海古籍出版社2015年版，第342页。

学……。(二) 社会生活方面,我们对于周围的人、家庭、朋友、社会、国家、世界——之间的生活方法都属于社会生活的一方面,如社会组织、伦理习惯、政治制度及经济关系是。(三) 物质生活方面,如饮食、起居种种享用,人类对于自然界求生存的种种是"。① 人类创造的一切都可称作文化。梁漱溟的文化观有很大的包容性和涵盖性,中国民俗自然可以纳入这一"文化"范畴,人类历史上创造形成的各种社会生活,都可通过不同文化方式呈现出来,从而凸显不同民俗文化的特殊性。

改革开放后,"文化热"社会思潮推动了文化与社会关系的研究,学者们又发掘了文化的含义。庞朴认为,"文化,从最广泛的意义上说,可以包括人的一切生活方式和为了满足这些生活方式所创造的事事物物,以及基于这些方式所形成的心理和行为。它包括物的部分、心物结合的部分和心的部分。如果把文化的整体视为立体的系统,那时它的外层便是物质的部分——不是未经人力作用的自然物,而是'第二自然',或对象化了的劳动。文化的中层,则包含隐藏在外层物质里人的思想、感情和意志,如机器的原理、雕塑的意蕴之类,和不曾或不需要体现为外层物质的人的精神产品,如科学猜想、数学构造、社会理论、宗教神话之类;以及人类精神产品之物质形式的对象化,如教育制度、政治组织之类。文化的里层或深层,主要是文化心理状态,包括价值观念、思维方式、审美趣味、道德情操、宗教情绪、民族性格等"。② 与梁漱溟的文化观念比较,庞朴认为人创造了文化,文化具有多层次性,而人类劳动创造的一切,包括外在物质层面,内在精神层面,以及介于这两者之间的其他创造都属于文化范畴。各种各样的社会民俗自然属于人类文化创造的重要组成部分。

德国现代哲学家恩斯特·卡西尔(1874—1945)从人类历史发展角度提出,与以往思想家认为人是政治的动物、理性的动物、情感的动物,不如说人的本性是符号的动物。"正是这种劳作,正是人类活动的体系,规定和规划了'人性'的圆周。语言、神话、宗教、艺术、科学、历史,都是这个圆的组成部分和各个扇面。"③ 卡西尔认为,人、文化和符号是

---

① 梁漱溟:《东西文化及其哲学》,《梁漱溟学术精华集》,北京师范大学出版社1988年版,第7页。
② 庞朴:《文化结构与近代中国》,《稂莠集——中国文化与哲学论文论集》,上海人民出版社1988年版。
③ [德]恩斯特·卡西尔:《人论》,上海译文出版社1985年版,第87页。

"三位一体"的存在，它们都是人类劳动创造的结果，人创造了符号，符号承载了文化，文化使符号有了意义，符号又塑造了人的存在方式。卡西尔的文化"符号"有泛指性，它可以涵盖人类劳动创造的一切，包括物质世界、精神世界、制度世界等，它们都可以通过某种"符号"呈现出来。这样，人、人类、人类创造、人类生产生活等，都可以通过"符号"得到保存和贯通，而有了超越时空的意义。正是这些"符号"，构建了人类完整的历史文化与现实生活，传承了人类劳动创造的知识结构和价值体系。在这一观念基础上，文化与民俗就互为一体，文化是民俗的精神内核，民俗是文化的形式载体，人们在记述和分析民俗事象的同时，便可以有效发掘不同民俗内蕴的文化观念。

我们认为，民俗作为一种"科学"① 知识，它不仅承载了人类对自然、社会、人生的积极探索，也承载了不同时代人类的劳动经验，是人类集体智慧的结晶。作为生活经验的"常识"，它包含着人如何认识人与自然、人与社会、人与他人、人与自己的诸种关系，包含着人如何发展和完善自己的世界观、价值观和人生观，也包含着人类历史历久弥新的文化精神等。这些"常识"既是过去人留给现在人的生存智慧，也是现在人落实自己生存身份的重要依据。在某种程度上，对各种民俗的现代传承就是对传统文化的现代意义发挥。

民俗是一种"有意味的形式"②，即一种有"意味"的生活模式，这种"意味"来自人类的历史创造与文化沉淀，它在循环往复中，变革着社会风气，塑造着时代"新人"。进入新时代，传承和弘扬中华优秀传统

---

① "科学"是人类社会实践的重要方式，它孕育于哲学领域。近代以来，因牛顿力学的发展和普遍应用，科学遂之独立出来，并反包了哲学，成为衡量一切的标准，"科学"成了"真理"的代名词。在近代"西学东渐"的大语境中，"科学"传入中国。20 世纪的"科学主义"成为影响中国人认识、理解和评价生活的重要标准。而这一"科学主义"概念是建立在以近代物理学和数学为范本的基础上。随着现代相对论和量子力学的发展，"科学"的含义发生了新变与回归，有一种与人的生活经验相关联的主体化倾向。如海德格尔说："诸种科学都是人的活动，因而都包含有这种存在者（人）的存在方式。"（马丁·海德格尔：《存在与时间》，陈嘉映、王庆节译，生活·读书·新知三联书店 2006 年版，第 13 页。）

② 英国美学家克莱夫·贝尔在《艺术》中提出"有意味的形式"命题。其"意味"是指艺术包含的社会生活内容，"形式"是艺术的呈现形式。对民俗文化来讲，民俗的"形式"是日常生活中人的各种生活方式，如具体的吃、穿、住、用、行或是器物制度等，凡此能为人感性直接把握，可以是民俗的呈现"形式"。民俗的"内容"是"形式"背后包蕴的文化历史，如人类劳动创造文化的智慧、精神、意志、情感等，或不同时代人类知识的历史沉淀。民俗作为一种特殊的、有意味的文化生活，它在民俗节日中体现得更明晰、更充分。

文化已成为新时代文化建设的重要课题之一,"文化中国"会因为各种优秀"中国民俗"的聚集,而成为一个可以被想象和展望的"命运共同体"。从这个意义看,"中国民俗"在中国经济社会发展中就有了本体论意义,它是华夏民族自我发明、自我创造和自我发展的重要领域。

"蒲城民俗"是"中国民俗"的组成部分,"蒲城民俗调查研究"便是对蒲城境域内诸多民俗事象的语言记述与文化分析,它既是对蒲城历史文化生活的现代价值追问,也是对当下和未来蒲城人民美好生活的一种憧憬。

第一章

县域概述

蒲城县地处陕西省中部东侧，渭南市中部，是"关中陕区"，它"左襟洛水，右拱龙原，背负群山，面临卤湖；紫荆原恒亘其中，俨然如屏"，形如方状。东与澄城县和大荔县相邻，南与临渭区相接，西与富平县相依，西北与铜川市印台区接壤，北与白水县毗邻。辖区东西最大距离55千米，南北最大距离49千米，总面积1583.58平方千米。目前，蒲城县下辖16个镇（办），275个行政村，14个社区，2488个村民小组，80万人口。

蒲城历史悠久，文化灿烂，是陕西历史文化名城，素有"将相故里，① 龙脉福地"的盛誉。蒲城是中国火药的发源地，北京时间的发出地，有"焰火之乡""酥梨之乡"的美誉。蒲城物产资源丰富，交通区位优越，农业特色鲜明，工业后劲充足，旅游发展迅速，人文沉淀深厚，民俗文化多样，是宜居、宜商、宜游的好地方。

第一节 县域历史及沿革

"蒲城"自西周末期宣王时（前827—前782）即有记载，迄今已有三千余年。夏商属雍州，周封贾国。② 春秋属晋。③ 战国（前475—前221）初年属魏，后隶属秦。④ 秦孝公置重泉县。⑤ 西汉（前206—8）时，

---

① "相"指清朝名相王鼎。"将"指著名爱国将领杨虎城。
② 北宋《太平寰宇记》记载："蒲城县有贾城。"另《长安志》记载："贾城在县西南十八里。"
③ 在春秋时代，晋献公（前676—前651）向外扩张，占领了陕西的中部及东北部，蒲城地并入晋国版图。晋在今蒲城县西面设立北徵邑。
④ 周贞定王十六年（前453），韩、赵、魏三家分晋，魏文侯占据山西西部及陕西中、东部，蒲城属于魏河西地。魏襄王五年（前314），秦夺取河西地，蒲城又属秦地。
⑤ 《史记·秦本纪》记载："简公六年（前409），斩洛。城重泉。"在秦孝公十二年（前350），重泉县城修筑完成。《括地志》记载："重泉故城在蒲城县东南四十五里。"

重泉属河上郡。① 东汉（25—220）时，复改重泉，属左冯翊。三国至魏、晋（220—420）时，县名、隶属未有变更。北魏废重泉县，设南白水县。② 西魏更名为蒲城县。③

隋朝开皇三年（583），蒲城县改属同州。大业二年（606），废同州，复属冯翊郡。唐朝武德元年（618），复属同州。开元四年（716）改奉先县。④ 五代时期，沿用奉先县名。⑤ 宋复名蒲城县。⑥ 金朝天会八年（1130），蒲城县为金统治，沿用蒲城县名。元中统元年（1260）废蒲城县。至元二年（1265）复置蒲城县，沿用至今。⑦

蒲城县在秦孝公十二年（前530）始设"重泉"，其故址在今蒲城县钤铒村（原钤铒乡政府驻地附近，其西南有重泉村⑧）。其东北为徵（今洛滨镇西头村及周围），北边为衙（今白水县东北彭衙村），南边为下邽（今临渭区下吉镇），西邻频阳（今富平县美原镇），东南接晋（今大荔县）。及至汉代，重泉南边的下邽县划分莲勺、下邽两县；北邻衙县、粟县（今白水县西北）。汉末，徵并入重泉。北魏太和十一年（487），撤重泉改设南白水县。其西邻土门县（今富平县），东临五泉县（今澄城县南部），东北为三门县（今澄城县安里镇），北为白水县，南邻莲勺、下邽

---

① 在汉景帝（前156—前141）时，重泉属左内史。在汉武帝（前140—前105）时，更名左右史为三辅，重泉属左辅。太初元年（前104），左辅更名"冯翊"，重泉属左冯翊。在王莽新政（9—25）时，重泉改名调泉县，属列尉大夫。

② 北魏太和十一年（487），改设南白水县。《太平寰宇记》记载："县治即今之蒲城县城，以在白水之南故名。"由白水郡管辖。后郡址南移至今蒲城县西北。宣武帝永平三年（510），郡址重新迁移至旧址。

③ 西魏恭帝元年（554），更名蒲城县。《太平寰宇记》记载："以县东故蒲城为称。"清代康熙《蒲城县志》记载："以县东有蒲实村（今作蒲石）"而得名。属白水郡。

④ 开元四年（716）冬十月，唐睿宗葬于县城西北丰山，名曰"桥陵"。因此，蒲城县改名为奉先县。开元十七年（729）升为赤县。天祐三年（906），复属同州。

⑤ 后梁开平元年（907）属同州。后唐同光元年（923）属雍州（今凤翔县）。后晋、后汉因之。后周广顺元年（951）属京兆府。

⑥ 北宋建隆二年（961）改属同州。开宝四年（971）复改名蒲城县，属陕西路同州。天禧四年（1020）改属华州（今华州区）。金朝天会八年（1130），蒲城为金统治，沿用蒲城县名，属京兆府华州管辖。元中统元年（1260）废蒲城县。至元二年（1265）复置蒲城县。元初，蒲城县属陕西行中书省奉元路同州，后属奉元路华州。

⑦ 至元二年后，蒲城县名再没有发生变更。明代（1368—1644）时期，蒲城县属陕西承宣布政使司西安府华州。清代（1616—1911）时期，初属华州。雍正十三年（1735），同州改府，蒲城县属同州府。中华民国成立（1912），蒲城县初属同州府。民国二年（1913）直属陕西省都督府民政司。中华人民共和国成立后，蒲城县除地域有变化，县名未有变革。

⑧ 传说其地有二泉，高低不同，上下相别，故名"重泉"。

两县。西魏恭帝元年（554），改南白水县为蒲城县，除东临为武乡县（今大荔县）外，其余所邻均未变。

隋朝，重泉南邻的莲勺县并入下邽县，西边的土门县并入华原县（今耀县以东），后复设土门县。东边的武乡县改为冯翊县（今大荔县）。唐开元四年（716），蒲城县改为奉先县。元和初年（806）将神泉乡并入富平。元和十五年（820），将美原县的龙原乡、栎阳县（今临潼区栎阳镇）的万年乡并入奉先。长庆四年（824），将富平县的丰水乡，下邽县的翟公乡，澄城县的抚道乡，白水县的会宾乡并入奉先。除西邻的土门县改为美原县（今富平美原镇）外，四邻未有变化。

1949年，蒲城县先后两次解放。中华人民共和国成立初，蒲城县属陕甘宁边区政府大荔分区管辖。1950年，大荔分区撤销后归属渭南分区行政督察专员公署管辖。1952年，将白水县新村乡的吴家、腰怀、老城、老庙庄、西庙庄、上张、东庄子、蒋家山及高家河乡的姚家村划归蒲城县。1956年10月，归陕西省政府直辖。1957年12月，将澄城县的苏家坡、苏家河、袁家坡、下尧科划归蒲城县；将蒲城县的惠家河、段村、杨家村、索村划归澄城县。1959年1月，蒲城、白水、澄城三县合并为蒲城县。原蒲城县的永丰公社划归大荔县。1961年10月，三县分开恢复原建制，将澄城县的寺庄、避难堡划归蒲城县，永丰公社归回蒲城县。蒲城县改省直属为陕西省政府渭南专员公署管辖。1965年1月，肖家堡公社由铜川市划归蒲城县。1980年1月，又将肖家堡、阿庄、高楼河、广阳四公社划归铜川市。1995年撤地设市，蒲城县归渭南市管辖至今。

2015年末至今，蒲城县辖区有尧山镇、兴镇、桥陵镇、苏坊镇、荆姚镇、党睦镇、陈庄镇、龙阳镇、龙池镇、孙镇、椿林镇、永丰镇、洛滨镇、罕井镇、高阳镇15个镇及城关镇街道办，各镇下辖大小不同行政村，各村下辖数目不等行政组，各镇、村、组之间地域相互交错，且都有自己的历史渊源，它们共同构成了蒲城县域的自然地理和文化历史。

第二节　自然地理及资源

蒲城县地处陕北黄土高原和关中平原交界地带。地形以台塬为主，地势西北高东南低。自然地理分为北塬山地、中部台塬、洪积扇裙和东部河谷四种类型。气候属暖温带大陆性气候，特点是春暖、夏热、秋凉、冬寒，气候湿润温暖，四季分明，日照充足，雨量总体偏少。

县境内有洛河及支流白水河、大峪河。根据统计，洛河在县域东边，从北向南，境内河流长约70千米。白水河在县域北边，从西北向东南，境内河流长约15千米。大峪河在县域东边，从东北向西南，境内河流长约13千米。县域西南部有卤阳湖，湖面阔大，周边为盐碱滩地，常年不能生长庄稼。另有多种矿产资源，其中煤、石灰石、硫铁矿、铝土矿、白云岩、粘土矿、高岭土、芒硝、地热水、腐植酸煤等，蕴藏丰富，有较大开发潜力。

蒲城县有"陕西粮仓"的美誉，县域内耕地面积约9.25万公顷，是全国重要的产粮县，曾获"全国优质商品粮基地县"。常见植物有300多种，野生植物中有70种可作药材，散布在县域内不同地方。常见动物种类有百余种，北部山区较多，中部平原较少。县域内主要农作物有小麦、玉米、薯类、豆类、棉花、油菜等，另有苹果、梨、桃、枣、杏、柿子、花椒等经济作物栽植，曾获"全国优质果品生产百强县"。其中"蒲城酥梨""蒲城西瓜"获国家农产品地理标志登记。

独特的地理地貌及物产资源构建了蒲城人最基本的生存环境，决定了蒲城人以农为基的传统生产生活模式，与其相关的各种生活习俗，多是在这一自然环境和生产方式的基础上生成。

第三节 人文底蕴及习俗

蒲城人文底蕴深厚，历史文化灿烂，县域内有丰富多样的文物古迹。从旧、新石器时代开始，历经春秋、战国、秦、两汉、魏晋、南北朝、隋唐、五代十国、宋、元、明、清、民国直至当代，不同时代在县域内均有历史遗迹。随历史变迁，许多遗迹多已消失，但其历史故事和民间传说却生生不息，是滋养蒲城人文精神的重要资源。目前，县域内有国家级、省级文物保护单位35处。县城内保存比较完整的历史文物有清代考院，南寺塔、北寺塔、王鼎故居、林则徐故居、杨虎城故居、蒲城文庙等。县城外有桥陵、景陵、惠陵、泰陵、光陵5座帝王陵寝及20余座陪葬墓，它们依山而建，气势恢宏，很有规模，桥陵被誉为中国最恢宏的十大帝王陵墓之一。其中林则徐故居、杨虎城故居纪念馆和永丰烈士陵园是重要的爱国主义教育基地。

根据文献记载,明清以来的蒲城旧县城很有规模,其选址修建很讲究,古建筑也达到鼎盛。有"蒲城县,九里三(城墙周长),城墙城垛都是砖。护城壕,三丈宽,荆棘枣刺长下边。周围高,中间湾(凹),一头牛,卧里边。头西北,尾东南,五岳庙涝池是牛眼。两个塔,牛角尖,南寺宝塔戳破天,北寺宝塔窝了尖。五大庙,高又宽,七十二座牌坊在中间。一条缰绳(大路)把牛牵,曲里拐弯上了山,塔尔山上把牛栓"的说法。蒲城县域内其他各地也都有大小不同的历史遗迹,它们共同见证了蒲城社会发展的历史。

山川形胜,地理绵延。蒲城久远的文化历史,孕育了蒲城众多历史名人。有北宋名将陶三春。清代名相王鼎、诗人屈复、好县令杨懿、疾恶扬善的孙如僚、翰林学士周爱诹、好县官仵埔、"张大架子"张汝骧等。有近代著名爱国将领杨虎城,水利专家李仪祉,"西北革命巨柱"井勿幕,中国剧院鼻祖李桐轩,抗日民族英雄王峻、邓祥云,民主革命者寇遐,"关中怪杰"郭坚,女教育家李薏仪,书法家王进德,刀客王改名等。还有陆军少将郭炳坤、"解放西南第一功"刘宗宽、"中国的夏伯阳"包森、"智取华山英雄"刘吉尧、"全国学雷锋标兵"李润虎和"全国知识型标兵"窦铁成,等等。他们群星灿烂,光照后人。

源远流长、多姿多彩。蒲城民俗是当地人生产生活经验的积累和勤劳智慧的结晶。历史久远的农业耕种,朴实无华的生产生活,秩序井然的家族伦理,独具特色的节日习俗,厚重凝练的人生礼仪,远近闻名的"尧山庙会",玄奇无比的"蒲城芯子",原始古朴的"走马戏",惊心动魄的"血故事",高大优美的"神龙花秋千",古朴无华的"土织布",精致细腻的"麦秸画",有音乐活化石之称的"石羊道情",有中华一绝的"杆火技艺"、蒲城椽头蒸馍、水盆羊肉、高力肉、面辣子等,无不是蒲城人日常生产生活的重要组成部分,无不凝缩着蒲城人历久弥新的生存观念,它们共同构成蒲城特有的风土人情。

第四节 蒲城人及其"刁"性格

蒲城人素有热情好客的习惯,有敢作、敢当、敢为天下先的拼搏精神,素有"大气蒲城"的说法。俗语有"一方水土养一方人",蒲城特有的自然地貌、历史文化、生产传统、生活方式等,滋养了蒲城人豪爽、正义、耿直、有血性的性格特征。"刁蒲城、野渭南，不讲理的大荔县"是当地广为流行的说法，① 一般人认为蒲城人的"刁"性是不友善的意思。其实，蒲城人的"刁"性并非如此。"刁"本是古代行军器具，白天用来煮饭，夜晚用来打更，也有人说是一种"兵器"。过去生活中常说的"刁人"，大概与行军器具或兵器都有关，只是在使用过程中有了意义的转移。

如当地人将抢东西习惯称作"刁东西"，依据生活许多"刁"的事实，其"刁"字内蕴了"抢东西"时的心志与技巧，有志在必得的心力，有不畏艰难的勇敢，有维护利益的决绝，有舍生取义、杀身成仁的献身精神等，它们都蕴藏在蒲城人的文化性格中。至于生活中由"刁"衍生出如刁滑、刁悍、刁民、刁钻等词语，并不能真正反映蒲城人的性格特征。可以认为，蒲城人的"刁"性如"陕西楞娃"一样，是蒲城人长期生产生活实践经验的自然沉淀和简明概括，它充满了褒奖与向往之情，也是对蒲城人在历史关键时刻常能做出义薄情天事情的精神凝练。

如清代康熙三十年，蒲城大旱，民不聊生，遂有饥民抢掠富户粮食，被当地县令训斥为"刁民"闹事。道光年间，当地"刀客"王改名炮轰知县朱大源坐轿，被其呵斥为"刁民"发难。其后，当地人刘秉彦率饥民和盐工攻打县城，杀了贪官黄传绅，火烧县衙大堂，被当时省政府怒斥为"刁民"造反。民国25年，省府派催粮委员边念祖来蒲城催交粮款，因其贪污受贿，被当地（尧山中学）学生抓住公审枪决，被省府训斥为"刁民"无法。可以看出，面对诸多违法乱纪的贪官污吏，当地人刁性难改，表现了强烈的反抗和斗争精神，而官方将那些不服管束，有反抗行为的人称作"刁"民，是充满偏见的观念。

近代以来，蒲城人的"刁"性更加凸显。如1936年，面对日本步步紧逼的形势，孙镇人杨虎城与东北军长官张学良发动西安事变，逼迫蒋介石公开宣布抗日，使之成为中国抗日战争史中的大事。又如，为反对国民党消极抗战，坡头人包森在西安中学上学时，在会场将板砖砸向了正在发表演讲的戴季陶，并带头烧毁了戴季陶的汽车。当局说此事是"刁生所为"，并严加训斥，但并没有压制住学生的爱国热情。在抗日战争中，包森参加八路军，以超人胆识，活捉了日本天皇表弟，宪兵司令赤本大佐，时人为之大惊。在国共战争期间，桥陵镇人刘吉尧带领6名侦查员在为大

---

① 关中一带，将抢人东西称作"刁"东西，抢人的土匪称作"刁儿匠"。

部队探路过程中，勇敢机智的战胜了守卫华山北峰的国民党残余，等等。凡此无不体现蒲城人的"刁"性，他们知大义，敢担当，为民族抗战，国家大业，勇于斗争，敢于牺牲。

清代县城达仁巷人王鼎，在惩罚因贪玩而贻误学业的道光皇帝时，义正词严地拒绝了嘉庆皇帝的护犊之情。在鸦片战争时，他当着道光皇帝的面，怒骂当朝大臣穆章阿是秦桧、严嵩，是丧权辱国、误国害民的奸臣。退朝以后，他怀揣"条约不可轻许，恶例不可轻开，穆不可任，林不可弃也"的奏疏，在圆明园自缢。民国时期，荆姚人李元鼎，因蒋介石在1933年用于"围剿红军"的财政经费违反《审计法》而拒绝拨付。在经费最终拨付之后，他义愤辞职回陕。1943年，在出任陕西省第二届临时参议会议长时，李元鼎不畏权贵，向国民政府揭发了陕西省主席熊斌等人变卖沙金、贪污巨款的丑行，成为轰动一时的"黄金案"，迫使熊斌被调离。洛滨镇人李仪祉，为了陕西水利事业的发展，当面向国民党第四战区司令胡宗南争取人民的利益，主持建设陕西泾、渭、洛、梅四大惠渠，树立起我国现代灌溉工程样板，等等。凡此人与事，无不与蒲城人的"刁"性有关。他们为维护正义、民族尊严与国家利益，不怕得罪权贵，甚至不惜牺牲生命，有天不怕、地不怕的勇闯精神，有宁折不屈、铁骨铮铮的血性精神。如此才是蒲城人真正的"刁"性格。

附录一　蒲城行政区划与人口[①]

2015年1月，蒲城县实行镇村综合改革，至2015年年末，蒲城县辖城关街道办事处和尧山镇、兴镇、桥陵镇、苏坊镇、荆姚镇、党睦镇、陈庄镇、龙阳镇、龙池镇、孙镇、椿林镇、永丰镇、洛滨镇、罕井镇、高阳镇16个镇（办），275个行政村、14个社区、2488个村民小组。

城关镇街道办事处辖北关村、达仁村、东街村、关帝村、古镇村、西府村、贾曲村、南贾曲村、小董村、怀德村、椿兴村、杜家村、太平村、西贾曲村、南阜村、宜安村、陈家村、彭村、三义村、戴家村、三兴村、洞耳村、柳家村、黄家村、邢家村、尧村、祥原村、双酒村、滑曲村、韩家村。

[①] 本部分内容及数据摘自"蒲城县人民政府网"，2017年1月31日。

第一章 县域概述

尧山镇辖闫家村、六合村、西山村、草地村、延兴村、马家村、太山村、池阳村、尧南村、坡头村、光陵村、翔村、陶池村、红兴村、王村、新苇村、唐王岭村、通康村、浮阳村、荣光村、东苇村、金粟山村、太睦村、八福村。

兴镇辖兴北村、兴南村、兴西村、曹家村、九龙村、良村、桑楼村、余兴村、化木寨村、化木村、党家村、田村、兴东村。

桥陵镇辖三裕村、坊里村、东山村、六井村、联兴村、五星村、坡头村、梁家村、安王村、山王村、桥陵村、路家村、东场村、金光村、中武村、大西村、大孔村、日光村、赵家坡村、后泉村、西高村、碾山村、赵山村、齐武村、十里铺村、三合村、义龙村、城西村、谢家村、桥东村。

苏坊镇辖联武村、封村、高义村、姜杨村、北姚村、崇德村、姚古村、党定村、苏坊村、桥绒村、寨子村、大联村。

荆姚镇辖板桥渡村、荆东村、原王村、璋宝村、高都村、新城村、明德村、唐村、王子村、吴家寨村、荆西村、东宣化村、岳庄村、大户惠村、甜水井村、郭集村、渡来村、宣化村、常家村、朱雷村、王村、孟郊村、南姚村、雷坊村、荆中村、史家村、魏村、普乐村、彦王村、范家村、程家村、卤阳村、原任村、柯村原村。

党睦镇辖孝东村、孝西村、苔家村、党北村、府华村、林吉村、冉家村、党南村、白庙村、蒋吉村、秦家村、沙坡头村、民地村、卤阳新村、樊家村、卤阳南村。

陈庄镇辖群丰村、三永村、富新村、内府村、思补村、卤安村、东鲁村、西陈村、东陈村。

龙阳镇辖望溪村、西湾村、汉帝村、统一村、小寨村、南湾村、龙阳村、东王村、店子村、蒲石村。

龙池镇辖平头村、七一村、钤铒村、金星村、埝城村、重泉村、城南村、康家村、屈家村、张家村、东杜村、晋城村、东社村、龙池村、五四村、五更村。

孙镇辖甘北村、赵庄村、黄寨村、潘庄村、孙镇村、冯家庄村、南蟠龙村、吴家村、刘傅村、白起寺村、尧堡村、郭庄村、焦庄村、东陈庄村、洞坡村、王台村、直乐村、庙前村、黎起村、晋王村、龙寨村、平路村、阿坡村。

椿林镇辖五中村、岳兴村、汉村、椿林村、山前洼村、保南洼村、敬母寺村、兴林村、平峨村、贾王庄村、白家塬村、石道村、保南村、万兴村、山西村、护难村。

永丰镇辖峪河村、杨家沟村、坞泥村、温汤村、刘家沟村、唐家堡村、石马村、永丰村、峪北村。

洛滨镇辖洛西村、南店村、庆兴村、龙首村、西头村、永富村、前洼村、马湖村、寺庄村、避难堡村、洛东村、蔡邓村。

罕井镇辖中山村、罕井村、山东村、仁和村、南白堤村、庙台村、尧山村、兴龙村、兴光村、北白堤村、弥家村、武仪村、东党村。

高阳镇辖清泉村、高阳村、安家村、南加录村、东加录村、洼里村、水峪村、高东村。

根据2015年蒲城县人口统计，全县共计787613人。其中，城镇人口403824人，乡村人口383789人；男性399876人，女性387737人；0—17岁141068人，60岁以上131420人。其中，城关街道办事处39880户、130501人；尧山镇13246户、52586人；兴镇7734户、30146人；桥陵镇17339户、71313人；苏坊镇8846户、33083人；荆姚镇21769户、82833人；党睦镇11690户、46613人；龙阳镇7163户、27076人；陈庄镇6759户、27246人；龙池镇9060户、35881人；孙镇20745户、74810人；椿林镇10230户、37621人；永丰镇7421户、28021人；洛滨镇8654户、30668人；罕井镇19204户、58610人；高阳镇5545户、20605人。

附录二　鱼茂盛《蒲城咏怀》[①]

蒲城英雄邦，渊源流自长，关中东北隅，雄踞洛水旁。山峻崇岗拥，地广沃野苍。就留藏俊杰，腴壤产膏粱。"金城蓄峻址，沙苑交回汀。永与奥区固，川原纷眇冥。"蒲邑置县天地长，文骚得韵诗兴狂。"山腹龙盘佳气在，岭头忘记断垣荒。洛水潺潺声未歇，诗人独自忆莲汤。"

孝公筑冀阙，重泉始称强。高祖成霸业，莲勺铸金汤。武帝平王莽，二泉把月映。两晋南北朝，郡城徙北乡。先为南白水，后划蒲城疆。唐代雄风起，奉先增荣昌。五陵踞北山，万民陪君王。德昭宋太祖，蒲城更铿锵。

[①] 鱼茂盛，原蒲城县县长。

二千五百年，岁月悠悠然。文章谱春秋，众星竞璀璨。嚣嚣老人揣唐摩，太华山客三史薄。杜甫感怀五百字，千年吟咏泪拌和。刚正廉吏明屈灼，弃官东楼赋闲歌。"关西夫子"撼三秦，《弱水》《感遇》万古存。烈士谋国见赤诚，文人忧时更凄然。爱国诗人李采白，怅望神州泪满襟。欣闻八路御倭人，奋笔志喜颂义军。吕原居士冯骧臣，《中文辩字》校平仄。左右上下三善备，字形音义四类分。关中怪杰叫郭坚，骁勇绝伦侠义见。渭北飞虎有异才，能诗能文吟乱弹。书法名家王进德，蘸墨犹作辣子品。"城隍庙"匾笔遒劲，"百里金汤"隔世临。大米小学有仙气，铁禹银钩显神韵。好学工诗爱作画，贡生笔法从祖师。文化底蕴长，进士多还狂。唐有员半千，玄龄视栋梁。县尉发赈粟，女皇亦褒扬。明有姜御史，父子秉性刚。贪吏闻丧胆，时弊悉扫光。一页悯农心，万民解悬梁。雍正勤国政，元徽筑海堤。乾隆称盛世，怀斗万人衣。文坛杏坛到政坛，但见蒲城奇才异士建伟绩。

回眸华夏百年事，满腔汹涌激愤起。瘦马无力战征尘，象病必遭恶犬欺。我为瘦马生恶气，为何不用铁蹄踢？我怒大象不争气，为何不用长鼻汲？英雄生衍蒲城地，全凭傲骨添傲气。首席英雄数王鼎，才高八斗师太子。五部侍郎都御史，军机大臣大学士。官海悠游四十载，忠君忠国更忠民。"阅世虽深有血性，不使人世一物磨锋芒。"慧眼识人驱强房，带病僻壤督河工。焚膏继晷和衣卧，才锡元圭告禹功。殿堂犯颜谏言浄，元老忧国不苟生。史鱼至死心不改，纯臣剖腹鉴国人。革命巨柱井勿幕，匹马单刀壮志酬。一身正气大风歌，侠魔剑穿列强谋。东南奔走弘大义，西北打造"同盟堂"。武昌起义吹号角，护国反袁当先锋。"蒲案"事起寇遐传，重金难买选举权。刘拓建党图救国，尧山南北游击忙。千古功臣杨虎城，仗剑行侠世无双。投身革命终无悔，力保共和打头仗。主陕虽短功千秋，肃贪爱民正气扬。兴农重教办实业，力振三秦创辉煌。中华大地狼烟起，联共抗日敢捉蒋。誓摧铁马焕山河，恨不杀敌奏凯歌。大义凛然倡自由，坚贞不屈树楷模。当代中国夏伯阳，偷袭奇袭"李向阳"。开辟盘山根据地，华北杀敌惊天皇。包森真名赵包森，民族脊梁主兴亡。

紫气东来降惠睿，辈辈荫生新人惠。历来群贤重科学，代代成果耀巨册。天文学家许来仪，《河图》《洛书》几度测。二十四节分时节，自创一说配星宿。一代水师李仪祉，三秦八惠恩泽被。治江导河十数载，郑国李冰追后辈。醍醐灌顶润关中，老石盘道志已遂。水师一家痴治水，兄弟子侄可对天。纵横漕渠血汗洒，雄文巨著奠龙坛。

　　文化艺术葩簇锦，风情万种若翡翠。明代戏曲"双凤班"赴京调演君王叹。石羊道情木偶戏，老腔皮影气势宽。社火芯子惊魂魄，龙腾狮舞跑旱船。百面锣鼓震天宇，秧歌腰鼓逗民欢。血蒸血染血故事，造型逼真多悲忧。麦草工艺世间鲜，抒情写意任铺展。道罢文化道文物，文物花色品种多。尧临绝顶纵寥阔，极目远舒横八廓。坚石孔隙产仙蜕，肢体咸具枕肱活。石器遗址大峪河，永丰先祖即开拓。浮山南麓有老庙，唐时明月汉时祚。松柏枝高茁朵稠，奉先县令字剥落。五陵闲云呈紫烟，石狮翁仲亘世绝。南塔高耸入云霄，北塔影柏增巍峨。塔前狮舞六龙飞，纹彩葱绿砌琉璃。"石门九眼"开鸿运，"文祖""帝师"起云霓。孔庙文气传后世，馆内尽藏稀世物。玄天上帝无量殿，清代考院雄槐院。七十二巷通阡陌，七十二街商贾来。七十二门出贤孝，七十二个牌楼耸天外。桑落酒醇春醪远，诗圣饮后诗兴豪。三杯桑落乾坤阔，万斛山头日月高。

　　堑山烟谷通公路，风驰电掣达八方。铁龙仙笛荡大地，一道彩虹下南洋。煤层深厚储量多，热电远输富城乡。建材源源取不尽，高楼座座赖吾疆。青山处处都藏宝，此地有银三百两。今日乘车游蒲地，满目青翠喷鼻香。昔日旱塬天河布，巧引黄河泽万荒。重泉苹果甲天下，尧山酥梨赛饴糖。千年焰火耀寰宇，法国总统饱赞赏。金粟桥山生茱萸，卤泊滩中壮牛羊。政通人和清平世，杲日当空竞华章。建设驶入快车道，改革开放帆正扬。

　　李旦回山不识路，玄宗举目费猜详。古城如斯换新颜，铜斗金帜耀山巅。百业俱兴日日异，科技文化正道乾。祥风紫霞显物华，山川俊美透地灵。物华有天宝，地灵多人杰。地随风多产，人与时俱进！金秋馨逸惹余醉，醉而忘情卧地吟。人生多逢爽心事，十六大会撰雄文。三个代表是根本，万里平川播雨云。城乡奋起虎添翼，迎云冒雨争新春。齐心协力追太阳，同心同德举金樽。呕心吐胆创强县，披荆斩棘谋富民。待到塔影落桃源，手捋雪髯娱冰心。一壶香茗舞翰墨，不负先人与后人。

第二章

物质生产习俗

物质生产①是人们为获得生产、生活资料，与物质进行交换、利用形成的生活模式。传统物质生产主要包括农业、渔业、采掘、捕猎和养殖等，其内容既有劳动的技能与生产过程，也有与之相伴的信仰与仪式，它积累形成丰富多彩的物质生产习俗。

蒲城县域地势开阔平坦，地形北高南低，自西北向东南呈坡阶状递降。土地以平原为主，兼有川原沟坡和山丘洼地，土质优良，土地肥沃，光热资源均衡，冬春多干旱，夏秋多阴雨，气候整体较干燥，适合农业生产。农业种植物有小麦、玉米、棉花、花生、芝麻、荞麦及豆类等。县域北部多山、多林，有采石、挖煤传统，部分山林也可狩猎，近年因生态环境保护，采石厂、小煤窑多已关闭，很少有人捕猎。自然经济条件下，各地都有相当数量的分散养殖，形成养殖习俗。县域东部有洛河、大峪河，沿岸有零星渔业，但不成规模。

第一节 农业生产习俗

当地总体沿袭了传统生产种植方式，遵循了秋播夏收的生产规律。根据《蒲城县志》记载，中华人民共和国成立前有雇耕、佃耕和自耕

---

① 生产是人工利用对自然规律的掌握和利用，获得物质资料的过程，典型例子如种植和养殖，人们将种子播撒在土地，就可获得相应的物质资料。人们按季节孵化蚕虫，喂养桑叶，便可得到蚕丝。生产是一个从无到有、由少到多的过程。人们借助想象力和生产技巧，加工和转换已有物质资料，创造出自己需要的材料。在此过程中，常伴随相应的仪式活动和程式内容，它构成丰富多彩的生产民俗。

三种方式。① 中华人民共和国成立前后，各家都能按人口分到一定田地，形成单家独户生产方式。在农业合作社时期，农村形成以互助组为主的新的生产方式。② 20世纪80年代后，各地普遍实行联产承包责任制。各村根据土地多少，先按人口划分自留地，俗称"口粮田"，多余土地按土地好坏和人口多少、年龄大小搭配，进行再分配。农民向国家交售一定数量公粮。生产队解散时，各家都能从农业社分到一些农具和牲畜，可独立进行农业生产。传统农作物种植，多用牲畜耕种，有少量机械化耕作，生产模式与旧时基本一样。随着市场经济发展，20世纪90年代后，除小麦、玉米、大豆等农作物外，各种经济作物普遍流行，西瓜、苹果、酥梨、大棚菜、棉花等有较大面积的种植，机械化程度普遍提高。农村剩余劳动力多外出打工或经商，农村经济明显活泛。进入21世纪，农村经济发展向好，经济作物比过去多了许多。农村土地出现流转租种，租种者常大面积种植经济作物，从耕种到收获多用小型机械操作，有时还雇用当地农民帮忙，付给相应报酬。

一　小麦生产习俗

小麦是当地最重要的粮食作物。当地麦子有小麦、大麦两种。大麦的麦粒外面有一层壳，难与麦粒剥离，营养不好，种植面积一直比较小，多种在不太好的田地里，主要用作牲畜饲料。小麦耐寒，生长时间长，营养丰富，可以做成多种饭食，是当地人最重要的生活食物，各地种植面积普遍较大。当地小麦种植历史久远，积累了丰富的种植经验。有"种成的麦，锄成的秋"的说法，强调麦子下种时的土壤、地墒、节令和下籽量，认为秋庄稼要在锄头上下功夫，重在松土、保墒、施肥和除草。又如"麦收八、十、三场雨"，讲究小麦种植后，在第一年农历八月、十月和

---

① 旧时雇耕多是地主等少数人家，他们拥有大量土地，靠雇用劳工耕作，有些是常年工，有些在农忙时还雇用临时工，地主只管理，生产粮食归地主所有。常年工和临时工都通过劳动获得报酬。佃耕是家里有土地，但缺少劳动力，便将土地出租，每年只收租粮或租金自食。佃耕的人有很大一部分是祖先留下土地或一些在外读书、经商的人，常选择佃耕方式。那些没有土地而有劳力的人常是佃种者，他们多是外来户，或自家土地不足以养家，多靠租种其他土地养家自食。自耕是有少量土地的人家，他们有劳动力，能自耕自食。

② 在此期间，有一部分人参加互助组，进行集体生产，也有一部分人是单干户，但农业种植与生产方式基本一样。

次年农历三月，若各有一场好雨，小麦便有好收成。① 再如"冬至寒食一百五，清明吃麦六十天"，认为冬至到清明 105 天，清明到小麦成熟 60 天，小麦成熟多在"芒种"后，一般在五月底，六月初便可收获。大麦芒长、秆低，种植比小麦晚，收割却比小麦早，有"过了小满大麦自死"的说法，即"小满"节令后，大麦便要收割。

小麦生产有实际操作程序，需要相应种植经验，才能将麦子生产做好。种植前先要整地，包括平地、送肥（上粪）、撒粪，犁地（耩地）、耙地、耱地、打梁、播种、补种。小麦出苗后，还要进行田间管理，如冬灌、春灌、追肥、锄地、除草、打药，直到次年小麦收割前。小麦成熟后要收割、拉运、摊场、碾场、起场、扬场、晾晒、留种、入瓮，等等。如此小麦生产才算结束。以下为当地小麦一般生产习俗。

平地。小麦种植前，先将田地平整，主要堵漏田地中的坑洞和不平处，为日后田间管理方便。

送肥。俗称"拉粪""上粪"或"上地"，旧时多将平时积累的农家肥，主要是猪粪、牛粪、马粪、羊粪、人粪、炕灰等用马车、牛车、人力车或拖拉机、四轮车运送到田地，均匀分成小堆，以便匀粪，俗称"撒粪"。现在已很少用农家肥（多数农村都没有牛、马、猪、羊等），多用化肥，如尿素、磷酸二铵、轻氨等。

撒粪。将堆在田地里的农家肥用铁锨均匀撒在田地，俗称"底肥"。现在也有少数人用农家肥（多是平时收拾积累的各种粪便等），用作庄稼底肥。

犁地。撒粪后，待土壤干湿合适，便要犁地松土。旧时用牲畜牵引，一人扶犁具，将田地土壤翻转上来晾晒。犁地时将化肥撒入垄沟，用后来翻起的土壤将其掩盖，也有将化肥撒在田地，用犁具统一翻耕。现在多用机械翻耕，已很少用牲畜牵引。

耙地。犁地后，用长耙具将犁地翻起凝结的较大土块耙开粉碎，便于土地保墒和种子扎根。有时还用木槌打碎一些不能耙开的大土块，并捡取田地中耙出的垃圾，如塑料膜碎片、大草根、散落的树枝等。旧时用牲畜牵引，驾驭者站在耙具上，一手执鞭，一手拉牲畜套绳把握左右方向。耙地有很多技巧，要不断做身子倾斜、登足、后仰等动作，使于耙具左右晃

---

① 如果有小麦种植经验，就容易理解为小麦丰收需要八、十、三场雨。

动前进，既要碎土均匀，还要将地耙得平整。

糖地。耙地后，用耱具进一步碎土，达到田地土块碎末化。耱地时驾驭者常让小孩坐在耱具上，位置稍偏后，利于碎土。也有驾驭者直接站在耱具上操作，需要左右、前后晃动，既粉碎土块，也让田地平整、踏实，方便种子下种后能顺利发芽生根生长。

打梁。俗称"搂梁"，人力操作，将平整好的田地按"畦子"归整，主要是打好与连畔田地的地梁，区分田地界限。也有在自家田地间打"横梁"。打梁是技术活，要打得端直、厚实，方便日后田间管理，特别是浇水灌溉时，要能蓄水、防漏。

播种。当地用耧车播种，根据地墒和节令，按一定比例下籽，有牲畜和人力牵引两种方式。耧车结构复杂，使用耧车前，摇耧人先要定好耧门，控制好下籽量，检查耧筒和耧脚，保证种子能顺利播到耧沟中。播种前，先将收拾干净的适量麦种倒入耧兜，随后摇耧播种，等耧兜麦种快完时，再添加适量麦种，如此循环。牲畜牵引时，需一人在前面牵引牲畜，人力牵引需要 3—4 人，俗称"曳耧"①。小麦播种节令性强，一般集中在一个时间段内，各家需要赶节令播种。对不便用耧播种的小片土地，一般用撒播方式种植。多是一手端麦种盆子，一手抓籽种，一步一扬手，均匀行走在田地里，等撒播结束，再用铁耙等农具挨次将田地耙耱一遍，掩盖种子。随后一直到小麦成熟，便进入田间管理。

补种。小麦播种后，根据地温高低，一般五天左右便可发芽生长，田地里多会冒出绿色嫩芽，星星点点，随之慢慢稠密起来。等七天以后，人们便会根据出苗情况进行补种，常在稀疏地方撒入一定麦籽，并简单掩盖。如果出苗整齐，便不用补种。

灌溉、除草、打药。小麦生长后便很快进入冬天，此时，小麦生长速度放慢，以便积蓄能量。若此一时段久旱不雪或不雨，田地便会缺水，就要冬灌保墒追肥，增加麦苗营养。开春后，若田地持续干旱，还

---

① 曳耧速度与摇耧节奏要配合恰当，才能播种均匀。往往是一人扶耧，俗称"摇耧的"，且行且摇，随时调整摇耧节奏，使下种均匀。人们在耧门处悬挂一颗木铃，俗称"耧胡"，在连接耧胡的绳子上连接一长 3 寸多的细木条，俗称"耧针"。耧针从耧眼伸入耧兜，在摇耧过程中，不断拨动耧兜内麦种，防止麦籽下种过程中有"麦芒"堵住耧眼。由于耧胡不断撞击耧门下籽处的木板，便会连续发出"丁丁咚咚"的声响，很有节奏。摇耧者常根据耧胡的声响，判断种子下播情况，并以此不断提醒曳耧速度。

要春灌。麦苗经冬至春，在麦苗拔节前（一般在清明前后），一般人家都会用"漏锄"对田地松土、锄草。等到小麦拔节，便快速生长，人们常根据麦地杂草多少，需用手工拔除。等到小麦吐穗时，还要查看小麦是否生虫，要适时打药，防止小麦生虫，适时灌溉，俗称"麦黄水"，促使麦粒饱满。其间还要防止小麦青秆早熟，并根据小麦成熟情况，适时收割。

搁场。小麦收割前，各家都会辟出一片平整土地（过去各村均有集中碾压打晒小麦的专门场地，现在多数村庄已没有了），除去杂草，填平一年来的水冲窟窿，补齐场边缺口等。在场地铺上麦秸，适量撒水，俗称"泼场"，等夜间潮气潮湿麦秸，随后用石磙或碌碡反复碾压几遍，直至场地平整坚实。

收割。等到五六月，小麦变黄，麦粒硬实，便可开镰收割。过去多是手工收割，效率低，经常是熟一块收割一块，俗称"旋黄旋割"，不能等田间小麦全部成熟再收割，否则早熟的麦粒会因麦壳松口而撒落田地。人们将小麦收割时段称作"龙口夺食"，常争分夺秒，需要在短时间内完成小麦的收割、碾打和晾晒，很紧张。用镰刀收割，要耗费很多精力和时间，许多人早起晚归，甚是辛苦，但苦中带乐。其间用餐多由妇女或小孩送至田间地头，在吃喝谈笑中短暂休息，随之很快又投入收割。每年收麦结束时，许多人会黑瘦许多。现在多是联合收割机，很快便能将一片麦地收割完毕。人们只需备好装麦粒的袋子即可。

麦客。过去当地人将雇请的收麦人称作"麦客"。在每年五六月小麦成熟时段，各家都需大量劳力，由于各地小麦成熟时间有差异，附近一些晚熟地区的人便会出来帮助需要劳力的人家，按日结算或按地亩结算工钱。也有一些专门给人收割小麦的麦客，常流动于不同村落，用劳力挣取工钱。现在机械化程度高，麦客已很少看到。

拉麦、摊场。拉麦是将田间收割的小麦用车子运送至打麦场地。田地装麦车是个技术活，由于麦车高大，容易倾斜倒下，有"倒一车饱三车"的说法。在麦场堆积成小山形状，等阳光充足，便将小麦摊开暴晒，俗称"摊场"。摊场讲究薄厚均匀，其间还要"拢场"，将麦秸秆用铁叉翻起，让太阳尽量晒透麦秸、麦穗，尽可能使麦秸秆干燥，麦粒与麦壳干裂松动，方便碾场时麦粒脱落。

碾场。小麦脱粒的主要方式。过去多用牲畜牵引石碌碡，在场地上反复滚压已经晒透的麦秸、麦穗。碾场时，常给牲口套上绳索，带上笼头，用绳子牵系在碌碡舶架上。碾场人站在场中央，一手牵牲畜长缰绳，一手执鞭，吆喝牲畜反复转圈，逐次碾压，促使麦粒脱壳。碾场过程中须"翻场"一到两次，多是数人用铁叉快速将碾过的麦秸均匀翻起铺平，促使麦粒与麦壳分离。再用碌碡反复滚压，使麦粒脱落，直到最后"起场"，将麦粒与麦秸分离开来，并捡拾麦秸堆放，将麦粒、麦糠混合堆在麦场中合适地方。

扬场。将麦粒和麦糠（俗称"衣子"）分开的过程，俗称"扬场"。扬场多是两人协作，头戴草帽，俗称"秸帽"（音 jiē mào）。扬场人斜面迎风而立，手持木锨，根据风力大小，铲起适量带着麦衣子的麦粒，向空中扬撒，借自然风力将麦衣子吹走，麦粒顺势落下。持扫帚的人适时将没有碾碎的麦穗向反风方向掠出。如此反复，直至将麦堆子扬完。扬场是个技术活，手上劲量的大小，扬撒的高低，扫帚的轻重等，都有一定技巧，否则就难以分出麦粒、麦衣子和麦穗。其一般场景是，在自然风力吹动下，麦衣子随风飘落在下风处，自然堆积成一道弧状，麦粒自然撒落，形成一道半月形的麦粒包，一旁掠出一小堆碎麦穗。这样，麦粒、麦衣子、碎麦穗相互分开。掠出的碎麦穗多用棒槌击打，让麦粒麦壳再次碎开分离，再用筛子过滤尘土，清除麦衣子。

晒麦。扬场分出的麦粒有较大水分，需要经过太阳暴晒，才能去除多余水分，便于储藏，这一过程俗称"晒麦"。晒麦要看好天气，打扫干净场地，将麦子均匀撒开，其间还适时用木耙来回搅动，便于小麦晾晒，如此反复几天，直到麦子晒干。

呛（音 qiàng）麦。麦粒晒干入瓮前，还要除去麦粒中的杂质与尘土，跟扬场操作相类似，用木锨扬撒麦粒，借风力吹去杂物，俗称"呛麦"。随后根据麦子质量高低，分出下半年的麦种，分别入瓮或入囤，进行封闭，做好储藏，以后随用随取。

在小麦收割前后，当地还有"看麦稍"和"过忙罢"习俗，亲朋好友多相互走动，了解彼此收成情况，交流种植经验。其中父母儿女、甥舅家走动多，其他亲戚朋友也相互来往，但比较少。过去许多村镇还举办"忙罢会"，用唱大戏和其他娱乐活动庆祝，以表达人们的感恩之情，现在已没有了。

二　玉米生产习俗

当地人将玉米叫作"苞谷"，县域内普遍种植，因各地气温、水土差异，其播种收获稍有不同。根据种植时间，当地有"智（音 zhī）苞谷"和"瓷（音 cī）苞谷"两种。前者多在先一年留下的空地里按时种植，早种早收，但种植的人较少，它两年少收一茬庄稼。后者一般在当年的小麦地里套种，等小麦收获后，重新梳理整齐，晚种晚收，不影响下半年的小麦种植，种植比较普遍。玉米生产过程包括播种、锄地、定苗、培土、管理、掰苞谷、剥苞谷皮、架苞谷、剥苞谷粒等，其间也有一个完整的劳动程序。

播种。智苞谷常在3月底至4月初种植，多用牲畜拉犁具，俗称"穿钩子"（犁的一种），在平整的土地上划开地皮，翻出新土，在其垄沟中间距性点种，也有用锄头在平地上挖窝点种的。瓷苞谷多在5—6月小麦成熟前播种，多在小麦行间用"点播器"[①]点种。播种时，注意行间和株间距离，便于苞谷的生长和将来管理中的除草、施肥、灌溉等。

锄（玉米）地。玉米生长要勤松土、勤锄草、勤给玉米根部培土，玉米才能健康生长。春、夏杂草易生，玉米地一般要锄两三遍，既去除杂草，也给玉米根部松土、培土，给其扎根创造条件。玉米秆比较高，玉米棒子比较重，如果培土不足，灌溉后碰见刮风便容易倒卧，不利于后面的管理和收获，也容易造成减产。锄玉米地有讲究，第一遍要深锄，若在小麦地里套种，需要锄倒小麦收割后的麦茬。后面要浅锄，防止伤及玉米根系，有"头遍深，二遍浅，三遍四遍如刮脸"的说法。当地人认为，锄地可以让玉米苗充分吸收营养，旱天可以松土保墒，涝天利于水分蒸发，有"锄头下地脚，有水又有火"的说法。

定苗、追肥、灌溉。在给玉米地锄第二遍时，便要给玉米间苗、定苗，去掉多余的、弱小的，留下壮苗。定苗时要施肥一次，看天气和地墒情况，过去以农家肥为佳，现在多用尿素、氢氨等化肥。若天旱不雨，还要及时灌溉一次，要保墒、保肥，才能促进玉米生长。

[①] 点播器的下方连接一铁制插土器，上有2寸左右的铁制脚踩小横板，其上连接一2尺多长的空心秆。点播时，将玉米籽从空心秆上方投入，随之顺空心秆落入插土器划开的地面，拔起点播器，划开的土随之掩盖。

培土。在玉米生长过程中，要适时为其根部培土。有人用犁在玉米行间耕翻垄土，将翻起的土壅到玉米根部，也有人用锄头将土搂到玉米根部，俗称"培土"。培土方便玉米扎根，稳固根底，防止伏倒。

掰玉米。玉米生长周期约150天，待玉米成熟后，便要将玉米棒子从玉米秆上连皮一起掰下，俗称"掰苞谷""掰桄（音 guáng）"或"收苞谷"，间隔性地堆放在玉米地里。随后用车子将其搬运回家堆放，等待剥皮。过去人们在玉米掰完后，多将玉米秆挖倒，晾晒干燥，去掉根部土块，运回作农家燃料，或将其堆放地头，待其晾干后运回。现在多用机械将玉米秆粉碎作地肥，也有人将玉米带秆一起作价出售，机器直接入地收割。

编玉米辫子、剥玉米粒。为防止堆放在一起的玉米发霉，人们多将玉米外皮剥去，俗称"剥苞谷皮"。在此过程中，先去掉外面几层老皮，留下里面几页柔韧的皮。等剥好一定数量后，人们便将其编扭成玉米辫子，或两个一组，或四个一组，或将更多玉米编纽成长辫，将其盘绕或悬挂在屋檐下的立柱上。也有人在庭院中立柱，将玉米辫逐层盘绕上去，上面覆以隔雨物。等到农闲时节，玉米风晒干透，随时取下，锉下玉米粒，俗称"剥苞谷"。将其晾晒干净，便可入瓮，随用随取。现在多将玉米皮壳剥得精光，堆在一起风干或摊开晾晒，随后用脱粒机分开玉米粒与玉米芯，或出售，或储藏。

玉米种植时间短，从下种到收获，4个多月就结束。但其间的劳作整体繁重，特别是施肥、锄地、灌溉、搬运、挖杆等，时间间隔短，工作强度大。外加其他秋庄稼的收获，这一时段，农活整体繁杂。秋收之后，人们还要抓紧时间平整土地，赶节令到来，为小麦种植平整好田地。因此，秋收比夏收更辛苦、更紧张。

三　棉花生产习俗

当地种植棉花较早，小农经济条件下，棉花是家家户户的生活必需品，后来的专门种植，便成为当地一种重要的经济作物。人们认为，人既要吃，也要穿，穿的都要从棉花中来，各家各户也都有专门的棉花地，用作一家人日常生活的铺盖和穿戴。后来市场经济发展，出现了大面积种植棉花的生产户，有纯种棉花的，有和西瓜套种的，目的是追求较大经济效益。现在种植棉花，多将其作为一种经济作物，并不完全作为家庭铺盖穿戴的来源。棉花生产从棉籽筛选到播种、管理、摘棉花、剥棉花和晒棉花等，也有一套完整的生产流程。

选棉种。棉花种植先要选好棉种。先将选好的棉籽用开水煎煮（将棉籽过一遍开水，很快打捞出来，不能将其煮熟）去渣，随之与草灰一起搅拌，将其晾晒半干后下种。据说如此加工过的棉籽，抗旱力强，出芽好，棉苗长势好。

播种。棉花种植在清明前后，以点种为主。多用锄头挖窝，窝距约50厘米，行距约80厘米，根据棉种不同，合理疏密。如果株距较大，就会影响棉花产量，株距较小，便会影响光照和通风，也影响产量。人们认为，棉籽入窝后，最好用草木灰或搅拌好的牲畜粪掩盖，棉籽就易发芽生长。

棉田管理。棉花播种后，就进入棉田管理，其间有许多管理技巧，需要反复经验，才能管好棉田。一般要经过两次或多次除草；适时给棉株追肥，促其顺利生长、保障棉蕾（俗称"棉桃"）不落；适时"间苗"，拔除多余的、细弱的，留下茁壮的棉苗；适时给棉株根部培土，保证棉株能扎根汲取营养；适时剥去棉株生长中多余的"棉芽"，合理间疏棉株枝条密度；适时打去棉株顶尖，俗称"掐顶子"，防止棉株因营养丰富而疯长不结棉蕾；还要适时浇灌、保墒、用农药防棉铃虫、蚜虫等。棉田管理有许多需要特别注意的地方，如间苗、培土、追肥，不能伤及棉株根茎，不能将化肥撒在棉株根上；在棉蕾成长和开放时，要防天气干旱落桃而影响棉花产量；平时还要观察棉花长势和虫害，要随机打尖打药。

摘棉花。棉蕾开放后，白色棉花便会逐渐绽放出来，它是棉花成熟的重要标志，人们便可收获棉花，俗称"拾棉花"。摘棉人常在胸前或腰间挂一白色布袋，或手提竹笼，将棉花带壳一起摘下，回家后统一采取棉乳。这样摘得快，但回家要去掉棉壳，取出棉乳。也有人只将棉乳取下，棉壳留在棉株上，这样比较慢，但一次到位，回家即可晾晒。在棉花成熟盛期，每天都要采摘，很辛苦。

剥棉花。棉花带壳运回后，需将棉壳和棉乳上的杂质去掉，俗称"剥棉花"。多由老人和妇女承揽，几人围拢一起，边剥棉花边聊天，很热闹。剥壳后的棉乳称作"籽棉"①。棉壳用作农家燃料,或做饭,或烧炕。

晒棉花、弹棉花。棉乳晾晒过程称作"晾棉花",将去壳的棉花放在凉席上,或芦苇编成"箔子"上,让太阳暴晒,直至棉花晾晒干透。其间还要适时翻转棉花几次,一天晒不干,第二天继续晒,直到晒干②收藏。有人在棉花晒干后,便用轧花机器脱籽,制成直接使用的"皮棉"。

棉花耐旱,过去种棉花多在旱地,不求植株大,不会种得太稀或太稠,只求单位面积产量高,有"稀花看疙瘩,稠花摘棉花"的说法,认为棉花种的稀,植株就会高大,棉桃(也称"棉疙瘩")便会结得大,棉花种得稠,棉桃就会多,两者各有长短,人们常根据地势确定种植的稀稠。另有"七疙瘩,八疙瘩,一亩地,两捆花"的说法,每株棉花若能结七八个棉桃,一亩地便可收获"两捆"皮棉(一捆皮棉为10斤),一亩地如果收到20斤皮棉,就是好收成。现在多用化肥增加地力,对棉花进行科学管理,棉花产量也有很大提高。

四 其他农业种植习俗

除小麦、玉米、棉花等重要农作物外,当地还有其他农作物生产,如豌豆、扁豆、绿豆、大豆、豇豆及油菜、芥菜、荞麦、红薯等,也是农家种植的组成部分。豌豆主要用作牲畜饲料,③ 在先一年深秋种,第二年夏天收,常在坡地种植,比小麦成熟早些。过去粮食匮乏,人们多将豌豆与其他粮食搭配混着吃,④ 以补充粮食不足。扁豆,因豆粒扁圆而得名,夏种秋收。豌豆有细软的藤,扁豆是矮小挺立的植株,高约1尺,不能用镰刀收割,只能用手拔。扁豆产量低,一个荚2个豆,豆粒小,亩产量约

---

① 与"籽棉"对应的是"皮棉",它需要另一道工序,去掉棉籽便是"皮棉"。棉籽可用来压榨食用油,压榨留下的棉油渣是很好的农用肥料。
② 一般人判断棉花是否晒干,多用牙齿咬棉乳中的棉籽,如果干脆响亮,就认为晒干了。
③ 用豌豆喂牛时,要将豌豆磨碎成小颗粒,拌在牛槽草中给牛吃。如果喂马、骡、驴,则不必磨碎,这些牲畜可以将豌豆直接嚼碎。
④ 一般先在锅中将豌豆炒熟磨成炒面,吃起来很香。豌豆干涩,磨面蒸馍吃,要费去很多唾液,吃了还容易放屁。成熟前的嫩豌豆很好吃。豌豆荚刚长成,里面豆粒较嫩,摘下豆荚可直接吃,味道鲜脆、味微甜。豌豆荚长到饱满但又没有老硬前,可摘豆荚煮着吃,这时的豆荚皮便不能再吃。现在城里人常购买嫩豌豆荚回家煮食,也买豌豆打豆浆喝。

100斤，但扁豆营养价值高。① 绿豆用镢头点钟，生长时间短，成熟时段容易炸裂，需要人每天采摘，产量不高，但营养价值高。② 大豆，俗称"黄豆"或"白豆"，是做豆腐的原料，也用来榨食油，常在整片田地里种植，亩产400多斤，镰刀收割，在场地碾压，用扬场方式分离豆壳和豆粒。过去现在都有种植。小豆、豇豆多在地边、埝边、沟边、地边、地梁上种植，成熟时要适时采摘，多下锅熬汤，或下锅煮熟与面粉搅拌，熬成红豆或豇豆稀饭。过去有种植黑豆的，主要用作牲畜饲料，现在很少种植。

油菜和芥菜。过去现在都有种植，面积都比较小，有"头伏萝卜二伏芥，三伏才种蔓青菜"的说法，认为入夏之后，初伏种萝卜，中伏种芥子，末伏种油菜。和油菜种植比较，芥菜种植量更少，多在地边种一些，其收获方式与油菜相似。老油菜下种后，其根系在冬天特别发达，有大人手指粗细，油菜叶、芥菜叶和油菜根都可食用。③ 芥菜结籽，颗粒小，人们常用"小如芥籽，微如尘埃"比喻芥籽的小。油菜籽可压榨食油，芥菜籽可压榨芥油。

荞麦。种植比较少的秋庄稼，④ 过去现在都有种植。⑤ 荞麦生长周期2个多月，亩产200—300斤，产量总体较低。田地里的荞麦秆是紫红色，叶是绿色，略带一点梅红，花是白色，荞麦秆个头不高，中间有许多分叉，和小麦比较，看起来很不整齐，有"荞麦地里刺角花，别人不夸自

---

① 在过去，当地人多会在坡地上种一点扁豆做沫糊（稀饭类）吃，是日常生活的一种调味品。很多人还用扁豆汤下面条，呈淡红色，味道清淡，调上葱花，很鲜美。
② 绿豆在夏季常用来煮绿豆汤消暑。绿豆磨成淀粉还能做出上等粉条，做成凉粉等。
③ 当地人将这种可食用的根称作"蔓青菜"。蔓青菜味道好，营养高，是当地人冬季常见的菜品，有"小人参"的美誉。掘取冬季的油菜叶，在锅中煮软，将水分捏尽，切碎调入食盐，味道也很好，常与蔓青菜搅拌食用。收获后的油菜籽主要压榨食油。冬天芥菜叶可食用，但吃法不同。芥菜辛辣，将采集好的芥菜叶淘洗干净，在水中轻煮后捞出，此时芥菜叶处于半生状态，将其压在严实的盆罐中，约10天后，便可捞出切碎食用，味道辛辣。人们将芥籽碾成粉末，用开水"冒"制（一种做菜的方式），用筷子迅速搅拌，调入食盐，或用醋和油调成糊状，即可食用，俗称"芥末"。芥末是当地人日常生活的一种调味品，街道卖凉粉、卖饸饹的小摊用的最多。当地人还将芥末夹在馍中当菜吃，可用馍蘸食，若稍多一点，芥味便会冲上鼻腔，熏出眼泪。
④ 当地人将收麦后种植的农作物称作"秋庄稼"。
⑤ 荞麦营养丰富。当地人常用荞麦面做饸饹，味道好，很受人欢迎。另有荞面削削，约三寸长短，较宽厚，吃在嘴里不如麦面光滑，还有荞面凉粉，荞面卷卷。荞麦皮是上佳的枕头芯，荞麦花是蜜蜂的重要花源。

己夸"的说法。

苜蓿。旧时牲畜主要用来耕种土地和拉运货物，一般人家都有一块专门种植苜蓿的饲料地。① 苜蓿是宿根生长，只播种一次，生长后用镰刀割取，以后年年复生，从春末到秋末都用作牲畜口食，人有时也采取苜蓿嫩叶食用。② 现在各村几乎没有牲畜，苜蓿种植也很少，专门的苜蓿种植，多用作市场买卖。

红薯。常在"十边地"③ 种植，也有用优质田地种植的，比较少。红薯种植要预先酿好红薯苗。种植时用锄角在田地挖好窝，将红薯苗放入窝中，向窝里浇灌一瓢水，待水渗透，用手将红薯苗栽种严实，红薯苗便扎根生长，随后在根部结出大小不同的红薯。红薯在霜降后成熟，人们割掉红薯蔓藤，④ 用耙子将其从田地挖出整理即可。一窝红薯数量不等，大小不一，运回后多在地窖（俗称"红苕窑"）中存储，其间要注意红薯受热或受冻而发霉变坏。红薯产量高，是当地人比较看重的生活杂粮。⑤ 红薯与豆类植物都有根瘤菌，可以固氮，提高地力，当地人常将红薯与其他农作物交替或交叉种植，用来改良土壤。

除此之外，芝麻种植也比较普遍，多在田地中钩种，成熟后捆成小捆，等芝麻"口"松开，便将芝麻粒从其口中倒腾出来，可榨芝麻油。旧时还有其他农作物，如谷子，即古书中的"粟"，去壳后叫作"小米"。认为谷子伤地（损耗土地肥力较大），常影响下一茬庄稼生长，种植量一直比较少。糜子，即古书中的"黍"，没有谷子产量高，但生长周期短。如果天旱耽误了种谷，若下雨有合适的地墒，还可种糜子。糜子比谷种的晚，却比谷子收得早，有"秋分糜子寒露谷"的说法，糜子在秋分收割，谷子在寒露成熟。糜子营养不高，常用做牲畜饲料，⑥ 或用来酿酒，现在

---

① 当地人的牛、马、骡、驴，多在槽上喂养，常年喂养的食物是短小的麦秸（小麦脱粒后被碌碡碾扁碾软的麦草，用铡草机切碎，是喂养牲畜的饲料），因其营养不大，人们便在麦秸草中搅拌苜蓿给牲畜食用。

② 苜蓿常用铡刀将其铡成一寸长短小段，与麦秸草混搭喂养牲畜。春季苜蓿发出嫩芽，人们采取苜蓿梢的嫩叶和嫩茎，将其捋下做菜卷或蒸"麦饭"。也有人在稀饭、米汤中下少量苜蓿叶，增加稀饭色彩。

③ 当地人将沟边、崖边、埝边、坡边、河边等不整齐的零星地、碎块地称作"十边地"。

④ 红薯蔓藤的叶子可采摘食用，当地人常摘取嫩叶做绿面或菜卷。

⑤ 旧时红薯常是粮食的补充。红薯有多种吃法，很多人将红薯做成淀粉，挂成粉条出售，经济效益较好。

⑥ 听老人说，过去没有粮食时也吃糜子，糜子面蒸的馍比较粗涩，吃起来带点甜味。

已很少种植。

过去土地宽阔，人口少，小农经济思想浓，人们多在不同土地上种植不同庄稼，用自家牲畜耕种，自给自足。随时代发展，人口增多，人均土地面积不断减少，精耕细作、科学种植、机械化操作已普遍流行，许多农作物出现了更新换代，产量和质量也不断提高。总体来看，现在经济作物种植面积比以前多，粮食种植面积比以前少，但粮食单位面积的产量有了很大提高，农户和各村镇的农业种植多有了专业化倾向，如县东北洛滨一带的苹果、县东部永丰一带的酥梨、县北部罕井、上王一带的核桃、花椒，县南部龙阳、龙池一带的瓜果蔬菜等，都是大面积种植。近年"一村一品"的广泛宣传和普遍推广，各村镇多能结合各自生产优势，选取合适经济作物，进行专业化、科学化和规模化种植。传统农业种植已淘汰了许多旧生产工序，也新增了各种新生产方式，呈现出新时代的生产特点。

第二节　农业养殖习俗

当地过去养殖主要有两类，一是农业生产需要，饲养的牛、马、骡、驴等，其中马、骡、驴称作"长腿子"，比牛走得快，使用灵活，耕种效率高，还可用作出行脚力。牛用青草、麦秸草及少量麸皮便可饲养，养殖人家比较多。当地是黄牛，牛力气大，耐性好，性情温顺，在拉车、搬运粪土方面，虽然慢但最实用。骡子力气大，有耐力，性情好，拉车驾辕最稳当。养马的人少，但马耕地效率高，饮食比较讲究，有"马无夜草不肥"的说法，一夜通常喂3—4次。为不误夜草，人们多在马项下挂一铃铛，铃铛作响，主人便安然入睡，铃铛一停，主人便起身给马添草加料。养母马主要是生骡子。当地人也养驴，与骡子和马一样高大，但力气不如骡子和马。驴不能驾大车辕，大约与驴的癖性有关，生活中人们爱用"驴脾气"说一个人倔强。二是日常生活需要，许多人家都养猪、羊、鸡等，主要是辅助性、业余性散养，专业化养殖不多。猪、羊养到一定时间，便可出售换钱，算作家庭收入。鸡下蛋，可以改善生活，也能拿到街上卖，作为生活补贴。养牲畜的地方称作牛圈、马圈、骡子圈，都讲究干净卫生，防止牲畜因环境卫生而生病。在过去自给自足的自然经济条件下，猪、羊、鸡都可拿到集市上买卖，大牲畜养到一定时间，也牵到市场出售。现在农村很少散养，在追求经济效益前提下，多是专业化、规模化养殖。

养猪。旧时家家户户都养，单圈养1—2头。养猪的地方叫猪圈。猪圈有在门外的，也有在后院的，猪圈四边有围墙，高低合适，面积约10平方米大小。猪圈里面有猪圈房，低矮，是猪避雨防晒休息的地方。猪圈墙的一边设有圈门，平时很少打开，多在猪出售时用。猪圈内放置猪槽，是猪饮水和吃食的地方。猪食杂乱，麸皮，俗称"麸子"，玉米是猪的主要饲料，平时也用青草、豆渣、剩饭作猪食。根据猪的大小，猪食适量增减，一日喂养3—4次。养猪人家都有一个专门盛放猪食的大桶或大盆，俗称"猪桶"或"猪盆子"。猪圈底部一般不铺底，① 为自然土底，猪在里面可以随便拉撒。但每天须用干土垫圈，逐日积肥，过一定时日，再将猪粪挖出，俗称"出猪圈"。猪粪是种田的好肥料，积到一定程度，便拉送到田地。猪可将平时家中剩饭菜、磨面后的麸皮有效利用，养肥了便可出售换钱，也有自己杀了卖肉的，当地将其称作"疙瘩钱"。猪有母猪和公猪（俗称"种猪"）的区分。母猪多是猪崽生产户喂养，生产猪崽出售，母猪肉一般不能吃。母猪发情称作"叫窝子"，需要种猪配种，才能生产。猪一窝生产10只左右，生产时需专人接生养护。猪崽主要出售。卖猪崽俗称"卖猪娃的"，买仔猪俗称"抓猪娃"。猪娃买回后要去势，俗称"铣猪娃"，否则就长成种猪，不好喂养。铣猪的人俗称"铣猪的"。铣猪人一般多走街串巷，立时即可完成铣猪。现在单户养猪的人很少，多是批量养殖，有专用的猪饲料，猪存栏时间也短了很多，过去用10个多月，喂养200斤左右，肉质好，现3—4个月便可出售，100多斤，肉质也比不上过去。

养鸡。旧时当地人都养鸡，三五只或七八只，算是最普遍也最普通的副业生产。鸡有公鸡和母鸡，公鸡1—2只，用作打鸣和配种。配种母鸡下的蛋才能孵出小鸡。小鸡孵化约21天，俗称"暖鸡"或"抱鸡娃"。过期未孵化的鸡蛋称作"坏蛋"，要扔掉。孵出的小鸡称作"鸡娃"。母鸡约10个月便可下蛋。公鸡打鸣报时，母鸡下蛋卖钱，也可自己食用。有"猪是钱串子，鸡是盐罐子"的说法，如果养几只鸡，便可供足家中酱醋盐钱。过去人多在院子散养，鸡以昆虫、粮食、草粒为食物，主家也偶尔用残食喂养。家中常修一个简单鸡窝，是鸡下蛋和休息的地方。很少

---

① 现在多讲究卫生，用水泥铺地，用水冲洗猪粪。

有人用笼子养鸡，笼养主要防鸡将蛋下在外面，也怕鸡出去糟蹋庄稼。养鸡多的人，会专门修建比较大的鸡圈，里面放专用鸡食槽和下蛋的鸡窝，其鸡蛋主要出售，鸡养到一定时间也出售，重在经济效益。因此，普通人家养鸡不一定有多大经济收入，在一定程度上是一种生活情趣。

养羊。当地羊分山羊和绵羊，山羊挤奶，绵羊杀肉，多用作市场买卖，补贴家用。一般人担心羊在外面糟蹋庄稼，多割草回家圈养，也有人将羊赶至户外自由放养，吃饱后赶回羊圈饮水。羊喝水时常在水里撒些麸子，增加营养。羊圈要适时打扫干净，减少羊粪污染和羊身上的膻味，羊粪是上好的田地肥料。羊下崽一次3—4个，俗称"下羊娃"，需要专人接生养护，羊娃生长到一定时间便可出售。因为羊膻气味重，比猪、鸡养殖麻烦，养殖的人不多。

养狗、养兔。旧时粮食紧缺，狗要吃粮，有时还要补充肉食，饲养费用比较高，也不能产生实际经济效益，养狗人不多。农村养的狗，形体较大，主要是看家护院。农闲时拉出去撵兔、赛狗。县西荆姚还有专门狗场，用于养狗爱好者的比赛和娱乐。养兔的人更少，主要是个人兴趣。兔长到一定程度便自己食用，很少买卖。兔窝要用砖石垒好，不然兔子会打洞跑出去，兔子打洞也容易产生危险。

旧时牲畜对农业生产很重要，喂养人员都很重视牲畜喂养经验积累，熟知牲畜的冷、暖、饥、饱、劳、逸、疾、伤等，牲畜生病时，要请专门的兽医看病。牲畜使用比较讲究，马、骡、驴卸套后，要牵到干燥、平坦、松软的土地上，让其打滚、消汗，随后饮水喂料。牛卸套后，要用扫帚梳理牛身上的汗和尘土。马、骡、驴站着休息，牛卧着休息，有"驴打滚、马撒欢、老牛回嚼人抽烟"的说法。牛喂草后，还要留出一段时间反刍，俗称"回嚼"。牲畜棚要保持干燥、通风，定时清除牲畜粪便，冬天注意保暖，饮热水，夏天注意防暑。牲畜喂养有许多讲究，如"寸草铡三刀，没料也上膘""牛要满饱，马要夜草""牛马一过冬，最怕二月风"等，都是牲畜喂养经验。当地认为农历正月二十三日是牲畜休息的日子，多数人家都会让牲畜休息一天或牵到户外遛弯。

中国人用"六畜兴旺"与"五谷丰登"相匹配，它体现了农家经济结构小而全的模式，也代表了农家的理想生活。随时代发展，市场化推进，旧时分散的牲畜及家禽养殖已逐渐消失，多数养殖已进入专业化、科学化、规模化、市场化，各地相继出现了鸡场、猪场、羊场、牛场、马场等，其目的多是市场交易，已是现代新的养殖模式，但旧时许多养殖经验还很有借鉴价值。

第三节　采掘及其他生产习俗

采掘以自然对人类的惠赠为前提，是人类早期普遍使用的生产方式，它孕育了人类的采食文化及后来的产食文化。人们采掘的对象有食材、药材、木材、石材和矿物，等等。在工业化之前，各种采掘活动一直是人类社会生产中的重要内容，它形成了人们日常生活中的采掘习俗。

食物采摘。采食是农业生产的补充，用作生活营养食品。古书有采薇、采蕨文献记录，便是采挖野菜的习俗。年景好时，人们采食风味食材，调节口味，青黄不接时，人们采食草根、榆钱、洋槐花、槐角等，充饥活命。采挖野菜的习俗在各地普遍流行，荠荠菜、蘑菇、野韭菜、车前草、灰条条等，都是当地人采食对象。其一般场景是，春天植物刚出新芽，许多人便在户外采集田野小菜，如采集荠荠菜，择洗干净，可做蒸饺、饺子馅；采集苦曲菜、灰条叶，用开水稍作煮沸，除去苦味，加葱花蒜泥，即可调成小菜。也采摘洋槐花、苜蓿，制作槐花麦饭、苜蓿麦饭。秋雨过后，当地人多在塄边、崖上草地采集地衣，俗称"地软软"，淘洗干净，制作包子馅。除此之外，酸枣、野葡萄、桑葚等，都属采食范围，许多小孩都有采食经历。

药材采集。药材采集较少，多在闲暇之时，到野外山上、荒地、沟边、塄边等地，用镢头采挖山药，如地骨皮，挖出后，砸取外壳，晒干即可出售。染眼毛（音 rán yǎn máo）、苒苒草（音 rán rán cǎo），根部挖出晾晒干透即可使用。烟子（音 yǎn zī）是宿根药材，挖出后抽取外壳，晒干便可出售。槐籽在7—8月长出，在其未开花之际便要摘取，将槐籽颗粒晾干便可买卖。酸枣仁，秋季酸枣成熟，摘取酸枣，将其打碎，取核仁晾干即可，等等。平时有各种商贩走街串巷，收购各种药材。

林木采伐。县城北部多山林，其他各地也有少量林木，日常生活中有用斧头和锯子采伐林木的习俗。如用斧头砍茬口称作"斫"，去掉树枝称作"铦"，砍成小段称作"楂"，用锯子将树干截开称作"截"，用镢头刨树根称作"挖"，用手折树枝称作"擗（音 pià）"。在山上采伐林木还多有禁规和遵循的惯例，主要是不能侵占所有者的利益，不能触犯山神和树神，树木砍伐要顺应季节，不违时令。如春夏树木生长，忌讳采伐，秋冬两季，树木枯黄，多是采伐之时。砍伐大树要注意树倒的方向，尽量减少对其他树木或树边庄稼的破坏，也不能伤及人员。采伐过度便容易造成山林荒芜，水土流失，各地也有保护山林习俗，多是适时封山，对某一时段、某一地域山林进行防护，在路口、山口竖立木牌，或张贴文告，告知封山时间、地域及对违禁者的处罚方式等，并在山林周围地方做出封山标识。现在提倡生态平衡，保护环境，人们多在山上路边显要位置，用石碑书写山林情况和保护事项。

山石开采。沿县西北从太白山、尧山、金粟山到五龙山、卧虎山一带，石灰石资源丰富，大致分布在大孔、东党、罕井、上王、马湖等地域，当地人有"靠山吃山，靠水吃水"的说法，多有山石开采传统。旧时人们多用铁锤、铁錾、铁锹、铁铲等，用手工从山上开采石材，打制各种石器，如瓮盖、石槽、石墩、石柱、拴马桩、碌碡、石磙、石杵等，用牲畜拉运贩卖。后来用电动机械开采加工，刨制各种石器，用三轮车、四轮车、小型汽车贩运。更多是炸山采石，沿山分布有许多石厂，将山石粉碎为大小不同的石子，用作建筑原材料，或是烧制不同型号水泥贩卖，水泥业是蒲城重要产业。20世纪90年代后，许多旧石器已逐渐退出日常生活，一些笨重的石器便失去了市场，而各种石雕工艺被保留传承，批量制作各种石雕，成为当地重要经济收入。进入21世纪，国家进一步优化生态环境保护，县域内的采石厂、水泥厂均已陆续关闭，仅有部分达到环保标准的企业还在继续生产。

煤炭采掘。县北沿桥山一线，蔡邓、罕井、东党、大孔、高阳一带地下煤藏丰富，是渭北煤田的重要组成部分，[①] 也是当地煤炭采掘的重要区域。旧时人们知识有限，对煤认识不足，常将煤炭视为邪物，如清代曾一度将榆树坪煤矿称作"妖魔井"。最初是小煤窑生产，没有生产标准，也缺少安全保障，更多是自产自销。随后有村户联合组织经营、乡镇集体经

---

① 清代《蒲城县志·物产》记载，蒲城"石炭……有碎煤、明煤、末煤，明煤大块如斗许"。民国《蒲城县物产志·煤》记："昔年人虽知地下蕴藏甚富，然开采多失败，以倾家破产者多矣，故无敢问津者。近年新兴煤矿公司以机器开采于白堤矿，量甚富，矿质之佳与白水之陵角煤相等，每日出品约90吨"。中华人民共和国成立后，改私营煤矿为公私合营煤矿。1958年建设蒲白煤矿。1978年以后，陆续建设有煤矿20多个，截至1999年，其中国营1个，地方国营1个，乡镇集体煤矿14个，村户联办煤矿4个。全年煤产量约175.23万吨。

营和国家公有经营等多种方式，批量生产销售。煤矿采掘常有安全隐患，最怕瓦斯爆炸，许多人不愿意下煤窑。小煤窑资源浪费大，环境污染大，对自然破坏也大，多数都已关停。现在主要是蒲白矿务局对当地主要煤矿进行统一采掘和管理，多选用机器采掘，安全也有很大保障。

其他采掘。地下许多矿物常相互交杂，人们便在采掘过程中提炼新矿物，形成其他采掘生产。如蔡邓、罕井北部马家山一带煤层的二硫化亚铁含量高，俗称"低铜"，人们在采煤过程中进行再次提炼操作。其他如蔡邓三眼桥一带有铝土矿。上王五龙山、东党尧山、大孔岳王山等地有白云岩矿。蔡邓、罕井、上王等地有黏土矿等，都有适量采掘。县西南卤泊滩一带是重碱区，其中心地带分布在原任、荆姚、陈庄、孝通、党睦等地，约70平方千米，其地下水和地表水多含硫酸钠、氯化钠、氯化钾、碘化钠等盐类化学元素，很早便有提炼硝酸等化学原料的采掘活动，相沿至今。

捕猎活动。根据县志记载，蒲城森林资源整体较少，少有捕猎活动，更多是林木种植。除尧山、太白山两处有天然侧柏林、刺槐林外，其他林木多是中华人民共和国成立后人工营造。在县城北部高阳、大孔、东党、罕井、上王等地有浅山水土保持防护林。在县城东部西头、东陈、永丰、平路庙等地沿洛河谷地有水土保持经济林。在县域中部城关镇、兴镇、苏坊、东杨、椿林等台塬地带有农田防护林。在县城南部龙池、龙阳、钤铒等平原地带有农田防护林。在县城西南部党睦、陈庄、甜水井、原任等卤泊滩一带有盐碱滩土壤改造林。蒲城作为"三北"防护林体系建设工程的基地县之一，其重点是营造水土保持林和农田防护林，经过连续多年的人工栽种，到20世纪末，已形成带、片、网相互结合，乔木、灌木和草相互补充的生态型综合农田防护林。林木增多，各种动物随之出现，其间打兔、打獾、打野鸡等狩猎活动偶尔出现。后来猎枪统一收缴，其他经济活动日渐增加，人们也就很少出去捕猎。

第四节 物质生产用具

当地生产农具大致可分为耕种用具、田间管理用具、收获用具和加工用具四类数百种。各种农具既是蒲城人生产经验的总结，也是蒲城人勤劳智慧的结晶。生产工具可以反映当时社会的生产力水平和人们的生活面貌，是了解一个地域生产生活情状的重要参考。

一 耕种农具

传统耕种用具有犁、耩子、长耙、耱、耧、锄（平锄、漏锄、锄掘）、铲（平铲、掘铲）、锨（方锨、圆头锨、铁锨）、耙（重耙子、轻耙子、铁耙）等都是当地农业种植最常用的农具。

犁、耩子。俗称"铁犁"，是人畜合力使用的翻地农具，有大犁、草犁和耩子的区分。耩子用得最多，特点是耕地较浅，约四寸深，方便不同田地耕种。其结构由耩头的铁铧和耩辕两大部件构成。耩辕多用坚硬木材制作，耩身形如弯弓。耩辕着地处前部有铁铧，生铁铸造，左右对称，用于钻地划地。犁铧用久了便会磨得光滑明亮，但磨秃后可再接铸一个铧尖，继续使用。犁地时，牲畜在耩辕前面牵引，牛有专用的套颔（音 tāo hàn），马、驴、骡有专用的轭子、套包等。人一手扶犁辕，一手执鞭，吆喝牲畜操作。大犁与耩子功能相似，在犁铧右侧偏上处加装一个曲面铁板，将犁起的土翻向右侧。大犁翻地深，五六寸。草犁如大犁形状，仅将地面上的杂草翻入地下。犁地要有长时间的经验积累，才能将地犁的深浅合适，平稳端直。

长耙。俗称"耙"或"大耙"，用于土地平整，粉碎犁地后的土块。耙架用坚硬木头制作，一般用两根长约2米的木条，两端用长约50厘米的木条，相互铆合，形状如两端封口的"非"字。木条下方，在间隔约15厘米处，铆装长约10厘米的铁齿。耙地时，人多在耙上放置一定重量的石块或袋装的土包，增加耙的重量，方便土块粉碎。

耱。用于压平土地，磨碎土块，防止土壤中水分过快耗掉。耱架常用三根坚硬、扁平木头制作，形如封口"卅"字，再将新砍伐的枣木条烧烤成弯曲状，穿绕其间，两边用硬木条作档，防止枣木条脱落。为使耱具耐用，人们有时还用铁丝缠绕加固耱架。旧时还有一种小石碾，俗称"碾子"，与耱功能相似，如小水桶粗细，有专用木架，牲畜牵引，带动石碾滚动，压碎田地土块。

耧。俗称"麦耧"，用于小麦播种。结构复杂，与犁、耙、耱比较，耧做工更加精细精致，多用大小不同木条和木板铆合。其形如车，有两长辕，下面有一排平整的三只耧脚，形似犁较小。上面有开口耧兜，分大小两格，大格放种子，流入小格中，由小格送入耧筒，两格间有调节播种量大小的耧门。另有耧针，长 3 寸多的细木条，从耧门伸入耧兜，拨动耧兜内麦种，防止麦籽中的长麦芒堵住耧眼。耧眼在耧门与排种管相连接处，种子从耧兜经过耧门进入耧眼，从耧眼流入耧筒，直到耧脚处的"足窍"。种子从足窍处播种到由耧脚豁开的沟垄里。许多人会在耧脚部位连接一个小盖板，随耧脚移动，覆盖耧沟掩种。

其他主要农具，如锄、铲、镢、锨、耙子、镐等，它们都是铁木结合农具，前部用铁，后面与木柄相连，用于不同生产。锄头主要是锄地除草，挖土填坑，用厚铁铸成。锄头有不同种类，漏锄除草，锄角挖地，板锄松土。耙子前部是三齿铁制，铁齿长约 4 寸，后面连接木柄，有重耙子和轻耙子的区分，前者翻挖较硬土质，后者翻挖较软土质。铁耙前面有 10 个左右铁齿，铁齿长约 3 寸，可耧平土地，除去土地内较大土块和杂质。铁锨，前部是铁制扁平状，有方锨、圆头锨，主要用于翻地和装车，是日常生活中使用较多的农具。铲的质料比较硬，主要将土质"杀"的齐整，方正。镢与镐，前部铁制，后面连接长 1 米多的木柄。镢稍宽厚些，用于刨挖较深坑洞，挖药材时用得多。镐稍窄尖些，用于挖掘坚硬土地等，有凿的功能。

二 田间管理工具

田间管理有除草、锄地、施肥、浇灌和打农药，其主要工具有铁锨、耙子、锄头、药管等。各种农具使用如前面叙述，没有特别区分。药管早先是人工手动操作，一手持喷洒杆，一手抬压手柄，反复操作，将农药喷洒到农作物上，直至药桶农药喷洒完毕。后来多用柴油机做动力喷洒，人工移动药桶。现在多用机器喷洒，省去很多人力。

三 收获农具

收获庄稼的传统农具有车、镰刀（麦镰、笨镰）、钐子、铁杈等，有时也用其他农具。

车。收获庄稼的运载农具，旧时有大车、架子车、独轮车，现在多用拖拉机、小型汽车。大车车辕、车身长约 1 丈，前面有两根粗壮车辕，向后一直延伸到车尾。中间有车厢，两边有车帮。车厢下有左右贯通的大木轴，两边各装一个车轮。车轮直径约 4 尺，上有其他配件不等。造车要选用最好木料，如槐木、榆木等，如此才能负重耐用。造车木匠是木匠中的特殊一行，一般木匠能做别的木工，却不一定能造大车。大车卯榫结构严谨，许多部位都有特殊要求，如车轮的卯榫部件，常要在太阳下暴晒干透，让木质收缩，再用大锤将其楔入车轮，使其部位不再分开。大车造好后，再由铁匠锻造各种铁制部件，钉、套在大车不同部位，使大车更加牢固。大车用大牲口驾辕，一般用骡子或马，如果拉较重物件，前面还需2—3个牲畜拉套。驾大车是一项技术活，需要熟悉牲畜性情，懂得大车部件的相互配合和使用。向地里运送牲畜粪，向牲畜圈里拉垫圈土，从田地拉运庄稼等，都会用大车。现在这种大车已经淘汰，也没有人再造大车，只在一些农业博物馆中有保存。另有架子车，也称"板子车"，结构简单，由车轮、车厢、车辕、车挡板等部件构成，牲畜牵引与人力结合使用，也有人力单独拉运，是大车的减缩版，出现较晚，是目前农村主要拉运工具。独轮车是人力推动，近距离运送，如将牲畜圈中粪土推送到门外，或从门外向牲畜圈中拉土等，很方便。平时外出割草，运送少量粮食等，也用独轮车，其他用途不多，现已消失。

镰刀。由铁与钢熔炼打制而成，形如半月，刀体上面是刀背，下面是刀刃，右边连有1寸多长卷筒，安装合适木柄，用来割麦、豆、草等。麦镰专用于收割麦子，由刀片与镰架构成。镰架木制，形如"7"字，上方安装锋利刀片，刀片约1寸宽，6寸长，刀片割钝后，可用磨刀石将其磨锋利再使用，或另换一个刀片。割麦镰轻巧不结实，除收割小麦外，很少有其他用途。笨镰结实耐用，前面带刃，右边有卷筒，连接木柄，用于割草和收割茎部较硬的秋庄稼，如豆类、玉米，有砍的功能，很实用。钐子，与麦镰功能相似，不同之处是刀刃长约1米，刀架更大，常将一端悬于割麦人腰际，靠腰部力量，摆动钐子，一次可收割1平方米麦子。钐子收割时摆动幅度大，对收割人的体力有较高要求，如果麦子种的稠密，钐子就不容易操作，甚至不能使用。

四 加工农具

加工农具有二钩子、碌碡、秸杈、搂耙、木锨、木杷、壅板（推板）、扫帚、笤帚、筛子、簸箕、厝斗，等等。还有加工玉米、棉花的其他农具，如矬子是剥玉米粒的专用工具，抬杆是拔棉花秆的特制农具。

碌碡。俗称"石碌碡"，碾庄稼农具。旧时每家每户都有，平时放置在麦场边，收获季节将其重新装置，碾压小麦、大麦、豌豆、谷子、糜子等庄稼。碌碡大小不一，小的约 80 厘米长，直径 30 厘米，大的约 100 厘米长，直径 50 厘米，多用石头凿成。碌碡表面不平整，可将庄稼秸秆碾烂，分离庄稼的壳与粒。另有砂石碌碡，其石体中多有粗砂及小卵石。水泥碌碡，上面制有专门纹路，可碾烂庄稼。碌碡两端的横截面中心，都凿有一孔，俗称"碌碡眼"，孔中可装置铁轴，外用一个结实的长方形、大小合适的木架（也有铁架）将碌碡稳住，俗称"舶架"，带动碌碡滚动，碾压庄稼。旧时多用牲畜牵引，后来用四轮车牵引，速度快，碾压彻底，效果好。

杈。粮食作物碾打专用农具，有木杈、铁杈、撒杈、秸杈等不同种类。旧时杈多木制，后来有了铁杈，杈柄木制，俗称"杈把"，长约 2 米。杈头有三个齿的、四个齿的和十多个齿的。杈齿长约 30 厘米，稍弯曲，形似鸡爪。三齿的称作"大杈"，用于田地装车和麦场起场。四齿的称作"秸杈"，用于麦场摊场、翻场、起场等。十齿的称作"撒杈"，比较特殊，其杈齿木制，也有十二齿或更多，齿距约 2 厘米，齿长约 30 厘米，可筛除麦秸碾过搬运后遗漏下稍长的麦秸草。还有一种大型秸杈，与工厂叉车相似，可将麦秸堆从地面托起，做短距离搬运。秸杈前面一般有 6—8 根粗大杈齿，杈齿是 2 寸多的四棱木条，长约 4 尺，间隔约 1 尺，其根部安装在一根 5 寸多的四棱木梁上。木梁下方安装 2 个直径约 10 寸的木轮。木梁另一端呈梯形、长约 5 尺的车身，车身尾部有手握的粗短横柄。车身与杈齿部分长短相当，有 140 多度夹角，使用时，车身抬高，杈齿便可靠近地面，插入一堆碾过堆放好的麦秸，然后压低车身，杈齿翘起，便可将麦秸搬运到指定地方，是一种精巧而实用的农具。

木锨。分离麦衣子（"衣子"很形象，将麦壳比作麦粒的衣服）与麦粒的农具。小麦碾过，麦粒与麦衣子常混在一起，多数人便用木锨扬场，借自然风力（风不能太大或太小，太大吹走麦粒，太小分不开麦粒和麦衣子），分离麦粒与麦衣子。常用木锨将其抛向空中 3 米多高，麦粒自然落下，麦衣子和灰尘则被风吹到较远地方。

其他加工农具如壅板，也称"推板"，木制农具，前部用长约 80 厘米，宽约 30 厘米木板组装，后部安装如"目"字形横放手柄，可将麦粒与麦衣子推到一堆。扫帚，竹制农具，长约 2 米，由许多细竹枝捆绑，用于扫场、掠场等大面积打扫。笤帚，与扫帚功能相似，用于打扫小面积粮食。筛子，竹制农具，圆形"凹"状，中间用竹篾编制，其中有许多密密麻麻的小孔，筛子周边有粗制抓手，用于筛除粮食中的杂质和尘土。簸箕，细竹木扎制农具，如"巨"形没有中间部分，两边翘起，与后面、下面连为一体，周边有粗制抓手，用于除去粮食中的尘土和散落的皮壳，也用于各种粮食的装袋。厝斗，铁制农具，形如"日"字横放，前面有长方状开口，用横梁连接左右斗边，后有手柄，左右及后方用铁围成一体，用于粮食装袋。斗，木制四方体农具，下部稍小，开口稍大，上面开口处有坚木制横梁，连接木斗两边，是手提之处，用于衡量粮食，现在已很少用。二钩子，铁制农具，形似耙子，齿长约30厘米，弯曲处有铁卷筒，连接木柄长约2米，用于摊场时拉开麦垛，将麦秸拉至合适位置。搂耙，竹制农具，用于去除扬场时漏掉的碎麦穗。木耙，木制农具，在长约60厘米木板（稍厚）一侧凿眼数个，安装约3厘米宽、6厘米长的小木齿，在木板中段凿眼，安装长约1.5米木柄，用于晾晒粮食中的搅动。

随着时代发展，社会进步，农业生产机械化水平不断提高，联合收割机已普遍使用，旧时许多农具都已收藏或废弃。割麦的镰、碾场的碌碡，各种木杈、麦苜、推板、木锨等多已成为历史遗迹。为保存旧时农业生产历史，再现旧时农业生产工具，许多地方便专门收集旧农具，将其作为地方农耕文化标志，进行博物展示，如孙镇重泉古镇就有专门的民俗博物馆，保存了许多农耕器械，成为人们认识、了解当地农耕文明的重要内容。

附录一　米宴周蒲城怀古三首[①]

一

蒲城名胜久传闻，历代芳踪溯更欣。贾国大夫曾著美，金家太史尚垂芬。

荒烟落照秦公寨，老木寒鸦魏将坟。千古兴亡都似梦，空中缭绕是闲云。

[①] 米宴周（1860—1935），名岩，一字品卓，始号丰山道人，晚号芦溪渔隐。蒲城县贾曲人。当时名儒，其学识宏富，才华横溢，但仕途坎坷，一生只考中贡生。此后十次应试，终未中举。遂绝意仕进，以教书为业，潜心性理之学。著有诗词文集多种。

二

浮山独峙在洪荒，终古常流翠柏芳。石上盘根真秀特，峰头阴蔽白苍凉。

扶摇雨际精神老，庇荫人间岁月长，断碣残碑工记载，此君生日未推详。

三

瘦质亭亭忆载芳，郁郁柏影秀高岗。尧山自昔称名胜，古树至今耐久长。

受尽风霜多历练，阅尽唐宋几兴亡。此身一出林泉后，压倒凡才作栋梁。

附录二　王杰山蒲城赞四首①

（一）蒲城山河美如画苑

蒲城大地如花苑，五陵逶迤群山前。双塔夜影交相辉，温汤晚霞映浴潭。

尧山丰山卧虎山，龙垣凤垣紫荆垣。洛惠源头龙首坝，倒虹飞渡灌良田。

（二）蒲城大地有灵秀

蒲城地灵人聪颖，古今豪杰流芳名。王鼎尸谏林则徐，浴血爱国杨虎城。

革命巨柱井勿幕，包森抗日震敌营。仪祉治水传千古，诗人屈复好悔翁。

（三）蒲城地广多良田

蒲城位处黄土塬，地域阔广多良田。光照充足温差大，盛产酥梨比

---

① 王杰山（1946—　），男，中共党员，大荔县段家乡人，1970年参加工作，曾任蒲城县书记。本处所选四首"蒲城赞"是王杰山在蒲城工作期间的印象。

蜜甜。

优质小麦橡头馍,柿子红枣枝头繁。塑棚瓜菜上市早,苹果色艳大如盘。

(四) 蒲城地阔矿藏多

蒲城县大地域阔,资源丰富矿藏多。北塬煤炭浩如海,南滩芒硝白似雪。

漫山遍野石灰石,硫铁铝土待挖掘。优质矿泉储量大,热流滚滚涌浪波。

第三章

物质生活习俗

物质生活民俗是关于衣食住行方面的民间习俗。近代以来物质生活的主要特点是从等级化走向普遍化，从相对稳定的制度化走向流行导向的时尚化。在现实生活中，新旧观念并存，中西消费交错，生活内容丰富多彩，体现了明显的时代特征。

蒲城属"八百里秦川"的富饶之地，历史遗留了旧的生活习俗，现实又增添着新的生活方式，它们既有前后的连续性，又有不同区域的差异性。其饮食、服饰、居住、交通等社会内容构成蒲城物质生活习俗的主要内容，各地虽有不同，但大同小异，各种生活习俗能基本反映蒲城人的生活习惯与生活观念。

第一节 饮食习俗

蒲城自然环境优越、文化历史悠久，形成蒲城人讲究生活饮食的性格特点。旧时的日常饮食习惯是"粗茶淡饭"，它是老百姓省吃俭用的过日子原则。一般人家的饮食目标是"填饱肚子"，形成能吃稀的尽量不吃干的，能吃粗的尽量不吃细的节俭原则。日常生活是一日两餐，上午9点多和下午2点多各一次，三次下地，干三晌活。农忙时节，上午在去地里的路上吃半个馍，俗称"垫肚子"，傍晚回来吃个馍，喝点稀饭，俗称"喝汤"，是真正的日出而作，日落而息。

饮食以面食为主，重视主食制作，有各种各样的面食制品。口味喜欢酸辣，常年不离油泼辣子和醋，辣子夹馍、辣子拌面是常见饭食。土豆丝、凉拌豆芽、小葱拌豆腐是旧时改善生活常见菜，平时招待亲朋好友，便多加一盘炒鸡蛋或炒粉条。现在生活水平有了很大提高，饮食也有很大改善，除面食外，肉、蛋、豆腐已进入寻常人家，各种饮食制作也更加讲究，体现了时代发展与社会进步。

一　面与馍

小麦是当地最重要的粮食作物，小麦磨成面粉便可做成各种饭食。过去在石磨上磨面，一般磨五六遍。第一遍出面少，不用过"箩（音 luó）"（一种筛面的器具），从第二遍开始便反复过箩，筛出的一部分面，单独存放，俗称"白面"，用作擀面。后面筛出的面粉统一搅拌，俗称"一箩面"，用作蒸馍。最后剩下麸皮，作牲畜饲料。磨好的面粉存放在不同容器中，有瓮、陶瓷罐等，以后随用随取。

爱吃面是蒲城人的天性，有"一天不吃面，感觉没吃饭"的说法。擀面是个技巧活，要擀的薄厚均匀，形如圆环，这才算擀得好。擀好的面有多种切法和吃法。根据爱好，切细的、切宽的、切菱形的、切方形的，不一而足。菱形、方形常做烩面，窄长条状常做细面，宽长条状常做宽面，有用刀对切成3—4寸长的老鼠尾巴面，切好后便可扔进开水锅，三次翻滚后，即可煮熟。根据口味需要，撇出多余的汤，将事先准备好的菜烩入锅中，俗称"烩面片"。或直接捞出，撒放红辣椒粉、葱花、蒜片，煎油滚泼，再调入盐、醋、酱等，称作"油泼面"。或捞出白面，浇上烩菜，称作"拌面"，有西红柿拌面、肉拌面，还有其他如豆腐、木耳、粉条、豆角、韭菜、葱花、萝卜丁等，都可作为拌面食材，可荤可素。或浇上此前酿制好的浆水，便是"浆水面"。或用淡盐水和面，稍等时间，将其做成3—4寸长，如手指粗细的柱状，擦上食用油，盖好捂严，让面饧好，随后便可将其扯成细条状，俗称"拉条子"。或将其压平为1寸宽窄，将其扯开，就是"扯面"，俗称"撇面"。或将红苕叶、番茄叶、菠菜叶等可食绿色植物捣碎，与面和在一起擀，即为绿面，俗称"菜面"。当地人喜欢将嫩刺芽掘下捣碎，与面和好，与菜面做法相似，但刺芽面更劲道，有韧性，是当地很有特色的面食之一。

当地人天冷吃烩面，天热吃凉面，一年四季都吃面。将煮熟的面直接捞入碗中，不带汤，调入油盐酱醋辣子，用筷子搅拌食用，俗称"燃面"，吃起来很黏糊。或从锅中捞出，过一遍凉水，放在案板或笸子上空去水分，随后挑入碗中，加入蔬菜和调料搅拌食用，俗称"凉面"。以上两种面也称"干面"，吃完面再喝点面汤，有"原汤化原食"的说法，可以帮助消化。汤面是将调料和炒好的菜直接烩入锅中，舀在碗里，连汤带面一起吃。一般人吃完再吃一点馍，便觉得踏实，干活也有耐头。

馍也是当地人天天必备的饭食。农家蒸馍用酵面（俗称"酵子"）发面，蒸出的馍松软耐存储，吃起来略带一点甜味。旧时蒸馍用草圈和箅子，后来用竹制蒸笼，现在用铝制蒸笼。一般家庭一次蒸馍用五六箅子，每隔几天蒸一次。蒸馍比较麻烦，费时费力，需要提前和酵面，随后有搋（音 chāi）面、揉面、蒸馍、温馍、搭馍、揭馍、晾馍、拾馍等。馍蒸不好还招人弹嫌，有人嫌麻烦，宁愿买馍也不蒸馍。

蒲城蒸的馍种类多，其做法有差异，也有许多不同名称。如花卷有两种，一种是在面层中加入油、盐、花椒叶、红辣椒粉，俗称"油花卷"，吃时不夹菜，味道很特别。过去孙镇高中的油花卷很有名，许多学生一次能吃两三个。一种是在面层中加入白菜叶、韭菜、粉条、豆腐一类食材，调入油、盐等，叫作"菜花卷"，俗称"菜卷卷"，吃时调入红辣椒醋水，当天食用，不存储。又如油提窝（音 yóu tí wó），做法与油花卷相似，只是面层擀得薄些，垫的油、葱花、花椒多些，在案板卷成条状，切成五六寸长的小节，并从中间顺切分成两半，拿其中一半，刀口处向上，双手向外倒翻，拇指在后、食指在前，双手同时向内翻转对接，将对口处捏紧，做成一个花型油提窝。也有人先将其扭成"S"形状，再用双手将两边向中间簇拥捏紧，也能做成一个花状油提窝。还有人将其用双手对扭一下即可，便可做成一个简单的油提窝。蒸出的油提窝纹理清晰，好看好吃。

蒲城茧茧馍[①]有多种样式，属于比较简单的花馍。用面和其他辅助性物品，便可将馍做成老鼠、兔子、蛇、鱼、刺猬等动植物形状，再用枣、辣椒、黑豆等进行装饰即可。如刺猬茧茧，将面团揉捏好，在前面用剪刀剪出一尖状小口，夹放大小合适的红辣椒片，像刺猬吃东西，在两边合适位置各贴一粒黑豆，像眼睛，再用剪刀在其上部剪出许多三角形小刺，像刺猬背上芒刺。后面向下方向剪一个稍长点的刺状尾巴，如此便做成一个活灵活现的刺猬。又如寿桃，跟蒸馍相似，形如一个圆馒头，内包馅子，上捏桃尖，周边用梳子从桃尖向下压出纹线，看起来像桃，用作长辈寿礼。再如蒲城馄饨，做法如蒸馍，将面团用小擀杖推成小圆形面饼，中间

---

① 茧茧馍多用在春节后，是外家人给外孙送灯笼时的辅助性礼品，也有人专门给家里小孩做，在春节后食用。

稍厚，周边稍薄，将馅子①放在面饼中，沿周边合拢，用双手大拇指、食指对捏，向内盘起，两边簇压结实，前有两个对捏的小疙瘩，如人盘腿拱手而坐、内挺一大肚子形状。细致的人还会将外沿捏平，用拇指压出斜纹，看起来很漂亮。馄饨有大有小，是当地人出门的辅助性礼品。如果蒸馍时多出一两个放不下的生馍，便可将盐、茴香与生馍重新揉捏，搓成两三寸长的短棒，比手指略粗，放入灶火中烤熟，俗称"烧馍""棒棒馍""咕嚼馍"，各地叫法不一，热吃时味道很特殊。现在蒲城生产的棒棒馍，大约与早先的烧馍有关。还有一种烫面馍，也称"死面馍"，不用酵子发面，用开水和面，和好的面结实，蒸出的馍好吃，但放凉了就比较硬，不那么好吃。烫面馍省事，但每次都不能多做，也不能多吃。蒲城蒸饼，将一个馒头量的面团擀开如巴掌大，对折蒸熟即可，食用时掰开夹菜，如馒头一样，只是形式改变。现在的梅菜夹肉饼便是小型蒸饼。另有杠子馍，将两个生橡头馍对接在一起蒸，一锅便能多蒸几个，蒸出的馍中间有一道连接的缝，像两个馍在"抬杠"。②

蒲城饦饦馍。也称"烙烙馍"③，远近有名，它耐存储，易携带，是当地人外出时的常备食品。其做法特别，需要特制的平底锅，俗称"鏊子"，在鏊中先铺两三厘米厚的小鹅卵石④，用火将鏊中石子烧热，用铲子将其搅拌均匀，待其热到一定程度，便取出其中一部分，放入旁边容器（一般是一个带木柄的铁瓢）。随后将擀好的面饼⑤放在鏊中石子上，并用容器中的热石子覆盖，温火烧制。在烙馍过程中，须将石子反复刨出，翻转面饼，重新覆盖，直至面饼烤熟。烙出的饦饦馍常因石子大小不同而凹凸不平，有地方将其称作"石子馍"。还有一种"干匝馍"，将油、盐、茴香直接揉入面中，擀成较薄大饼，在鏊中用石子烙熟，俗称"干干馍"或"干渣馍"，名称大约与吃这种馍容易掉渣，或与这种馍的水分少、干

---

① 当地馄饨馅有两种做法，一种是将油盐花椒和面粉搅拌，做成油面馅。一种是将面团擀薄，撒上油、盐、花椒等，卷成条状，切成小半寸的块状，俗称"油提提"，将其作为馄饨的馅。
② 当地人将两人论理，互不退让，又不能各自取胜的斗嘴称作"抬杠"。
③ "烙烙馍""石子馍"的名称大约与其制作过程中在鏊子里用石子烙熟有关，在县东永丰、东陈、孙镇一带有此名。
④ 烙馍的石子一般从河边捡来，洗干净放入袋子，反复使用，时间长了，便会渗入食油，摸起来很光滑，用起来也不会沾面。
⑤ 饦饦馍多有馅子，常用盐、茴香和碾碎的花生米作馅，将其放入直径三四寸、厚六七毫米的小圆饼中，再用鏊子烙熟即可。鏊子一次可放六七个饦饦馍。

吃有关。干匦馍是月子妇女常备食品，也是回敬看月子人的必需礼品。现在县城有专门做饦饦馍、干匦馍的生产厂家，批量生产出售，已成为当地特色食品。

蒲城包子很有名，如菜包子，个头大，味道好，以花椒味胜，有萝卜馅、茄子馅、豆腐地软馅、南瓜馅、韭菜豆腐馅等。肉包子个头不小，味道独到，有羊肉馅、大肉馅、大油馅等。旧时蒸肉馅和大油馅包子的人家比较少，只在逢年过节蒸一点，现在已经很普遍。大油包子是将猪板油切成小块，加入葱、盐、椒等调味蒸熟。还有一种面油包子，俗称"油包子"，是出门访亲的辅助性礼品，其做法是将菜籽油与盐、面粉搅拌成松散馅子，包入面饼，用手簇捏紧，形如枣核，但没有枣核两边尖锐，包子上面合拢处，会凸起一道小梁，可用拇指指甲在横梁上压出一道密集斜纹，很好看。它平时不蒸食，多在出门走亲戚时蒸。县城东部还有一种不带馅的包子，与馒头相似，仅将其做成金元宝形状，在娶嫁中食用，也是亲戚相互往来的辅助性礼品。

辣子夹馍。当地人爱吃辣椒，辣子夹馍如肉夹馍一样，大约是"辣子夹于馍"的简称，俗称"辣子夹馍"，给人一种特别的香。过去一般人家普遍缺少蔬菜和副食，辣椒便充当了重要调味品。红辣椒一年四季吃，多将晒干的红辣椒捣碎，用油泼着吃，有"油泼辣子一盘菜"的说法。或直接用醋，甚至水，搅成糊状，放入盐即可食用。如果没有菜，将馍掰开，直接放入红辣椒便可当菜吃。在日常生活中，人们认为吃饭有辣味才有感觉，否则便感觉清淡无味。夏秋两季夹青辣椒生吃，冬春两季夹红辣椒熟吃，都很有味道。

二　其他饮食

除了平时吃面、吃馍外，当地人还用各种"花样饭"调节生活饮食，如水饺、麻食、搅团、鱼鱼、麦饭、饸饹等，它们丰富多样，味道鲜美，是当地人饮食智慧的体现。

水饺。或将面揉搓成两个手指粗的长条，切成面团一个一个擀成饺子皮，或先将面擀好，然后用"拧拧"① 制作饺子皮。饺子馅可荤可素，是

---

① "拧拧"，铁制圆圈状，一侧带刃，直径约1.5寸，人们常将手电筒筒部分用作"拧拧"，将其压在擀薄的面片上，稍用力转动，一个圆形饺子皮便可制成。

当地日常生活中的重要花样饭。县城东边一带将捏成扁平状的称作"煮角",将捏成紧凑状的称作"饺子"。也有许多地方将肉馅称作"疙瘩",素馅称作饺子。

麻食。俗称"捻捻""猫耳朵""搓搓"等,各地名称有差异。将面擀成半分薄厚,切成细条状,再切成蚕豆大小,放于案板,用大拇指逐一捻搓,小面团便被压薄翻卷,正面凹陷似猫耳。投入开水锅中煮两三翻后,再把炒好的菜烩入锅中;或将提前准备好的木耳、粉条、豆腐、葱花、肉丁、土豆丁等倒入锅中,加入调料舀出即可食用,俗称"烩麻食"。也有人喜欢煮熟后直接捞出,加入蔬菜和调料食用。

搅团、鱼鱼。将适量干面粉均匀撒入开水锅中,用温火慢烧,用擀杖或木勺沿锅底不断搅拌,搅碎锅中干面团,直至搅成糊状,有"搅团要七十二搅"的说法,舀出稍冷却,调上红辣椒、盐、醋等调料和汤水,即可食用。搅团黏稠,舀出后便堆成一块,汤在周围,人们将其形象称为"水围城",夏天和冬天食用较多。鱼鱼,做法与搅团相似,将搅团倒入"漏瓢",①漏瓢下放半盆凉水,用勺子挤压漏瓢中面团,便会从漏瓢眼中流出短节,形似蝌蚪,落入凉水中凝固,俗称"鱼鱼"。冷却后用笊篱打捞,加入调味即可食用。旧时粮食紧缺,常用玉米面制作。现在都用麦面制作,比玉米面的制作要光滑许多。现在人吃玉米面鱼,主要是调节营养。也有用红薯或绿豆淀粉制作鱼鱼,比麦面鱼鱼更光滑爽口。鱼鱼入口滑润凉爽,不待咬断便已咽下,有活吞之感,是当地人夏天最爱的美食。

麦饭。有苜蓿麦饭和槐花麦饭之分。苜蓿开春返青,长出鲜嫩芽叶,将其采摘,拌少许面粉,放入调料(若苜蓿中有稍许茎秆,在和面时拌少量碱面,苜蓿便容易烂熟),蒸熟调入调味品即可食用。槐花麦饭,和苜蓿麦饭做法相似。采摘未开放的鲜嫩洋槐花,拌少许面粉,加入调料,蒸熟加入调味品即可食用。

瓢皮子。瓢皮制作需用白铁皮焊制的锣,俗称"瓢皮锣锣",其直径约一尺,周边有一寸左右高沿。将稀稠合适的白面糊舀一勺倒入锣中,旋转令其四散均匀,平放在沸水锅中,几分钟后,锣内稀面糊即可烫熟。抓住两边锣耳取出,放入水中冷却,随之将锣中面皮揭下,切成条状,加入调味即可食用。瓢皮制作常用两个锣,交错完成,提高效率。

---

① 漏瓢有葫芦制、瓷罐制、铁制,大小不同,瓢底有直径约半公分的漏眼。

饸饹。俗称"压饸饹",操作器械是专用"饸饹床子"①,有木制,也有铁制。其关键部位是下边横木上有一直径约2寸,深约4寸的孔洞,孔洞底部有一厚铜片,密布直接约4毫米的细孔。做饸饹时,将饸饹床子架在锅沿上,将面团搓成条状,放入孔洞,人在饸饹床子翘起的一端使力,借孔洞上方横木上的垂直木杵,将面团逐渐压入。面团便会从孔洞底部细孔中挤出一条条粗细均匀的饸饹,落入沸水锅中。饸饹煮熟后,调入醋、盐、红辣椒等调味品,或干吃,或汤吃,干吃要喝饸饹汤,这样容易消化。一般家庭经常吃麦面饸饹,街道上主要出售荞面饸饹,都很受欢迎。

锅盔、煎饼、油馍。锅盔是将揉好的面擀成大而厚的面饼,直径约1尺,厚约半寸,在鏊子中烤熟,常切成块状,夹辣椒食用。煎饼,俗称"摊尖馍(音 tān jiān mó)",将白面、花椒叶、盐搅拌成稀稠合适的面糊,舀一勺倒入抹了油的热锅中,用铲子将其抹平摊圆,其间要随手上下翻转,在很短时间内,煎饼便可烙得蓬松柔软,或卷菜食用,或撕下来蘸蒜水②吃,俗称"狗扯娃帖子"。油馍用烫面做,将面团擀成圆饼状,涂上食油,撒上花椒、盐,卷成筒状,切成一寸长短,竖起来用手压扁,再擀成直径约两寸的小薄饼,在鏊子中烙熟即食,俗称"炕油馍"。炕油馍费油,过去一般人家舍不得做,只在招待重要客人时做一点,现在已很普遍,想吃即做。

汤与稀饭(粥)。将红豆、豇豆、绿豆、小米、白米等放入沸水锅中熬熟,即可制成最简单的汤食。在汤中撒入白面粉,搅拌熬熟,即可制成各种各样稀饭。或将白面粉直接撒入沸水锅中熬熟,便可做成稀粥,俗称"沫糊"。当地人常在沫糊中打入鸡蛋,放入青菜、花椒、盐等,增加稀饭营养。当地人冬季喜欢喝玉米粥,并在玉米粥中放入碎红薯,增加玉米粥的甜味和营养。吃稀饭时常备蔓菁菜、凉拌萝卜丝等。还有一种比稀饭复杂,将白面搅拌成絮状,连同面粉一起倒入沸水锅中煮熟,放入鸡蛋、豆腐、青菜及各种调料等,俗称"老哇撒",吃起来很劲道。

吃汤水。当地人家中有婚丧娶嫁等重要事情时,都会设宴请客,俗称

---

① 饸饹床子顶部由两根较粗长的大横木连接,呈剪刀张开状,人借助杠杆原理压制饸饹。
② 蒜水,将蒜捣碎,调入红辣椒粉,泼油,调醋、盐等,吃起来很入味。也有人不放红辣椒,只用蒜、油、醋、盐组合。

"吃席"。其席面构成都很讲究，有"五品五盘子""四品四盘子""十三花"等，各家都会根据经济情况和过事内容，选择不同标准。富户人家讲究饭菜的布局和品味，一般人家也会鼓足劲，尽量将饭菜做得丰盛，免得给人留下话柄，俗称"话把把"。吃汤水是人们借机调节日常生活饮食的重要途径，也是大家相互交流情感的重要平台，因此，当地人对吃汤水都很在意。

人们的生活观念在饭桌上便能体现出来，有人讲排场，好面子，但多数人会结合实际，量入为出。现代人的物质生活已有很大改善，生活水平也有很大提高，餐桌上的饭品也非常丰富，鸡、鸭、鱼等已不是日常生活中的奢侈品。总体来看，人们的饮食观念已从吃饱转向吃好，从数量转向质量，更加注重营养搭配，重视健康饮食。旧的饮食讲究少了许多，新的饮食习惯也多了起来，但"丰年防饥""细水长流""东西多没有日子多"的生活经验，对现代人的生活依然有借鉴意义。

三 特色食品①

椽头馍②。因其形似一节竖立椽头而得名，③ 是当地最有品牌的传统食品。其制作有"一水二面三酵四合五压六揉七蒸八起"的工序讲究。据说县城地下水含有特殊矿物质，是制作椽头馍的基础。当地出产的优质小麦是制作椽头馍的上等原料④。蒸馍需用酵面发面，而不能选用化学酵母。有经验的人还根据天气阴晴、气温高低确定水、面、酵面的比例。蒸

---

① 2016年，陕西省授予蒲城县政府，"蒲城十大名菜""蒲城十大美食"两块奖牌。"蒲城十大名菜"指蒲城高力士肉、蒲城生炒、蒲城八宝辣子、蒲城红烧片、蒲城虎头鸡、蒲城蘸水鱿鱼、蒲城生氽丸子汤、蒲城糟肉和蒲城红烧甜饭。"蒲城十大美食"指蒲城椽头蒸馍、蒲城水盆羊肉、蒲城泡泡油糕、蒲城面辣子、蒲城地软包子、蒲城葫芦头、蒲城酥饺、蒲城刺角面、蒲城浆水鱼鱼和蒲城烩饼。

② 蒲城椽头馍制作技艺已被评为"陕西省非物质文化遗产"。2015年，蒲城县委、县政府出台《加快蒲城椽头馍产业化发展》实施方案。注册蒲城椽头馍商标，全面加快蒲城椽头馍一条龙生产及销售等。

③ 传说后稷在永丰设"教稼台"，教本地人种收庄稼技术，推动当地农业生产。为纪念后稷功德，当地人在冈陵原（今县东傅家庄东南一带）修建后稷庙，将每年6月6日定为"后稷纪念日"。明代万历年间，蒲城县令彭西武在巡视冈陵原时，见后稷庙年久失修，便重修后稷庙。彭县令看庙宇焕然一新，房檐前椽头整齐划一，想到当地人蒸馍时搓成的面条如长椽一般，便让当地人将馍切成横型，上笼时改做竖型，象椽头形状，遂有了"椽头馍"名称。

④ 当地人认为人工磨面，速度慢，面不发酵，麦中原始成分不被破坏，而机器磨出的面缺少筋骨，吃着比较黏，会影响馍的香味。

馍时，先用大杠将搅拌均匀的面絮压成块状①，切成小条，再用小杠反复压制，有"大杠子压来小杠子排，放在热炕上泛起来"的说法。杠压可使面中筋骨展开，增加椽头馍的韧度和硬度。再经过揉、搓、滚、切、捏、完等工序，做出椽头馍型。②随后温馍，冬季在热炕上温，夏季在太阳底下温，也称"泛（音 fān）馍"。蒸笼上锅时，要用猛火鼓气，保证每层蒸笼的馍都在相同温度下接受蒸汽。蒸笼上完时，笼上蒸汽也已圆满，俗称"气圆"，持续约30分钟，再用"文火"催气10多分钟即可。起笼端馍时，火不停息，保持蒸汽上冲之势，谨防笼内外温度差异过大而使馍塌陷或蜷缩，俗称"鬼捏馍"。随后将馍放凉收好，如此，椽头馍便可食用或出售。③

蒲城花馍。当地人馈赠亲朋好友的重要礼品。制作时常用木梳、擀杖、筷子、剪子等辅助工具，压制各种条纹，剪切各式形状，捏成各种人物、鸟、兽、花果、花卉等，再用豆、枣、辣椒等进行装饰，遂之便制成狮子状、老虎状、兔子状、老鼠状、龙状、猫状、飞鸟状、人物状、桃状、花状花馍。花馍蒸熟后，根据不同需要，还会在花馍不同部位涂上颜料，将不同部件组合，制成各式花馍。花馍使用有很多讲究，常根据不同时节、不同事情，不同含义，选用不同样式花馍，如春节前蒸茧，节后送茧，寓意孩子吃了肚子不生虫。丧葬事的花馍需要不同组合，寓意献祭敬意。庆寿时蒸寿桃，祝愿老人福寿绵延等，它们从不同侧面反映了当地人的生活观念。

蒲城羊肉泡。④当地最普遍的特色饮食。"先有秦家店，后有蒲城县"⑤的说法广泛传播，据说现在盛泰祥水盆羊肉传承了秦家店水盆羊肉

---

① 人多在房内沿墙凿一洞，将碗口粗的大杠一端塞入墙洞，下面放置数寸厚的案板或石板，人骑在大杠上，一手扶杠，一手翻面，全力下压。

② 手艺熟练的人，三揉两搓便可制成长条，几经滚动，便可制成一圆形面柱。然后用刀切出椽头馍雏，再经双手翻转拿捏，一个棱角分明，别具特色的椽头馍便呈现眼前。

③ 当地民间有"蒲城蒸馍拿秤称"的俚语，县西人读作，"蒲城（音 kēng）蒸（音 gèng）馍拿秤（音 kēng）称（音 kéng）"，听起来音调独特、抑扬顿挫、铿锵有力，节奏感强，有浓厚音韵。

④ 蒲城羊肉泡总体是肉烂、汤宽、味美、色清，有"三大、三多、三热"的说法，这与蒲城人性格有相似之处。有人将其解释为，碗大汤多显大气，肉大块多显大方，麻味大配料多显大度，是蒲城人热情、热诚、热心肠的性格写照。

⑤ 据说汉文帝时，灵文皇后的娘家秦氏在重泉（今蒲城），回娘家时，灵文皇后将宫中牛羊肉羹的制作方法带回，很受当地人的喜好，随之便有了秦家羊肉羹店。

技艺，代表了蒲城羊肉泡的基本特点，"同羊、齐椒、焖锅肉"。① 其制作方法是将带骨羊肉放入清水锅中，用大火炖煮，将用过的旧调料袋放入锅中提味，撇去浮沫。随后捞出羊肉，切块重新放入清水锅中，用新调料袋加味，用肉板压实，小火慢炖，至肉烂汤浓时捞出。依顾客需要切取，肥瘦搭配。与羊肉泡密切相关的月牙饼，它是九分面粉和一分酵面的组合，有"九死一生发酵"的说法。在制作过程中，放入盐、花椒、茴香，用小擀杖将其擀作圆形，两半对称切开，制成馍坯，在鏊中烘烤制成。月牙饼韧性大，手撕入汤不散，常与羊肉、羊肉汤融为一体，拌入羊油、红辣椒、香菜后，色味鲜美。当地人吃羊肉泡多吃生蒜，可更好提味。目前各乡镇街道都有羊肉馆，其制作方法大同小异，生意也都非常好。

八宝辣子。当地很有特色的菜肴。据说清代道光年间，当地人王鼎在京为官，用椽头馍和油泼辣子招待林则徐。林是南方福建人，不吃辣椒，吃一口便辣得满头大汗。后来，王鼎回乡省亲，见灶房案板上放有自己爱吃的面酱、豆豉酱和切好的莲藕，便寻思在辣椒中放入面酱、豆豉、肉丁、红萝卜、莲藕等，便可减少辣味。当王鼎用新的"辣子"招待林则徐时，林饮食后感觉非常好，便提出再加入花生、杏仁、核桃等食料，这样制作的辣子既好吃又营养，并将其命名为"八宝辣子"。随后，八宝辣子传入民间，便成为当地人日常生活和各种宴席不可或缺的一道夹馍菜。

面辣子。俗称"面辣子糊糊"②，是当地最具地方特色的日常饮食。以面粉为主料，掺入豆腐丝、粉条碎节、红辣椒粉、盐、蒜片等，用开水烫半熟，用筷子迅速搅拌，在笼中蒸熟即可食用。食用时每人一小碗，用热馒头泡着吃或蘸着吃，味道非常好。

---

① "同羊"中"同"指"同州府"，当时辖大荔、蒲城、白水、澄县等地，属黄河岸边湿地，其上青草肥嫩，羊吃后瘦肉红嫩、肥肉白亮。烹煮后味道香浓，没有膻味。据北宋《清异录》记载："冯翊产羊，膏嫩第一。"（冯翊即同州。古代关中有三辅，左冯翊，中京兆，右扶风）"齐椒"指富平朱城（今朱镇）一带生产的花椒。这里土质含特殊矿物质，所产花椒麻中带香，人称"枸杞子椒"。"焖锅肉"是对当天宰杀的羊要"大卸八块"，经清水浸泡清洗后放入锅中。水烧开后，撇去汤中"冒沫"，捞出肉块，激以凉水，用清水重新煮。如此可保持汤清、肉嫩，并能除去膻味。煮肉时，向锅中放置茴香、八角、桂皮、小香等调料。先用猛火烧，再用温火焖，经十个小时左右焖锅，煮出的肉鲜嫩、汤淡黄，醇香厚重。

② 传说翔村有一贫困人家，一年四季以馒头、稀饭和野菜为生。有一天想换口味，便突发奇想，将家中粉条渣拌入面粉，用适量开水搅拌，外加豆腐、蒜苗，倒入清油、辣椒粉蒸熟。用热馒头蘸食，感觉味道非常好，在当地传开，便成为蒲城一道特色小菜。

地软包子。当地包子中的特色。地软是野生食类菌①，夏秋雨后，可在草地上、埝台边、坟地里采集带有沙粒杂质的地软，用清水反复淘洗干净，便可与豆腐、粉条等搅拌作为包子馅。其中，豆腐要提前蒸 10 多分钟，后切成小丁，与切碎的地软（干地软须用温水泡软）、粉条（用温水泡软）搅拌，加入适量清油、葱花、食盐、椒面等。地软包子入笼 15—20 分钟即可蒸熟。吃地软包子要灌入蒜水或辣子油，热吃味道鲜美。

高力肉。得名于高力士。② 高力士葬在今蒲城椿林镇山西村，高力肉因此成为蒲城一道地方名菜。其做法是将精瘦肉切成胡桃大小，裹鸡蛋、淀粉，先过油，再蒸制。蒸制时加入精盐、味精、葱、姜、大料及酱油等，制成的高力肉呈酱红色，酥而不烂，香味可口，老少咸宜。

生汆丸子。周围各县市区都有，但当地生汆丸子以姜味出头，俗称"生姜丸子"。其做法是将选好的肥三瘦七肉块剁成肉泥，用筷子搅拌，将泡好的生姜水与鸡蛋清分 3—4 次浇入肉泥，放少许盐，搅拌均匀后，捏成丸子，逐次放入锅中煮沸即可，吃起来鲜味十足。

红苕甜饭。③ 当地特色饮食之一，宴席中必备的重要饮食。先将红苕去皮，切成小块，以一筷子薄厚为好，放入油锅轻炸上色。随之装入碗中，笼蒸 40 分钟即可。食用时浇红糖汁或蜂蜜汁，或直接撒上白糖或红糖，搅拌均匀便可食用。讲究的人，会用炒瓢将熬好的糖汁浇在蒸好的红苕上，用筷子轻轻掀动，让糖汁充分渗入，吃起来味道更香甜。

---

① 《食用草木会纂》记载："食耳之属，生于地者也，状如木耳，春夏生，雨后及早采之。味甘寒无毒，能明目益气。"

② 高力士，广东潘州人，姓冯，名元一。因受武则天爱惜，赐姓高，名力士。据说高力士幼时嘴馋，入宫后，对御膳房中的酥肉菜情有独钟。平定韦后之乱，高力士率禁卫军消灭太平公主，并辅佐唐玄宗掌握政权，被封大将军、齐国公。他便让厨师调整酥肉菜的作料，最终做出味道更好的酥肉，后人取名"高力肉"。又说高力士将此菜献给杨贵妃品尝，杨赞不绝口，遂命名为"高力肉"。玄宗去世后，葬在县城东北约十五千米的金粟山，是为泰陵，高力士陪葬。1999 年，高力士墓出土志石一方，上有铭文 1434 字，其开头有如此文字，"事君之难，请言其状：尽礼者，或以为谄；纳忠者，时有不容。直必见非，谓之劘上。严又被惮，不得居中。古人所谓为臣不易者以此。至有排金门，上玉堂，出入五纪，近天子之光，周旋无违，献纳必允；言大小而皆入，事曲折而符合；恭而不劳，亲而不黩，谏而不忤，久而不厌；美畅于中，声闻于外，开元之后，见之于高公矣。"足见高力士对政治的认识。高力士墓目前已是陕西省重点文物保护单位。

③ 红苕即红薯，原产南美洲，明代万历年间传入中国，在蒲城广泛种植。红苕甜饭是当地美食之一。

蒲城糟肉。① 当地特色佳肴之一。用五花肉、大枣、醪糟醋做食料炮制，醪糟有酒的香味而没有酒的烈味，如此做出的肉食，软甜香，易消化。另有蒲城生炒、虎头鸡、蘸水鱿鱼、葫芦头、辣酱肘子、泡泡油糕等，无不体现地方饮食文化特色。

四 节日饮食习俗

当地人在特定节日也有特殊饮食习俗，它既是过去饮食文化传统的现代延伸，也是现代人对过去饮食文化历史的再温习，它体现了当地人的传统生活观念和现代生活需要。

正月初一有吃饺子和团圆饭的习俗。早饭一家人吃除夕包好的饺子，午饭全家人吃丰盛的家庭团圆饭，寓意全家团圆，生活甜蜜。正月初五日吃饺子，认为饺子像古代金元宝，吃饺子便可一年不穷困。正月初七日有吃馄饨习俗，俗称"吃人魂"，当天晚上每人吃一个献祭的馄饨馍，最少也要吃掉馄饨馍头，也称"馍嘴"。认为吃了它便能守住自己的魂魄。正月十五日吃饺子，晚上煮食元宵，寓意在新的一年里吉祥如意，家庭团圆。

二月二日有吃熟黄豆和棋子疙瘩②习俗，有"二月二，吃豆豆，人不害病地丰收"的说法。此日还吃各种茧茧馍，俗称"吃茧茧"，烘烤干食，认为吃了茧茧馍，身体更健康，一年不生病。清明节讲究与祖先共进餐饭，在坟地献祭白面和绿面，下午全家分食祭祀面条。

端午节有吃粽子、绿豆糕、油糕习俗，③ 过去还讲究喝雄黄酒，认为这样便可不遭毒虫侵袭。七夕节晚上有分食拜月瓜果习俗。八月十五日有吃月饼习俗，家庭晚上祭祀后分食，寓意一年已过去一大半，祈求一家人平安、团圆，吉祥如意。

冬至天有吃饺子的习俗。认为冬至日便进入"交九天"，进入一年中最冷时段，饺子形如耳，此天吃饺子，冬天便不会冻耳、冻手、冻脚。腊

---

① "糟"是腌制食物的统称，其技法有蒸、溜、炒等。用醪糟醋腌制的食物，可长时存放而不变味、不腐烂。《晋书·百孔传》记载："君不见肉糟腌更堪久邪？"

② 棋子疙瘩如蚕豆大小，是炒熟的小面团，其做法如做麻食一样，只在面中放入适当生油、鸡蛋和调料，将其切成小拇指头大小，晒干，烘烤成熟，即可食用。

③ 当地油糕有圆球状、扁圆状、扁长状。粽子有枣泥馅、豆沙馅、肉馅等，吃时用蜂蜜搅拌。绿豆糕有方形、圆形、花瓣形等，正面常印有花案和文字，如吉祥如意、四季平安等。

月初八日有喝腊八粥习俗。人喝腊八粥的同时，也会给牲畜家禽喂食，象征进入寒冬腊月，各种牲畜家禽也进入休整时段。腊月二十三日晚有吃琼瓜糖和馄饨的习俗，一般是祭灶后分食。

五　宴席饮食习俗

一般农家过事，如婚嫁、丧葬、寿诞等都会准备正式宴席。旧时宴席用"八仙桌"，现在多用10人圆桌。席面摆设有一定讲究，上菜也有一定顺序，先上九盘干果碟子，附有相应茶水；后是七盘喝酒凉碟子，附有白酒；再是四品（当地人将大碗称作"品"，大约有品尝之意）四盘子（较大盘子）交替单个端出；最后是五盘或七盘吃馍菜，中间一盘八宝辣子，附带馒头和茶水。这是一般宴席的基本配置和流程，整个宴席荤素搭配，流水推进，俗称吃"流水席"。每张桌子安排一位看客的，其职责是招呼大家吃好喝好，随时满足客人饮食需要。另有专门端盘的，职责是将饭菜从灶房端上桌面，并将桌面上吃完的碗盘端下，俗称"打下"，一人负责2—3桌。另有一位专门提馍的，职责是向各桌子散发热馒头。其间有主客之间的相互敬酒，看客随机给客人倒茶、倒酒、敬烟等，各环节交错进行，氛围融洽热闹。

烟、茶、酒是当地人红白事、节日庆典、亲朋聚会等各种宴席的必备品，有"无酒不成席，无酒不成宴"的说法，有以干为敬、饮酒划拳、茶半酒满、走关喝酒的宴饮习俗。

喝酒。当地人在正式宴席上多饮白酒（近年也有啤酒和果啤，比较少）。天冷时将酒壶放入热水中，俗称"温酒"，待酒热后饮用，据说如此喝酒不上头。倒酒叫"斟酒"，并随口说"满上""倒上""添上""加上"等，有"酒满、茶半、饭八成"的说法。敬酒与劝酒有碰杯习惯，并说一两句相互祝福的话。碰杯后双方会仰脖饮尽，将杯底向上，杯口向下，表明自己一滴不剩，俗称"以干为敬"。也有主人自己先一饮而尽，表示"先干为敬"，寓意向对方表示敬意。酒桌上有人经常劝酒，会有各种说辞，生动有趣，被劝的人也会反说，其间充满了嬉笑斗闹场面，很热闹。现在喝酒碰杯，多是一种礼仪，喝多喝少，每人随意，不强求，不勉强，比过去文明了许多。

划拳。旧时饮酒常伴有划高升拳、两好拳、摇骰子、比大小、摇皇上、老虎杠子鸡虫等各种游戏，以增加饮酒氛围。划拳比较多的是高升拳、两好拳，双方捏手喊"高升"或"哥俩好"，随后两人同时出拳，伸出手指，口喊数目，输拳赢酒，都不认输。划拳时常大声吆喝，气势宏大，显示了喝酒人的豪气。酒量大、拳令熟的人通常会"打关"，逢人划拳，碰见不会划拳的，碰杯即过，如此反复，有时也会将自己喝得烂醉如泥。现在已经好了很多，喝酒划拳，量力而行，不逞强，不赌酒。也流行摇骰子喝酒，用骰子作道具，比大小，俗称"吹牛"，赢酒赢骰子，没有输的说法。另有老虎拳，是老虎、杠子、鸡、虫之间相互克食的游戏，其中老虎吃鸡、鸡吃虫、虫吃杠子、杠子打老虎，如此循环。划拳时先吆喝"老虎老虎"，随之喊老虎、鸡、虫、杠子中的一个，叫什么都有克制对方的机会，划老虎拳很有气势。另有押（压）大小游戏，用五个指头比大小，其中大拇指压（胜）食指、食指压（胜）中指、中指压（胜）无名指、无名指压（胜）小拇指、小拇指压（胜）大拇指，可不断循环，游戏时只出手指不吭声，也称"哑巴拳"。总之，当地宴席上的酒占有重要位置，人们围绕酒创造了各种游戏，日渐成俗，已是当地宴饮的重要组成部分。

第二节　服饰习俗

中国服饰有"兼容并包""文脉相承"的双重特色，显示了中国文化与时俱进的基本精神。[①] 材料和技术是服饰改进的基础，花纹与样式是服饰演变的内容，服饰随时代发展不断演变，旧时积累流传下的颜色美学和各种象征性图案、花纹等仍活跃在现在日常服饰制造中。

蒲城人的服饰与中国传统服饰演进有一致性。清代日常服饰以长袍、大襟为主。民国时期以新长袍、对襟为时尚。中华人民共和国成立初期，在传统服饰之外，流行苏联服饰样式。改革开放以来，吸收了欧美服饰制作工艺和款式，有了多元化倾向。进入21世纪，中西、古今服饰款式相

[①]　中国服饰在材料与技术的改进过程中，从天然动物皮毛到葛麻纤维利用，到蚕丝和棉花的纺织裁剪，再到当代高科技产品制造，中国都是服饰生产材料和技术集成大国。在服饰文化史上，我国服饰式样一直在吸收外来影响中演变。如中国古代的深服、袍服和后来的旗袍，沿革演变明显。服饰上的花纹和图案也是一个不断传承和演变过程。如唐代服饰便广泛吸收了异域番邦的纹样和风格，中亚、印度、伊朗、波斯、西域等服饰不同程度成为唐代服饰创新发展的参考，它使唐代服饰成为中国服饰史中一个高峰。近世服饰处于传统形态向现代形态转化的中介，内容驳杂，总体是从朴素向鲜艳变化，从相对稳定的等级化向多变的多元化转向。

互交错，质料多样，色彩斑斓，只有想不到、没有看不到的服饰。过去以农家纺织土布为主要原材料，找人剪裁，服饰制作讲究宽大、实用，一衣多季。随时代发展，科技进步，现代制作技术普遍应用，新质料推陈出新，新工艺层出不穷，现代人着装体现了更多审美化因素，个性化特点，一季多衣已是普遍现象。

一 儿童服饰

在设计儿童服饰时，当地人既重视保暖和方便的基本功能，也重视在服饰中倾注大人的祝愿，让服饰成为承载文化和心愿的载体，着力营造孩子健康成长的氛围。

童鞋。多是妇女手工制作，用各种彩色布料做成，附加动物图案，如老虎、狗、猫等，俗称"咪咪鞋""老虎鞋""猪娃鞋""狗娃鞋""猫娃鞋"等。人们认为这些动物生命力强，仿照其形状做的鞋，孩子容易养活。各地普遍流行"虎头鞋"，在鞋头绣一老虎头样式，鞋面绣一"王"字，显得生动、形象、逼真。认为老虎是百兽之王，孩子穿上虎头鞋便可壮胆辟邪。童鞋分单鞋、夹鞋和棉鞋，在不同季节穿用，孩子生长快，许多鞋只穿较短时间，便需制作新的鞋子。

童衣裤。孩子诞生后，其外婆、姨、姑等亲戚和街坊邻居多会送孩子衣裤等服饰。旧时流行"百家衣"，家中人向邻里讨要各色布角，给孩子拼制百家衣。认为孩子穿百家衣可保健康平安。现在已很少人再做百家衣。衣裤有单衣和棉衣，在不同季节穿。孩子小时穿开裆裤，方便大小便，俗称"开裆裤""叉叉裤"。孩子上学前能自我方便时，更换成"档档裤"。多数人在孩子背部裤腰上缝制两条带子，在前胸裤腰上钉两个扣子，与带子交错连接，俗称"背带裤"。穿背带裤，孩子肚子便不会着凉。上衣有单衣、夹衣和棉衣，穿戴时多通在裤腰里，防风又保暖。

肚兜。俗称"裹兜"，过去现在都用，孩子贴身穿。肚兜多用红色软布料制作，上面钉制环形布条，挂在孩童脖子上，两边布条系在孩童背部，可防小孩肚子受凉。肚兜有方形、圆形、菱形等，上面绣制各种吉祥图案和祝福字样，有莲花、蛇、青蛙、蟾蜍等，认为这样便可护身辟邪。

童帽。儿童头饰品讲实用、求吉祥。旧时流行"虎头帽""狗头帽"等。"虎头帽"用各色鲜艳布条缝制，帽顶两边各装耳朵一只，中间绣一"王"字，帽檐用花饰边，附带一点银质、铜质饰物，戴在头上保暖威武。"狗头帽"与虎头帽相似，帽顶两边各缝制一只耳朵，额头绣小狗面孔。天冷时，帽子后面还缝制"披风"，下垂到肩部，披风边沿常有小铃铛，孩子玩耍时有铃铛声响。披风将孩子头顶、两耳、脖子、领口都可盖住，不受风凉。

马甲。俗称"马褂"，是双层夹衣，过去与现在一样，保暖，外层多绣各式吉祥图案，以鲜艳亮色为主，如绣制八卦图案，寓意孩子"人身虽小，按合天地"。认为绣制各种图案有驱恶镇邪功能，可保孩子健康平安。

另外，一般儿童多有银质、铜质、玉质饰物，如项圈、手镯、脚镯及各种"长命锁"，有的脚镯、手镯上还附带小铃铛，走路时叮当作响。认为佩戴这些饰物可防身护体，有驱邪功能。

二 女性服饰

妇女服饰的变化有鲜明的时代特征，在上衣、裙裤、鞋袜和首饰方面表现明显。

上衣。旧时妇女上衣有氅衣，没有领，袖长至手，衣长齐腰，袖口有各式颜色挽袖，周边有四寸宽黑边，边内有两寸左右宽的绣花金边，黑色、青色居多，是已婚妇女重要服饰。经济好的人家、读书人、商人家多置办，普通人家基本没有。近代以来，妇女多穿长衣，辅助性装饰减少。长衣有领有襟，其他与氅衣大同小异，颜色、款式、花纹各异，各阶层妇女都穿。质料用土布或洋布，用绸缎的少。后来流行旗袍，现在也有人穿。随后流行大襟袄，土布制作，有领、有襟，袖长及手，衣长到腰，一边斜扣，俗称"掺襟"。大襟袄扣子多自制，用棉布条绾成疙瘩，精细的人绾成莲花状，好看。后来用机制纽扣，隐形，方便。现在已没有人穿。20世纪80年代后，妇女上衣颜色齐，款式多，制作精巧，质料多样，一般人都可自由购置，没有等级和身份区分。

肚兜。旧时女子都有肚兜，俗称"抹胸"，是青年女子贴身内衣。在生育之前，女子常用一块红布将胸束紧。哺乳之后，也会用布将胸束紧，防止胸部下垂。肚兜样式各异，如倒扇形，上窄下宽，上端钉扣，穿带系在颈上，下边两端有布带，向身后束紧。过去市场出售印花肚兜，其上印制"福"字或"三多果"（石榴、寿桃和佛手）等，寓意多子多福。也有自制肚兜，多以红色为底，绣"鸳鸯戏水""喜鹊登梅"及蝙蝠、莲花等字样图案，寓意爱情美满，多子多孙。

裙裤。旧时妇女裙子与现在不同，有百褶裙和无褶裙，由金线或五色线绣出裙花。经济好的人家讲究龙凤裙，裙前后绣龙，旁边绣凤，一般人家在裙上绣各式花纹，做工复杂，很多人做不起，只在结婚时借穿一次。颜色以红色为好，有蓝色、绿色、白色、黑色、古铜色等。少妇喜欢红色、绿色和白色。民国以后出现西洋裙，增加了款式和颜色，花纹也比较多，少女、妇女都穿，没有特别区分。现代生活有各式裙子，普遍流行。旧时妇女裤子长及脚面，俗称"大裆裤"，男女通用，裤角用布带束紧。裤子颜色多是黑色和蓝色。后来女性裤子从侧面开扣，色彩也多。现在裤子款式多，换代快，牛仔裤、七分裤、灯笼裤、筒裤、西裤、乞丐裤等，不一而足，颜色搭配也层出不穷。

鞋袜。旧时妇女缠脚，脚长约4寸，鞋是前尖后圆，底部有跟，鞋前绣各色彩花，有人鞋跟也绣花。后来妇女解放，不再缠足，高跟鞋变为平底鞋，现在很普遍。后来出现方口鞋，鞋面用条绒，两侧用松紧，看起来收脚，漂亮。过去穿鞋多自己制作，布底、布帮，用棉线缝制，前面圆口，后面对接缝制。鞋分单鞋和棉鞋，冬春穿棉鞋，夏秋穿单鞋，黑色、红色居多。皮鞋分单鞋和棉鞋，鞋跟有细有粗，有高跟、中跟和低跟差异，颜色多、款式多。妇女穿鞋求舒适、美观、大方、时尚。袜子，过去人缠足，用缠腿带子代替袜子。放脚之后，有了短布袜子、洋纱袜子等。现在各式袜子都有，短袜和长袜，丝袜和棉袜，款式、颜色也非常多。

首饰。旧时妇女头部首饰比较繁杂，有耳环及插在头发上的簪、发卡、压簪花等，质料有金、银、镀金、翠玉等。脖子上有项链，银质多，金质少。后来女性多剪去长发，头上饰品也减少了不少。妇女多戴手镯，有金质、银质、铜质和玉、翡翠等。戴戒指，分金质或银质。过去和现在一样，每位女性结婚时都有一定首饰做嫁妆。随时代发展，各种饰品不断新变，现在人重实用，结婚时也有较复杂的装饰，平时则追求简单、实用、美观。

三　男性服饰

男子服饰是新旧相交，中西款式杂陈，在发展中有演变，但整体比较慢。过去有礼服和常服之分，现在有正装和常装差异。民国之前，男子礼服由长袍、大褂、帽子、长靴组成。长袍，长及脚腕，袖长及手，布料为缎、绸、纱，有黑色、青色。不同季节有单、夹、棉之分。大褂，袖比长袍短，其他与长袍相似。帽子有单帽、棉帽、皮帽，早先帽顶多有红缨点缀，帽檐及外面有绒缎镶入，里面用布，春冬两季戴。凉帽，用麦秸秆或细竹条制作，后者内有竹圈，白色或米色，夏秋两季戴。靴子，高至小腿一半，外用缎绒封面，黑色，四季通用。常服由长衣、小袄、裤子、袜子、帽子和鞋组成。长衣长及脚背，袖长及手，有领。质料多土布、纱布、洋布，颜色有黑色、青色。不同季节有单、夹、棉之分。裤长到脚腕。袜子用市布或土布制作，袜口高过裤口一两寸，白色多，蓝色少。早先鞋上有祥云头、福字头，分单脸和双脸，鞋脸皮料，其余用缎、绒或布料缝制，有黑、篮、青等颜色。

民国以后，长袍、马褂、帽子、上衣、长裤等稍有变化。长袍样式比过去窄瘦。马褂长到腰下，有领。春秋流行呢帽，保暖，夏季流行草帽，遮凉。受西方帽子影响，帽盘比过去小。上衣分单衣与棉衣，单衣多白色和条纹色，中老年男子多穿白色，年轻人多穿条纹色。棉衣外面用黑布缝制，里面用白布做衬，中间夹层有棉花。"夹衣"也称"夹袄"，双层布料做，相当于后来的绒衣和秋衣，多在秋季天气转冷时穿。早先裤子是大裆裤，后改为筒裤，不扎裤筒。棉裤外面用黑布缝制，里面用白布或白条纹布，里外两层，内夹棉花。衣服颜色多是白色、黑色、蓝色相互配合。鞋是自制，分单鞋和棉鞋，鞋面黑色，后用黑色条绒包裹鞋面，两边缝制松紧，看起来收脚漂亮。现在许多人喜欢穿布鞋，舒服、透气、不捂脚。棉鞋称作"窝窝"，形如母鸡，不带松紧，两边促捏在一起，看起来比较臃肿，俗称"母鸡窝窝"。也有用一整块布剪成鞋面，两边缝制松紧，比母鸡窝窝看起来精致。自制棉鞋保暖透气，过去很流行，现在穿的人少。皮鞋比过去做得精致，四季通用。多数人穿鞋铺鞋垫，一般用"褙子"做里子，外面包裹一层新布，用针密纳一遍，薄厚均匀。纳鞋垫时，多会绣出美丽图案，如莲花、喜鹊等，是极好的手工艺品，过去做鞋垫也是一个女子表现其聪明才艺的重要机会。

改革开放后，衣服质料多，款式多，颜色多，各种时尚此起彼伏，有中山装、西服、中式装、夹克、马甲、运动衣、大衣、风衣，有喇叭裤、老板裤、牛仔裤、西裤、筒裤、运动裤等。西服有两个扣的、三个扣的、甚至四个扣的，后面有在中间开一个叉的，有在两边各开一个叉的。颜色有蓝色、灰色、黑色、咖啡色等。与西服、西裤相互配合有各式各样的衬衫和领带。鞋有布鞋、皮鞋、运动鞋、休闲鞋等，在不同季节、不同场合，多选择合适的鞋。现在戴帽子的人不多，冬天戴帽为保暖，夏季戴帽防晒。另有各色各式袜子在平时穿戴。整体来看，人们着装的品牌意识不断增强，现在只有想不到，没有你看不到、买不到的衣服。人们从头到脚都可自由选择、多样搭配，在实用基础上，更注重衣服的舒适、品质和个性。近年人们环保意识提高，传统农家土布制作的各种服饰又逐渐流行，成为许多人的重要选择，但它已不同于过去的农家土布，而进行了许多新工艺处理，它更健康，更时尚。

第三节　居住习俗

蒲城人居住多讲风水、重实用。在村落选择与布局，庭院结构和门向都有特别讲究，强调人居环境与天地自然和谐统一。[①] 县域内各处村落大小不一，形状各异，均匀布列，各乡镇村落间的土地相互嵌入，形成参差交错的村落布局。乡镇村落间都有大小不同道路连接，形成纵横交织的道路网。各村落都有自己的发展历史和生活习俗，村落空间内既有公共设施，也有私人独立院落，各村院落大同小异，体现了当地人的居住观念。

一　村落空间构成

村落选址。村落都坐落在一定土地上，其选址讲究看地势、选风水，重视安全。村落选址以平坦、向阳、避风、近水等利于日常生活为基本条件，重视自然风水与生产生活需要的相互配合，多因地制宜，着力改造自然条件，营造生态人居环境。村落选址有各种忌讳，如忌荒台、河滩、坡地，防天旱、雨灾、河水冲刷给人畜带来安全威胁。忌在坟地和庙宇旧址上修建村落，防恶鬼骚扰村中安宁等。凡此忌讳，既是当地人生活经验的积累，也是现代人村落选址的重要依据。在选址基础上，人们再进行村落空间布局，规划家户位置和公共设施等。

村落空间构成。一般村落由自然环境和人文建筑构成，它们相互形成

[①] 居住空间构成可反映了一个地方人的生活观念和居住理念。村落构成、房屋建筑、居室布置是一套完整观念体系，它表达了一个地方人对生活安逸、家庭和睦、人丁兴旺和荣华富贵的向往。这些符号化的居住结构多指向未来，可烘托出吉祥意义，它内蕴了人们对未来的重视，也支持了普通人的当下生活。

一个完整有机体。多数村落都很重视其空间的布局规划，既考虑日常生活的经济实用性，又着意将其创造为村落文化符号，着力彰显村落思想观念和价值理想。① 过去许多村子多在不同位置修筑城墙、城壕、暗道、寨子等，它们既是村落安全的重要保障，也内蕴着浓厚的文化观念和风水意识。各村落都有道路、水井、沟渠、田地、麦场、学校、墓地、院落、房屋、涝池、树木等，旧时有些村落还有祠堂、庙宇，它们各有自身功能，形成一个自我循环的文化生态圈，各种日常生产生活及与之相应的文化传统、生活常识都在这一文化生态圈中运转。随时代发展，村落自然环境、人文环境不断发生变化，许多旧的公共设施已不复存在，又出现了群众活动室、运动休闲场等，形成新的村落内容。

空间设施及功能。村落空间设施包括道路、水井、沟渠、涝池、麦场、树木、学校、公墓等。村中道路有大小主次之分，有连接村子内外的主干路，有通向田地的乡间小路，有通向公共场所的村中干道，也有连接各家各户的巷子岔路，道路宽窄长短不一，构成一个四通八达的村落道路网。旧时多是土路，现在是水泥路，两边栽植树木，连接各家各户。一般村落都有一眼或几眼井，深浅不一，是全村人的饮水之处。旧时常在水井上修房屋，俗称"井房"，遮风避雨。井屋下用辘轳打水，俗称"绞水"，速度慢，但很有情调。现在用水泵深井取水，俗称"机井水"，用地下管道将其输送至不同人家，很方便。过去水井旁不远处多有洗涤设施，如石槽、石凳，旁边栽种高大的皂荚树或槐树，现在洗衣机已代替石水槽，旧时水井也已废弃很多。村中水渠有干渠和支渠，可浇灌村中田地。早先水渠多土制，极易损坏，现在都用水泥铺设，安全方便。村落内还有排污水的小水渠，常迂回于村落各处，将各家雨水和其他废水引导出来，排到村中涝池或村外河道。涝池，旧时各村都有，是村中排涝的主要地方，其周边多栽种高大树木，也有人在涝池洗涤衣服，现在都已消失。麦场也称"大场""打麦场"，各村旧时都有，是一片夯实的平整土地，夏秋收割碾轧晾晒庄稼，平时堆放麦秸。现在已基本消失。各村多有小学，是村中或附近孩童接受教育的地方，也是村中开会的重要场地，有教室、操场和教师办公室，比较简单。过去各村至少都有一所，现在乡镇合并，许多学校都已撤并。墓地是村中人去世后的下葬场所，多数村落都有，许多村落还

---

① 中国人执着的乡情在很大意义上是建立在中国村落深厚的人文素质之上。

有私家坟地。过去许多村落就是一个家族，村中便修建有祠堂、庙宇、戏台等，现在都已消失。另有各家各户的院落空间，是普通人家日常生活最重要的地方。各村都栽种树木，村落周边、道路两旁、田间地头、屋前院后等多有栽种，既能保护村落水土，又能防止自然灾害。

二 院落空间构成及功能

院落是村落空间的重要内容。院落修建在村落规划的宅基地上，俗称"庄子"。现在院落宽3丈多，即三间房屋宽度，长10丈多，各村老庄基整体较宽大，有四五丈宽，20多丈长的。院落中有各式房屋。过去富户人家的房屋多会从前面围墙一直盖到庭院后面，中间只留"天井"，后面留一点空院，用作妇女儿童厕所。讲究的院落空间结构一般是，前面三间大房，俗称"门房"。门房向内，靠两边院墙盖相向两排厢房，俗称"厦房"。再向后是三间厅房，如门房结构一样，比门房跨度大些，面积比较大，俗称"厅房"。厅房后再有两排相对厦房，如前面厦房一样。再向后是一座大房，俗称"上房"，与前面门房结构一样。上房东边常作灶房。上房与厅房间的厦房作卧室。厅房与门房间的厦房，东边住人，西边作牲畜圈，俗称"马房"。家中老人一般住后面大房，有时也住前面厦房，照顾门户。门房东边一间安置大门，在正对大门的墙上有土地神龛。门房西边一间安置石磨，是磨粮食场所。院落前后厦房间有两个狭长天井，用作采光。天井宽度约4尺，采光时间较短。下雨时，雨水从房檐流向天井，天井下方有砖砌成的下水道，俗称"水洞"，在厅房和门房下由暗水道连接，将水导向大门外。

院落中的门房、厅房和上房结构相似，都是两坡流水。门房和上房一坡用四道檩条，一坡用三道，房脊共用一道，共六道檩条，门房前面、上房后面的水坡短些。厅房一坡用五道檩条，屋脊共用一道，共九道檩条，前后水坡长度一样。厦房是一坡三道檩，椽头高处一段架在与邻居共用的界墙上，俗称"山墙"。房梁一端放在山墙上；[①] 另一端用裹在墙中的粗立柱顶起，或用砖石砌成柱子顶住。大户人家的立柱多用石墩立基，防腐蚀。一般来看，立柱、檩条、房梁、椽子的木质越好，房屋的质量就越好。多数人家盖不了那么多房，多盖上房和厦房。经济差的人家只有厦

[①] 当地用黄土筑墙，以粗椽夹土，石杵逐层夯筑而成，墙厚多在2—3尺，非常坚固。

房。经济条件越差，院落空出的地方越大，房子就越少。院落空间还有门前屋后、大门内外、厅堂、居室等，其功能各不相同，构成一个有机整体。当地人有在门前屋后栽树的习惯，既能遮风避雨，又能营造舒适居住环境。门前多栽槐树、洋槐树等长得慢，树冠大的乔木。庭院多栽景观树，或摆放花盆。经济差的人家多在院落栽种几棵乔木，必要时用作家中经济补充。院落栽树有讲究，有"前不栽桑，后不栽柳，门前不栽'鬼拍手'（杨树）"的说法。忌栽桑树，因为"桑"与"丧"谐音，忌栽柳树，因当地人用柳条作"丧棍"，忌栽杨树，杨树俗称"鬼拍手"，声音不好听。现在许多人家院落都是水泥地，栽种少许景观树或花草，它们长不高，利于庭院居住采光。

　　院落都有大门，大门是划分公私空间的分界线。旧时大门多用结实厚木板制成，有单扇门和双扇门，用铁皮包角、蘑菇门钉、铁质兽头门环，门框顶部有两个对称的雕刻门楣，黑色为主。现在多铁制对称双扇门，红色为主，镶有金边，很漂亮。铁门中套有两扇对称小门，平时开小门，大门供车辆进入。很多人家常在大门上方悬挂一圆镜，谓之"宝镜"，认为这样可以辟邪，防小人入内。院落厅房内设"堂屋"，也称"正厅"。中间屋子宽，旧时用作供神和待客，正中靠后一点常放置一长方形木桌作神台，桌上两端放花瓶，内插时令鲜花或鸡毛掸子。墙上悬挂中轴，多是吉祥福禄图画，如"百寿图""松鹤延年"等，俗称"中堂"。在厅堂合适位置放八仙桌或圆桌，周围放椅凳，接待客人。居室，俗称"房子"，旧时房内多造火炕，炕口设在屋外，冬季用柴火烧炕。炕周围有低矮小围墙，俗称"炕墙"，高约半尺，常用布或彩纸装饰，称作"炕围子"，上有吉祥图案，如鱼戏莲、历史故事人物、山水花鸟等。屋内摆设有柜子、箱子，存放重要物品，另有其他洗漱物件，各物放置以方便实用美观为宜。屋内贴各种图画，俗称"画画"，或悬挂家庭照片，进行美饰。厨房，俗称"灶火""灶房"，是家中做饭的地方。内置灶台、案板、水瓮、面瓮、面盆、小饭桌、小椅凳等。过去用煤炭和柴火做饭，现在有用天然气的，但不普遍。厕所，俗称"茅子""后院"，多在大门前或院子后，旱厕多，水厕少，过一段时间便要出粪。现在新农村建设，对旱厕进行改造，各村厕所多整齐划一、美观卫生。

　　事实上，不是每家都有上房、大房和门房，可以将家中各种生产生活资料有序存放，更多人家因经济条件限制，只能在已有院落中搭建小房子，堆放农具柴草等。因此，多数人会在主要建筑外补充一点附属设施，在院落合适地方搭建狭小简易房间，合理利用院落空间，用作库房、柴房、鸡窝、牛棚、羊圈等，以满足生产生活需要。

三　房与窑

当地村落户居多是户户相邻，前后相对，院落中以房为主，也有部分地方有窑。县城东部和北部靠山或土崖一带多有窑，靠崖式为主，有土窑、砖窑两种。平原一带人多住砖木结构瓦房，现在人多住一层结构楼板房，房屋下用界墙隔开，可分成独立屋子。

过去住窑和草房的人，多是外地迁徙来的，主要是灾荒年月逃难到当地的河南人和山东人，也有抗日战争避难的人。早先草房简单、用料少，省钱，多用麦草苫盖屋顶，周边用草泥和砖瓦做防护，现在已没有了。后来瓦房流行，多砖木结构，用砖做好房体框架，以"胡基"①填充墙体，屋顶用木头、箔子、麦秸泥和瓦片搭建覆盖。后来用砖垒墙，俗称"一砖到顶"，房顶用实木、瓦片或方砖掩盖，比过去结实许多。现在多盖一层楼板房，以砖砌墙，用预制"楼板"覆盖顶部，再用黄土或灰渣隔热，用混凝土打磨平整，下面用界墙隔出屋子或客厅，它更结实、耐用。

早先的窑是在结实的土崖上挖出模型，再用麦秸泥将其内部涂抹整齐，俗称"裹泥"，外部用胡基和砖做窑面。也有人用胡基箍窑，再用麦秸泥涂抹平整，很漂亮，结实耐用。也有人在平地上挖一大型方坑，在其东西北三面挖出窑型，在南面修一斜坡，俗称"下地窑"，这样的窑怕下雨。也有人在平地上箍窑，先用厚土夯实的墙体作"窑膀"，拱住窑顶，再用砖箍成拱顶窑。窑冬暖夏凉，住着舒服。土窑的不足是经常落尘土，卫生打扫不方便，容易滋生老鼠和其他虫子。现在土窑都已废弃。砖窑条件要好许多，其内部多用白灰粉刷，看起来干净漂亮，住起来舒服耐用。现在除了窑、砖木结构房屋和楼板房外，不少地方还出现了独立的二层楼

---

①　胡基是当地过去很重要的建筑材料之一。其做法是用水将黄土洒湿到一定程度，搅拌均匀，将胡基模子放在一块平整光滑的青石台上，撒入草木灰，将搅拌好的黄土填满（一般是三锨湿土）胡基模子，再用石杵（一种特制的椭圆形状的杵，俗称"杵子"）夯实，随后用脚踢掉胡基模子一端卡板，打开模子，双手端扶胡基，将其立放在平整好的地方，俗称"打胡基"。打胡基有"三锨六脚十二个窝窝"的说法，是说胡基模子中一般填三锨土，双脚在模子中的土上踩六脚，用石杵夯实后会留下十二个窝，两个大窝，十个小窝。胡基约八寸宽，一尺二寸长，一寸左右厚，主要用于建房垒墙。现在很少人打胡基盖房。

房、别墅式的房屋等，居住样式趋向多元化。

第四节 交通行旅习俗

过去社会长期缺乏便利、安全的交通系统，人很少长途跋涉，多生活在熟人圈子①，行走在街坊邻居、三亲六戚间。在村里和家里供奉自己的保护神，便可将那些孤魂野鬼、妖魔鬼怪挡在这个圈子之外，于此形成了相对封闭的交通网络。

蒲城以陆地交通为主。民国以来，当地交通运输整体比较发达，② 道路以煤渣和石灰铺垫，乡镇村之间多是土路，部分路段也用煤渣和石灰铺平，下雨天很难出行。现在都用沥青路和水泥路连接了县城、乡镇和村落，出行方便。过去交通工具有轿、车、骑、船，中华人民共和国成立后，这些交通工具逐渐退出，自行车、轻骑、摩托车、三轮车、电动车、公共汽车、私家轿车、大卡车等已成为主要交通运输工具。水路方面，旧时洛河沿岸有许多渡口，③ 后因现代桥梁建设，渡口逐渐废弃，船渡随之成为历史。

一 交通工具

车。过去有人力车、畜力车，也有少量机动车，有独轮车、双轮车、三轮车、四轮车等。畜力车存在时间最久，是旧时拉运托载主要工具。如牛车是牛驾辕，牛的力量大，走得慢，但拉得多，很平稳。人们赶集、祭祖、接送老人、田地拉运庄稼多用牛车。马车或骡车，是马或骡子驾辕，

---

① 熟人圈环境给人以安全感、亲切感，任何时候都有难以割舍的情感，如果超出这个环境，便会充满麻烦和危险，人的陌生感、怀疑感、危险感就自然发生，人们便创造了一系列应对方式，形成交通行旅民俗。

② 据《蒲城县志》记载，民国初年有八条主干路，包括蒲渭道、蒲富道、蒲白道、蒲大道、蒲澄道、蒲原道、蒲蔡道、龙洛道，是当时全县交通比较发达的地区。但当时的建设质量整体较差。目前，县域内有西韩铁路、西延铁路和铜蒲铁路，火车站有十多个。有省辖西禹公路和渭清公路，在县城交叉。县域内有县级公路连接各乡镇。乡镇及各村间多由水泥路连接。有些村庄田间道路也是水泥路。人们出行已很少受雨雪天气阻隔。

③ 据《蒲城县志》记载，清代将洛河上通往同州（今大荔县）的晋城渡、通往澄城县的蔡邓渡列为官渡，其余为私渡。民国时期，将晋城渡、蔡邓渡和羊渡列为大渡，可通车辆。将南湾渡、车渡、蒲石渡、晋王渡、常乐渡、黎起渡、直社渡、温塘渡、曲里渡等列为小渡，仅通行旅。

其车型大，行走速度快，拉运东西也多，是过去农村最常用的运输车。人们常将马驾辕的大车称作"大马车"，两边各配一长腿牲畜，俗称"拉边套"，做长途运输。平时赶集、走亲戚，一家人若用三套马拉车，便会人喊马叫铃铛响，很风光。如果是新年第一次出车，人们都会在牲畜圈旁鸣放鞭炮，祈求马神保佑车马一年出行平安。独轮车，俗称"小车"，前窄后宽，结构简单，造价便宜，不受道路限制，载人载物很方便，若载重物，前面还可用人力、畜力牵引。架子车，也称"板子车"，是比较流行的农用车，人力牵引，也牲畜牵引，小巧轻便，车轮是充气胶轮胎，常作短途拉运。除架子车外，胶轮大车、独轮车都已废弃。现在出行多是自行车、电动车、摩托车、小型汽车等，简单便捷，长途拉运则用大卡车。

骑。过去以牲畜代步称作"骑"。马、骡、驴都曾是当地重要的骑畜。马的身份最高，骡次之，驴最后。驴也称"毛驴"，性情温顺，容易饲养，对饲料不挑剔，生命力强，是多数人常选的代步工具。公驴称作"叫驴"，母驴称作"草驴"，出行一般骑叫驴，如果有人骑草驴出行，便会被人嘲笑。骑马、骑骡比较威风，也费事，骑的人不是很多。牲畜出行都有装饰，头上多有红线穗子，脖子套皮圈，下面悬挂铃铛，马、骡背上有鞍子，坐在上面比较稳当。驴背上常垫一块褥子，没有鞍子舒服，但方便。过去有人专养长腿牲畜，装饰起来出租，俗称"赶脚的"。现在畜力坐骑已废弃。

轿。人力抬行的一种交通工具，有官轿和民轿，达官贵人出行坐官轿，一般百姓只在新婚时坐民轿，平时基本不乘轿。轿有大小，四人抬行的称作"大轿"，两人抬行的称作"小轿"。旧时有专门出租轿子行业，各家娶亲、请医生、接贵客都可租借，按路程收费。现已废弃。

船。洛河沿岸曾有不少渡口，多在两岸间摆渡，很少在洛河道上运输，俗称"渡船"。摇船人称作"摆渡的"或"摇船的"。旧时有以摆渡为业的人，常年住在河岸，随时帮人渡河。渡船收费有收钱和收粮两种。因洛河河道窄，水流平稳，摆渡没有特别风险，两岸人经常往来，多是熟识，收费比较随意，有钱给钱、有物给物，没钱没物也可不给，讲究"有钱没钱都过河"。现在洛河上已有许多桥梁，船渡都已废弃。

二　行旅习俗

旧时交通不便，多数人都会感觉"行路难"，不到万不得已都不出门远行，认为出门行旅是一个很辛苦的过程，有"在家千般好，出门步步难"的说法。但许多人要谋生、探亲、访友、求学、赶考等，必须出门行旅，便有了出门行旅习俗。

出门看日子。最简单的方法是查皇历，看是否适宜出行。或直接选择农历三、六、九日出门，二、五、八日回家，有"三六九，向外走；二五八，好回家"的说法，没有多少科学性，但都是当地人出行的重要参考。

出门准备。认为人出门在外要靠自己，靠钱财，有"穷家富路"的说法。出门尽量多带路费，俗称"盘缠"，将其放置在贴身隐秘地方，路上不能轻易外露。根据出行时间长短，还要准备路上换洗衣物和雨伞、雨具、生活用品，甚至铺盖等，用包袱或箱子存放。随身携带一定干粮，路上食用。若有牲畜出行，还要带足草料，若是商贩，还带几只狗，看守货物。现在商业发达，交通便捷，出门比较简单。

出门前辞行。出远门都很慎重，旧时人临行前要祭拜天地众神和祖先、灶神，禀明自己何事何时出门到何处，祈求神灵祖先保佑自己一路平安。向家族长辈、父母道别，长辈和亲朋往往会资助一些盘缠，说些祝福语。有的出行前还吃饯行饭，有"出门饺子回家面"或"上马饺子下马面"的说法，认为饺子形似元宝，祝福出行人能出门发财，回来吃面，面条像绳子，寓意将人"绊"在家中。

行旅安全。出门在外，举目无亲，行旅路上要特别注意安全。旧时出行人若遇见神庙便要拜祭，祈祷旅途平安。行旅之时，多是人生地不熟，要谨言慎行，途中问路要先施礼，加尊再开口，有"见人不施礼，多走五十里"的说法。路上碰见东西不要捡，防止惹是非。坐车忌说"停"，坐船忌说"翻"。在外要尽量投亲靠友，多找老乡帮忙。

归来接风。出远门归来有"接风"习俗，俗称"接风洗尘"。出门人一般也给亲戚朋友带点礼物，不在多少，重在心意，亲戚朋友和左邻右舍多会关心问候。

随时代发展，信息便利、交通便捷，交通工具多样，不同地域的人都可相互交往、交通，超越了旧时的熟人圈，创造更多更大的行旅空间，而一个稳定的、发达的、成熟的交通网络，也会促使更多地域的生产生活相互交融，汇入时代潮流，成为彼此可以共建共享的生活模式。

附录一　关中百大怪[①]

旧衣罩在新衣外，家家厢房半边盖，热炕睡着好几代，
穿厚棉裤敞胸怀，扯面宽的像裤带，生个女孩不算孩，
羊肉泡馍大碗卖，老人都把皮影爱，大裆裤子没裤带，
说话吵架分不开，村里姑娘不对外，棉裤棉袄光里外，
天黑上床鼾声来，提亲先看家好坏，家里无人门打开，
锅盔大得像锅盖，老汉都剃光脑袋，老碗小盆分不开，
板凳不坐蹲起来，家家吃饭蹲门外，老少无聊把杠抬，
旱烟锅子脖项塞，有了辣子不吃菜，四季一身黑穿戴，
闹起洞房胡乱来，庄基争着往高盖，男人唱戏吼起来，
兄弟分家二老拆，女人唱戏装病态，姑娘出嫁高价卖，
家家浓烟散不开，下雨下雪逢礼拜，不用手纸用土块，
女儿出嫁娘悲哀，牲口不用自己来，邻居记仇传后代，
家家茅厕无遮盖，鸡鱼不吃树下埋，闷头冷娃站成排，
短衣套在长衣外，姨姑婶妈分不开，八十老人笑着埋，
反穿皮袄毛朝外，骂儿自己做捎带，粗人说话囊得太，
甩手掌柜好自在，不分场合喂小孩，信教只有老太太，
谈论谁来谁就来，人人渴望变富态，做事心头沉得太，
婆媳吵架骂八代，固守本土不出外，自行车上全家带，
粗话脏话随口带，下雨争相跑屋外，人架车辕牛在外，
每有屎尿憋回来，生气东西胡乱甩，每逢看戏挤破台，
男女帕帕头上戴，墙头树杈当看台，同在异乡不往来，
走亲礼馍大筐抬，厨房案下卧猪仔，饦饦能把牙崩坏，
香烟不抽耳边塞，窗纸糊在窗户外，每遇丧事搭戏台，
锣鼓能把房震坏，婆娘抱娃夹在怀，睡觉砖把枕头代，
饭锅能装一麻袋，吃饭涎水倒回来，人名都被动物代，
老爱参观老不改，有病不看扛过来，有钱先把房子盖，
逢喜抹成黑脸怪，院墙城墙分不开，青年帽子歪着戴，

[①] 该资料选自蒲城旅游有限公司编印的《蒲城自助游》。

哭丧说唱分不开，衣服上下没口袋，生愣噌倔性格怪，
翻脸不识好和歹，小吃小摊顺路摆，新娘死活接不来，
打完老婆打小孩，高人都把姓名埋，文物当作瓦块甩，
家院城镇四方块，种地好像修花台，不吃面条脾气怪，
裹肚老少四季戴，一顶草帽四季戴，小孩拉屎叫狗来，
皮袄不穿披起来，未死先把棺材买，房梁上面架干柴，
皇上按着两行埋，帝王陵前追老外，饺子里面包盐块，
夏天全家睡屋外，自家性命不珍爱，亲家见面死活拽，
脚上窝窝像棺材，饭桌女人莫上来，灵前孝子麻将摆，
手背身后走得快，井里挖洞储蔬菜，婆娘上树比猴快，
砸烂炸弹当铜卖，饭后碗碟舔起来，大碗喝酒不要赖，
婆娘御敌解裤带。

附录二　传统布鞋制作

　　传统做布鞋很麻烦，先要抹"褙子"。先将拆好洗干净储备的旧布片收拾整齐，用很稀的白面糨糊将其逐层粘在一起，需要五六层。或在墙上抹褙子，或在芦苇席上抹褙子，晒干揭下来，俗称"褙子"。按预先备好的鞋样，将褙子剪出合适的鞋底和鞋帮。鞋帮用一层褙子，鞋底需用三四层褙子，层与层之间还要夹杂破旧碎布块铺垫整齐。鞋帮外面用一层新布裹严实，常用黑色或红色条绒覆面，里面用整块布做里子。鞋底铺垫好，用砖石压得平整，再在外面裹一层白布，随之用粗棉线"纳鞋底"。由于鞋底厚，纳鞋穿线时一般先用锥子扎一针眼，再用大针，俗称"老婆针"，将棉线引过，有时还用手钳，夹住针身，牵引针线。纳鞋底很费力，须一针一针将棉线抽紧，鞋底如此才能纳的结实。最后将鞋底和鞋帮缝合，也用粗棉线和锥子，沿着鞋底和鞋帮周边，一针一线，密密缝制。现在生活方式发生了很大改变，人们多买鞋穿，很少有人再抹褙子做鞋。其实，从过去人做鞋的过程，便可见出当时人生活的简朴与不易。

第四章

社会组织习俗

社会组织是为特定目标而建立的一种社会单元，如军队、学校，而民俗中的"社会组织"① 是在社会行政体系之外，它是有稳定互动关系的共同体，如家族、行会、庙会组织等。它虽然不是标准的社会组织，但有一定的组织化水平，能独立开展活动，有约定俗成的沿袭方式。如陶立璠认为，"民间社团或民间组织主要指人们由于信仰、特长、兴趣、爱好和某种需要而结合的群体"。②

蒲城传统的社会组织有家族组织、村落组织及各种行会、社团组织等，它们有一定活动目标、组织关系、组织成员、活动方式及相应的活动设施，在历史发展中形成相通但不完全相同的组织生活习俗。

第一节 家族组织习俗

费孝通认为，在中国社会的"差序结构"中，家和家族处于核心位置。③ 家是以婚姻和血缘关系组成的社会单位，它是经济的、社会的、日常的生活单元。家族是家的自然延伸，由若干不同行辈的家组成，是聚居性的、由明确世系组织起来，祭祀共同祖先的家的团体。旧时家族世系由

---

① 从组织功能看，社会组织习俗须具备四个要素，一是组织目标，如建宗族是敬宗收族，设庙会是敬神娱神。二是组织成员，如成员须通过一定方式获得组织赋予的身份，习得该组织的文化。三是组织整合，如通过组织权威人物、组织认同、奖惩规范等，对组织进行改造维持等。四是组织活动条件。如组织活动的场所、设施、资金等。另外，每一社会组织习俗还有相应的活动程序，如确立组织的习俗、组织活动的程序习俗、接纳组织成员的习俗、组织减员的习俗以及改变组织的习俗等，它们构成社会组织习俗的过程。高丙中：《中国民俗概论》，北京大学出版社2009年版，第139—141页。

② 陶立璠：《民俗学概论》，中央民族学院出版社1987年版。

③ 费孝通：《乡土中国》，生活·读书·新知三联书店1985年版，第21、36页。

族谱确认，家族事务由族长主持，族长和房支代表操持家族管理权，遇到重大问题，多是聚族讨论。家族超过五代是同宗，即宗族。宗族是多个地域上不同家族按谱系确认一个共同始祖的血缘组织，祖庙、祖坟和宗谱是维系宗族的重要纽带。事实上，宗族是不同房支在不同地区繁衍的大家族，距离的差异常使各分支间关系疏远，宗族活动多由族众参加转为互派代表参加。其关系淡化的极端是家族间只有同姓关系及对久远血缘关系的认同，而无任何实际组织活动。

蒲城的家按世代可分夫妇一代家庭、双亲子女两代家庭、顺沿有三代之家，四世之家也有，很少见五世同家。其组织多是父系家长制，女主内，男主外，子女跟父母一起生活，成家立业后便逐一与父母分家生活。若是独生子女，多跟父母一起生活。旧时家族间关系密切，相互间称作"本家"，来往频繁，但随时代发展，社会关系复杂，家族间关系有淡化趋势，除春节团拜、清明扫墓、红白事等聚集之外，已没有其他家族事务。旧时不同地域的同一宗族还有来往，现在已经消失。两代之家的生产生活模式已成时代主流。

一　家族、亲族称谓①

曹占全先生认为，家庭有传统家庭和现代家庭②的区分，现代家庭是传统家庭的自然延伸和变革，它既有过去家族的传统印痕，也有现代家庭的时代因素，在家族、亲族称谓上，便可见出当地家庭、家族内部的结构关系。

家族称谓以父系血亲为主，由此延展成一个社会关系网，传统中的"九族""五服"制③也多渗透在各种称谓中，不同称谓区分了彼此血缘

---

① 陶立璠先生在《民俗学概论》中认为，"在以血缘关系继承的家庭或家族内部，各成员之间的称谓，含有三层意思：其一是为了区别辈分；其二是为了确定上辈、同辈、晚辈之间的相互关系；其三是向社会呈现本家族的内部结构，便于社会了解和进行社交活动"。蒲城人的亲属称谓是叙述式的，特点是家族和亲族成员间用专有名称称呼。

② 曹占泉在《陕西人口志》中认为，传统型家庭是人口多，夫权思想重，重男轻女，家庭意识保守，封建习俗较浓，接受新事物较慢，家庭陈设较老，消费俭朴，生儿育女的价值观念有传统性，伦理关系较封建。现代家庭的特征是，小、轻、新、美，小是家庭小，人口少，常是三口之家。轻是家庭负担轻，拖累少，工作学习有精神。新是思想解放，易于接受新事物，男女平等，互相尊重，互相帮助，愿意移风易俗，家庭陈设新，现代生活气息浓。美是家庭和睦，生活甜美等。

③ 《礼记·丧服小记》中记载："亲亲，以三为五，以五为九，上杀，下杀，旁杀，而亲毕矣。""亲亲"是上亲父，下亲子，并己为三。"以三为五"是父上亲祖，子下亲孙。"以五为九"是上加曾祖、高祖，下加曾孙、玄孙。"五服"，即斩衰、齐衰、大功、小功和缌麻，本是服丧制度，用五种丧服作为差等标志，体现死者与亲属关系。其服丧范围同一高祖后裔。后在民间，"五服"成为一种血缘组织范围，认为出了"五服"就不再是一个"本家"群体。

关系和在家族网络中的位置。其书面语和口语称谓如下：

子女称父母。书面称双亲、高堂，对外称二老、家父母。去世者，书面称先考妣、先父母。

父亲。书面称父亲、爸，对外称家父；当面称爸、大；去世称先父。

母亲。书面称母亲、妈；对外称家母；当面称妈；去世称先母。

父之父。书面称祖父；当面称爷。父之祖父，书面称曾祖父，当面称老爷。父之曾祖父，书面称高祖父，当面称祖祖（音 zù zù）。

父之母。书面称祖母，当面称奶、婆。父之祖母，书面称曾祖母，当面称姥姥（音 lǎo lǎo）、老婆。父之曾祖母，书面称高祖母，当面称祖祖（音 zù zù）。

父之兄。书面称伯父，当面称大伯（音 béi）。伯父之妻，书面称伯母，当面称大妈。

父之弟。书面称叔父，当面按排行称二爸、三爸或二叔、三叔，二大、三大，以此类推。叔父之妻书面称二娘、三娘或二妈、三妈，以此类推。

兄弟。互称兄弟，书面称胞兄、胞弟，当面称兄为哥、弟为名字，或以排行称大哥、二哥，大弟、二弟等。

夫称妻。书面称贤内、内室；对外称婆娘、老婆、老伴、那口子；当面称娃他妈、娃他娘或直呼其名、小名。

妻称夫。书面称丈夫；对外称男人、老汉、掌柜的、那口子、他爸、他大，或直呼其名。

妻对夫之父。对人称阿公、他爷，当面随夫称呼。妻对夫之母。对人称阿家、他奶、他婆，当面随夫称呼。对夫之兄，对人称他大伯、二伯，当面称哥。对夫之弟，对人称他二叔、他三叔，或他二爸、他三爸，或他二大、他三大，或直呼其名。妻对夫之姊，对人称他姑，当面称姐。妻对夫之妹，对人称他姑，或直呼其名，当面称妹。妻对兄弟之配偶，书面称妯娌，对人称先后（音 xiān hòu），当面称兄之妻为嫂、姐，称弟之妻为妹。

兄对弟之妻。对外称弟媳妇，当面直呼其名。

姐妹相称，按排行称大姐、二姐，大妹、二妹，依此类推。称父之姐妹为姑妈、姑、姑母，或按排行称大姑、二姑，以此类推。称祖父之姐妹为老姑，或按排行称大老姑、二老姑，以此类推。

父亲称子女。幼年称小名；成年称老大、老二，大女、二女；称儿媳为大儿媳、二儿媳；称女儿女婿为大女婿、二女婿，以此类推，或直呼其名。

祖父母称孙辈。对人称孙子、孙女、孙媳妇、孙女婿，或按排行称呼。当面直呼其名。

兄弟的子女。对人称侄子、侄女。已出嫁的姐妹也称兄弟家的子女为侄子、侄女。当面直呼其名。

父之伯父、叔父称为堂大爷、堂二爷，其妻则称堂祖母。堂大爷、堂二爷家的儿子称为堂伯、堂叔，其妻称为婶婶。

叔伯之子称为堂兄弟，叔伯之女称为堂姐妹。

父之继室。对人称继母，当面称妈、姨、婶。母之续配，对人称继父，当面称爹、爸、叔、大等。

同父异母兄弟姐妹，对外称为亲兄弟姐妹，同母异父兄弟姐妹互称隔山兄弟姐妹，相互间等同于亲兄弟姐妹的称呼。

亲族是以母系血亲为主，延展而成的社会网络，它与家族血亲有交集处，表现为男女双方结成夫妻关系，横向扩展了社会关系，纵向传递了新的社会网络。其书面语与口语主要称谓如下：

母之父，书面称外祖父；当面称外爷。母之母，书面称外祖母；当面称外婆、外奶。

母之祖父，书面称外老祖父，当面称老爷；母之祖母，书面称外老祖母，当面称姥姥、老婆。

母之兄弟，书面和当面都称舅舅，或按排序称大舅、二舅；舅之配偶称妗子、舅妈，或按排序称大妗子、大舅妈。

母之姐妹，书面和当面都称姨妈，或按排序称大姨妈、二姨妈。姨之配偶称姨夫，或按排序称大姨夫、二姨夫。

舅之子女，对外称表兄、表弟、表姐、表妹，当面以兄弟姐妹称呼。

姨之子女，与舅之子女称呼相同，外加"姨"字，如姨表兄、姨表姐、姨表弟、姨表妹；两姨之子女互称姨兄弟、姨姐妹。

母之舅，书面和当面都称老舅、老舅之妻称老妗子。

母之姑、姨、姑父、姨夫，书面和当面都称老姑、老姨、老姑父、老姨夫。

女儿的子女，对外称外孙、外孙女。儿子的子女，对外称家孙、家孙女。

姐妹之子女，对外称外甥、外甥女。

妻之父，书面称岳父，对人称丈人，当面称爸、大。妻之母，书面称岳母，对人称丈母，当面称妈。

妻之兄弟，书面称内弟。妻之兄，对人称大舅子。妻之弟，对人称小舅子，当面和妻的称呼一样。内兄、内弟配偶，对人称大舅子媳妇、小舅子媳妇，当面称嫂或弟媳姓名。

妻之姐妹，对人称大姨子或小姨子，当面称姐或妹。妻子姐妹的配偶互称挑担、连襟，当面称哥或弟。

妻之兄弟姐妹的子女，对外称内侄、内侄女，当面直呼其名。

妻之姐妹的丈夫，对外称姐夫、妹夫，当面称哥、弟。

女之配偶，对外称女婿、姑爷，或以排行称大女婿、二女婿，或以某女之名加女婿二字，或直呼其名。

儿女配偶的父母，称亲家，或以年龄大小称兄嫂、弟妹。

除家族、亲族称谓之外，当地还有干亲和师亲称谓。干亲是一种非血缘关系，称呼多在爹、妈、大、爸、哥、弟、姐、妹前面加一"干"字即可。师亲是老师和学生间构成的一种关系，等同于干亲。有"一日为师，终身为父"的说法。学生称老师为恩师、先生，称师之妻为师母、师娘。老师称学生为弟子、学生。同学之间称同窗、师兄（弟）、师姐（妹）。社会上其他称呼，是家族、亲族关系的补充，其间相互交织，构成一个有秩序、有等级的社会关系组织。

二　家的习俗

家长。家长是家庭事务的决策者，俗称"当家的""掌柜的"，有"家有千口，主事一人"的说法。旧时家长由长房长支壮年男子担任，对内维持家庭正常秩序，对外代表家庭处理全权事务，有很高权威性，对不服管教的家中成员可训斥、罚跪，甚至动用家法。虽然如此，但"家有十五口，七嘴八舌头，你要吃猪肉，我要喝烧酒"的说法也普遍流行，认为家中人口多，兄弟妯娌间容易产生矛盾，家长处理家务也有很多难处。随时代进步，家族的家长制已经消失，而现代民主家庭、小型家庭的夫妻都是家长，与事相互商量，解决家庭内外问题。

分家。旧时家中兄弟多，在结婚后便可提出分家，俗称"立门户"。

认为分家是家中大事，或是由父母主持，邀请村中长者和娘舅参加。或是父母去世，遵照父母遗嘱分家，邀请村中德高望重的人见证。分家讲究公道，过去只分给儿子，不分给女儿。分家多会写分单，一式数份，每人各执一份，有中间人、执笔人、主持人、立约人签字画押。分单写好后，一家人聚餐，酬谢分家时邀请的中间人和娘舅。改革开放后，多是娶一个儿媳分一次家，分家比较简单，与父母沟通后，便可分灶独立生活。现在即便是独生子女，婚后也多与父母分开过日子。

财产继承。过去大户人家多将长子长孙作为财产主要继承人，而一般人家多将幼子作为财产主要继承人。有长子、次子等分家后，将财产留给赡养老人的幼子。也有老人与儿子均分财产，将老人的一份财产留给赡养自己的儿子。由几个儿子共同赡养老人，老人去世后再均分老人遗产。当地人认为，"嫁出去的女儿泼出去的水"，女性出嫁后不再继承娘家父母财产，即使没有出嫁，也只能分口粮和临时需用物品，不能继承娘家的土地、房屋等不动产。现代家庭儿女少，都有继承父母财产的权利。

赡养老人。如果老人身体健康，能下地耕种，就不需要子女负担其生活费用，直到不能独立生活为止。如果老人不能下地干活，还可独自起灶，诸子便按时均摊老人钱粮，或诸子代种老人土地，收割后按一定数量给老人粮食。或是将老人固定在某一儿子家中吃饭，其他儿子根据协定按月或按季度交给粮款。或是老人田地由某一儿子耕种，该儿子负责照顾老人生活饮食，其他儿子按协定给老人赡养费。或是老人诸子协议，分时段到其家生活，或一月，或十日，或半年不等。女儿多为老人做好平时卫生，如衣物洗涤，床前伺候等。

子嗣过继。旧时子嗣过继比较普遍，重视"不孝有三，无后为大"的说法，现在很少有子嗣过继。如果叔伯膝下无子，常选定兄弟中某人儿子过继，或族内近支子侄辈过继，俗称"顶门"。一种是从小将孩子过继，和继父母一起生活，抚养教育。一种是孩子成人后过继，继父母为之完婚。过继子嗣有继承继父母财产的权利，也有赡养继父母的义务。

倒插门。当地将男方入赘女方家的称作"倒插门"，其子女一般随女方姓，支撑门户，有继承财产和赡养老人的权利和义务。

三　家族与宗族①习俗

中国传统家族有九族制，②当地流行"五服"说，认为五服之内是"本家"，五服之外是"宗族"，或称"远份本家"。许多宗族同姓同宗，有的同姓不同支系，当地许多村落便是由一个家族或宗族繁衍而成。从村落名称便可得到明证，如刘家庄、傅家庄、郭庄、吴家等，全村人多是同一姓，他们有共同的远祖，相互间有或远或近的血缘关系。按照过去家族活动内容，其习俗主要表现在族长、族田、族谱、族规和祭祀方面。

族长。旧时家族都有族长，由辈分高的长者或德高望重者担任。家族内婚丧嫁娶、人口增减、分家立户、土地出卖等需要先告知族长，邀请其出面见证、处理。族内矛盾纠纷先请族长调解，调解不成，方可告官。若有其他族人欺侮本族人，族长可动员全族人声援，并全权处理对外事宜。族长负责管理祖祠、族谱、祭祖、族产及族规规定的族内活动，有协调各宗族关系的义务。现在各地已无族长，也不存在族长制，只有过去的族长故事流传。

族田。旧时家（宗）族内土地实行公有制，成丁男子可定时分到一份土地。族内土地多切分为远近、好坏不同地块，合理搭配后分配，多通过抓阄决定田地。男子可分获田地，但女子不分享田地。其所获田地不能出售，即使自己外迁，也享有地权，直至去世，方可将其族田退出。事实上，村中不同家（宗）族，表面上团结，暗地里也有许多矛盾，常因利益争夺而发生内讧，便有了"家不和该穷，户不和该熊"的说法。中华人民共和国成立后，社会结构发生变化，政府按人头划分田地，旧时族田制随之消失，家（宗）族间的关系因此变得相对松散，仅保留近支本家关系。

家谱。旧时为联系不同家族，促进宗族间的相互关系，各族都有家

---

①　中国传统文化绵延有两大根基，一是农耕社会，二是宗法制度。宗族是封建社会稳定发展的基础，家族是宗族的一分子。陕西是周秦汉唐建都之地，长期受封建文化影响，宗族观念根深蒂固。时至今日，虽无特别的宗族、族长等，但宗族、家族观念依然存在于人们生活中。

②　陕西是中华文明的重要发祥地之一，炎黄二帝在陕西有广泛生活历史，周秦汉唐在这里建都，其文化传统流播关中，蒲城深受传统文化浸染，恪守中华文化最基本的伦理秩序。《尚书·尧典》记载："克明俊德，以亲九族。"九族指高祖、曾祖、祖、父、自己、子、孙、曾孙、玄孙。九族制也体现在丧服制中的五服。五服是斩衰、齐衰、大功、小功和缌麻。以此确定九族间血缘关系，以不出五服确定亲族远近。这一文化传统在蒲城各地普遍流行。

谱，俗称"宗谱""族谱"或"先人案子"。有装订成册的，也有汇成图表的。大族多是册谱，小族多是挂谱，流传有"不重谱为慢其先""三世不修谱非孝也"①的说法。家谱多收集本族源流、记事、人物、庄宅、坟茔、世系谱、重要文献、家规家训等，并对家族中杰出人物进行重要记述，其内容是某代某名某字某公之子，生卒年月、葬地、经历；配氏的姓、生卒的时间、葬地，有无慈孝事迹；生子数目，按长幼序列姓名；生女数目，按长幼标识所嫁某姓。族谱多显示家族世系命名及辈分，同族相见，以某字互认辈分，序列大小。家谱在世系表前多有名人序言和世源流。旧时家谱是毛笔抄本，多存于宗祠或由族长收存，并誊清数份，由各支派士绅家收藏。中华人民共和国成立后，因各种运动冲击，家谱多被毁坏，修谱也一度缺失，原有许多家谱也因特殊原因散失。改革开放后，不少人家又重新修谱。近年来，各地多有修谱之风，在内容与形式上都有新变，如女性普遍入家谱，并记述其重要事迹，比旧时族谱内容更充实。

家（族）规。旧时家（族）长有训诫和制约家族成员的权力，一般都制定有共同遵守和实行的规约，俗称"家法"或"家（族）约"。其内容多是忠君爱国、孝敬父母、尊重师长、和睦宗族、重视教养及守本分、尚节俭、笃耕耘、重友谊、谨言行、慎交友、戒赌博、杜奸淫、慎婚嫁等，是人生重要教科书。目的是维护家族秩序、团结、稳定。其中有一部分属于中华民族传统美德，也有一部分属于旧时代糟粕。如规定女子不得进祠堂、赘婿不能入祖坟，手艺传子不传女、寡妇不能再婚嫁等，目的是保证家族血缘的纯净性，财富的不流失。新中国成立后的多次运动，家族衰微，许多族规在新社会变革中逐渐失去效用。现在有人在选取过去优秀传统族约内容的基础上，又补充新内容，如热爱祖国，热爱共产党，热爱社会主义；勤奋学习，积极进取；清白传家，正直为人；勤劳、俭朴；劳动致富，正道发财等。许多人将其作为家中规约，传之后代，既反映了时代发展新精神，也引导了人的现代生活。

祭祀。旧时家（宗）族非常重视祭祀，包括家祭、墓祭，早先还有祠堂祭。当地人逢年过节必集体祭祀祖先，认为读书祭祖，光耀门楣是孝道体现。祭祀时要认真、虔诚，不能马虎，否则便是对祖先不敬。家祭，

---

① 修谱目的是"尊祖宗、联族谊、表德艺、惩不孝、注公业、保丘墓者也"，也有"敬祖收族"的说法。

在家中祭祀，远设族谱，近祖设神主套，神主套内设牌位，高约1尺，状如石碑，上书"某某神主之位"，背书生日忌辰。还有一种称作"神主牌"，前后双层，夹层中书写神主生日忌辰及其他信息，用黑墨写成。① 随时代发展，现在家庭多用照片替代神主牌。墓祭，在墓地坟茔祭祀，祭祀时间集中在清明节，俗称"上坟祭祖"。有老坟与新坟之分，前者为同族人共有，后者是族内各支系坟墓。上坟时，家族中男子备好祭品，先集体到坟地焚香烧纸叩拜祖先，将预备好的佳肴、酒浆集中在老坟前献祭，随后分祭族内支系坟墓。除清明墓祭外，家中有大事也要墓祭，祷告祖先，祈求保佑，有"子孙出在坟里，富贵出在门里"的说法，认为子孙要兴旺，墓祭很重要。祠堂祭，旧时各宗族多修建有祠堂，俗称"老祠堂"。后随子孙繁衍增多，便有了分门分支，出现了分祠祭祖，宗族之内就有了"长门祠堂""二门祠堂"等。其祭祀在祠堂内进行，祭品齐全，仪式隆重。主祭是族长，合族男子按辈分向祖宗叩头，多是感怀祖宗的功德，夸耀后辈的威风。大户人家多有器乐演奏，很热闹。祭祀时所有人要虔诚恭敬，否则就被剥夺祭祀权利，甚至被驱逐而不能再入祠堂。后经多次运动，许多祠堂都已毁坏。近几年也有人修建族内祠堂，作为族人祭祖和聚会地方，但不如过去隆重，凡此也反映了当地人敬神重祖的生活信仰。

"耕读传家久，诗书继世长。"在自然经济时代，耕读传家是普通人最普遍的生存观念。人们讲究家世、家风，代代相沿，形成了尊老爱幼、扶危济困、勤俭持家、和睦乡邻，反对赌博、偷盗、酗酒、嫖娼、斗殴等，希望能营造一个和谐的生长生活环境。清代当地人王鼎曾在家书中教育儿子，"在家务安静读书，立定课程作业，不可稍为怠慢。日用度支，须要十分节省，无益之友，万勿相处"，足见严教后代，力求耕读上进的社会传统。现在虽已没有过去一般的家（宗）族组织，但各地依然流行"严是爱，松是害""惯娃就是害娃"的说法，认为家教要早、要严、要细、要经常、要实用，讲究"大不教，小不会""人前教子，枕上教妻""先教自己，后教别人"等人生经验。

---

① 旧时在书写神主牌位时，常将"主"字上一点空出，多选择吉日，请有功名的人用朱笔点上，俗称"迎神点主"，点"主"后，便要按时祭奠。

四　亲族、家族间交往习俗

亲族是家族的扩展，它由若干家族以血缘关系和婚姻关系联结。如当地"六亲"中的父子、兄弟、姑姨、甥舅、婚媾和姻娅，便包含了亲族、家族间的交错，形成了彼此间的"亲戚"关系，并将生活中不讲情面的人称作"六亲不认"。五服之内有血亲、姻亲，有近亲、远亲的区分。日常生活中有"一辈亲，两辈远，三辈之间来往少"的说法，认为同一祖父下的血亲、姻亲为近亲，同一曾祖父以上及子孙为远亲，近亲来往多，远亲来往少，便形成了亲族、家族间的交往习俗。

祝贺生育。生育是家中大事、喜事，亲戚必前来庆贺。娘舅家人最关心，常备鸡蛋、米面、新生儿被褥、衣服等，会多次探望祝贺。其他亲戚也会携带挂面、鸡蛋、红糖和为孩子做衣服的布料登门祝贺，俗称"看月子"。在满月（实际在20天左右）时，主家都会设宴招待，亲戚多赴宴祝贺，俗称"满月席"。

祝贺婚嫁。亲戚间凡遇婚姻，必前来祝贺。根据远近关系，分送不同礼物，如送衣服、送布、送电器、送喜联、送礼钱、送鸡蛋等，俗称"人情""门户"或"礼当"。礼物多用红布或红纸包裹，贴红"囍"字。钱用红包封口。给出嫁女性送礼称作"添箱子""添嫁妆"，给结婚男子送礼称作"贺礼"。男女双方在结婚日都要设宴酬谢亲朋好友，俗称"吃喜酒"。其间吃的糖叫"喜糖"，抽的烟叫"喜烟"。

慰问疾病。亲戚中有人生病，亲戚都会慰问，也称"看望"。慰问病人时常携带糖果、水果、糕点等，需要周济的，也会解囊相助。对房屋倒塌、家庭遭劫等受到较大灾难的，所有亲戚都会助其渡过难关。

吊唁丧葬。亲戚中有人去世，主人必给所有亲戚报送信息，俗称"报丧"。亲戚下葬前必先吊唁。吊唁时送花圈、挽幛、挽联、香、蜡、纸等，跪拜、上香、恸哭，以示哀悼。主家为亲戚散发孝布、孝帽。殡葬之日，亲戚必参加葬礼，殡葬之后的尽七日、百日、周年日，也参加祭拜。城市多火葬，亲戚有向遗体告别，到殡仪馆参加追悼会的习俗。

祝贺寿辰。亲戚中有老人过寿，近亲常会带寿桃、寿酒、寿幛、手杖等老人用品，前来庆贺，主家必宴请宾客。

节日拜访。亲戚在节日期间会相互拜访，馈赠礼品。多是晚辈携带礼品拜访长辈，如春节拜舅舅、拜姑姨、拜岳丈等。其他如送端午、看忙罢、送中秋等，都有拜访，俗称"送节令"。现在上学、乔迁、买车、开业、远行等，亲戚都会登门，或慰问，或祝贺，多馈赠一定礼物，表示关心。

娘舅亲。认为娘舅关系是最近的亲戚关系①，有"香不过猪肉，亲不过娘舅"的说法。在姨亲、姑亲关系中，有"两姨亲，当辈亲，姨姨一死就断根；姑舅亲，辈辈亲，打断骨头连着筋"的说法，认为姑亲关系比姨亲关系更持久，这大约与父系氏族传统及娘舅关系有关。

平日往来。亲戚平日也经常走动，有"亲戚亲戚，越走越亲"的说法。认为亲戚间如果相互不走动、不来往便会慢慢生分起来，会逐渐没有亲戚的感觉。亲戚间的平日走动，多是互通信息、遇事帮忙等。在亲戚往来中，女儿到娘家走动最多，在婚丧大事中，娘舅家贺礼也最多，这也是亲戚关系远近的一种表现。

第二节 村落组织习俗

蒲城北部靠山，东部有沟，中、西、南部平坦，人口相对集中，村落分布多，有城郊村、平地村、沟底村、高塬村、平台式村等。村落间由各式道路连接，村落内部有水泥巷路和田间小路，道路既连接了村落不同场所，也贯通了村落间人际交往。每个村落②都是一个小型社会，有自己的存在空间和文化历史，形成一套相对稳定的社会组织习俗，如村名、村域、田地、村道、宅基、庭院、墓地及在此空间中的生存、生产、生活，对过去传统文化精神的传承等，以此作为协调村民关系，维护村落利益，发展村落文化的重要基础。

村落称谓。村落称谓既是过去历史的文化凝结，也是社会组织管理的

---

① 女儿出嫁后，娘舅家常在财产继承、老人赡养、家庭待遇等重要事情上为女儿出头，维护其权益。久而久之，媳妇多以娘家兄长为重要代言人。旧时家族社会，都承认娘家特殊地位，确认娘舅在亲戚中的重要性。这或许是母系氏族社会在父系氏族社会中的印痕。在日常生活中，当媳妇在夫家难以忍受时，常用的反抗语言是，"你当我娘家没人了吗？"因此，当地家庭如有重大事情，往往请娘家人出面，兄长在姐妹家中，一直处于说理争气地位，几乎成了主事人。凡与其姐妹相关的事，如分家、赡养老人、丧葬等，都会有娘舅家人指点。平日家中请客吃饭，也会让娘家家人坐上席，以示其地位尊贵。

② 人们认为，现代村落是父系氏族社会遗留的典型产物，其习俗和农耕、手工业操作及家族、宗族、亲族的繁衍关系密切，和婚姻、家族、家庭变化有关。家中子孙繁衍、家户增多，随之延展为村落。

重要抓手，从某种程度上讲，某一村落称谓的连续性变化，便可反映当时社会的发展状况。当地村落称谓多沿袭旧名，其间有村落的撤并和新增，形成了现在村落称谓。有以古代分封地命名的，如贾曲是春秋时贾大夫封地，其名字沿用至现在。有以村落地理形状命名的，如楼子塬，其地貌形如一火炉。有以先祖最先入住命名的，如孙家庄，以孙姓首居此地而得名。有以地方景物特征命名的，如温汤，因地靠洛河有许多温泉可洗浴得名。有以地方历史传说命名的，如铃铒、避难堡，都与春秋晋国重耳逃难有关等。在实际考察中，绝大部分村落都有自己的历史和命名的依据，每个有称谓的村落，都有自己特殊的村落史。

户族聚居。户族聚居是当地各村落组织结构的主要形式。据文献记述，早先固定的村落组织建立在古代"分封制"基础上，贵族宗亲在聚居地营建城郭居室，地位低下的奴隶或庶人被安排到周边乡野居住，分给一定农具和牲畜，进行生产生活。后来出现"井田制"，但这种户族聚居而成的生产生活方式没有大变化，并由此延展为各种各样的村落。随历史发展，宗族、亲族又不断繁衍户族，分出更多家户，他们会依地形列居，构建新房舍，形成与前人相似的生产生活模式。许多村落习俗多是同族、同宗聚居生产生活方式的沿袭和传承。即便姓氏较多的村落，多数都以同姓宗亲为基础，再有移民迁入，新迁入的人多入乡随俗，一般不会改变村落整体习俗。现在看到的村落，多是不同家族组织的历史延伸。

乡土根脉。土地是村落的载体，是将村民有效组织在一起的重要条件，也是乡土文化形成的重要基础。各村都有一定范围土地，地貌地形各不相同，村与村的土地犬牙交错，村民多在本村土地上生产、生活，最先接受本村各种文化熏陶，形成其基本生活常识。村落的自然环境、社会环境、文化环境构建了村民最基本的生活观念和行为方式。每位在籍村民都有分享和使用村落土地的权利，也有维护和创造村落文化的义务。目前各村土地大致可分为田地、庄基地及公共用地。私家田地是集体划分，根据村中田地多少、质量，按人口合理分配。户与户间的田地用畦梁隔开，地头埋有界石或灰桩。旧时还各执一份契约文卷，方便子孙后代凭证处理纠纷，现在已没有这类契约文卷。田地上种植物由田主决定，其收获物归个人所有，外人不分享。田地是村民生产的主要场所，也是构建其生产观念最重要的地方，有"七十二行，庄稼为王"的说法，农业耕种是庄稼人立身之本，也是形成其生活观念的基础。人们日出而作，日落而息，春耕秋收，年复一年，日复一日，形成其"故土难迁""因循守旧"的生产观念。田地劳作多以家庭劳动为主，在劳力不足时，可出钱雇人帮助。现在，机械化生产方式普遍流行，田地经营方式出现新变，个体劳动、合作劳动、集体劳动等生产方式相互交织，人们的生产生活观念也随之改变，以适应时代变化需要，但其旧时形成的乡土情结依然根深蒂固。

村落宅（户）基。宅基及其上面的建筑物是村落重要组成部分，是村民日常生活的重要空间，也是创造各式生活氛围的重要场地。各村宅基布局多依地形修建，以村落中心道路为骨架，两边依次延展，各家房基相互连接，逐次排列，邻居间用界墙隔开。如果村落一排宅基已满，则另开一条巷道，逐户排列，如此形成一条巷、二条巷等村落形状，体现了村落追求合理整齐的布局理念。各户都在宅基地上建筑，形成结构相似的庭院结构。宅基地有宅基证，书有长、宽，面积，四邻情况等基本信息。宅基地上房产、牲畜、农具、家禽等资产全部归主家所有，子孙可以全权继承。如此，宅基地便是承载一家（族）人情感和精神的地方，也是创造家庭生活的载体，一般不随便外卖，如果外卖，便被称作"败家子"。旧时许多村落布局不是很理想，容易给后来生活带来不便，现在村落多科学规划，常根据地形地貌规划村落宅基，形成交通便捷、生活方便、形式美观的村落布局，也有利于构建平等公正，互尊互让的睦邻关系。

村落墓地。① 村中人去世埋葬的地方，各村都有专用坟地，俗称"公坟"，许多村落也有家族私家坟地。村落墓地只安葬本村人，不埋葬外村人，本村人去世也不外葬。如是家族坟地，只安葬本族人，不埋葬外族人。家族坟地，讲究从上向下排列，依次类推，同辈间东边为上，西边为下，子孙辈葬在父母脚下，以坟标记，将家族去世成员遗体安葬在一起，重视亲人"团圆"。出嫁女性去世随丈夫埋葬，不能埋葬到娘家坟地。夫妻两人多埋葬在同一坟墓，讲究同墓不同穴，也有夫妻分开埋葬的，但比较少。坟墓周围栽植柏树，坟头栽种迎春花，每年清明节祭祀并修缮，平时不能随便迁动墓地里的土。家中有婚丧大事，都要到坟前祭祀。迁坟很谨慎，也很隆重，体现了孝、敬、畏的生活观念。当地土葬为主，村中人

---

① 根据陕西半坡遗址丧葬点考证，丧者都安葬在聚落区内，婴幼儿还要葬在灶旁陶器内。后来杜绝了宅内安葬习俗。埋葬死者的地方叫坟墓。坟指地面上的土堆。墓指埋葬的地室。殷周时期有墓无坟。《礼记·檀弓上》记载："古也墓而不坟。"坟墓大约产生于春秋战国时代，后因土堆多，又建陵园，坟墓随之移至村落外旷野之地。

在外工作火葬，以后也多在恰当时间归葬故里，讲究"叶落归根""骨骸归故土"。

村落公共设施。所有村落都修建有公共文化设施，如井、路、桥、场、渠、学校等，旧时还有宗祠、庙宇等。井，每村必备，旧时多是村民集资打井，修建井房及配套设备，各家自备水桶打水，讲究"吃水不忘挖井人"，要饮水思源。当地路多桥少，有大路、村道、田间小路等，相信"条条大路通罗马"，人生只要努力，总有一条适合自己的路。路边多栽种树木，讲究"前人栽树，后人乘凉"。旧时有富户积德行善，多修路补桥，植树造林，遗爱后代。过去村中若无人出资修路，便多从各户筹募，村中统一修筑，讲究为子孙后代修长路。现在更多由政府统一规划，拨款修建，村民出资很少，修的路平整宽阔，路边统一栽种林木，绿化环境，造福百姓。过去有专门护路员，负责修补路面，维护路边林木，重视村落生态环境。现在部分村中也有义务维护路面平整的人，但路边很少有成林树木。村中还有村委会办公场所、群众活动场所，是村民办事和日常集体活动的地方，其场所多树立广告牌，内容多是党和国家政策，讲究爱护公物，文明使用。过去各村都有学校，是村中文化氛围最浓的地方，也最受人重视，讲究尊师重教，相信"十年树木，百年树人"的古训。现在多数学校都已撤并，村中文化减色不少。其他如宗祠、庙宇等都已消失。

村落管理。[①] 过去村落是户族聚居，以封建宗法制为核心，实行等级制管理。族长由大户推举，有正副多人，主持各村事务，进行生产生活管理。族长下按房室再设房长，分管其他事务。房长多是每户长辈老人，常参与族中大事讨论，有"凡事要好，须问三老"的说法，认为长辈生活经验丰富，能准确评判生活事务，指导日常生产生活。

---

① 考古认为，古代先民形成的人群聚落点，随氏族成员增多，其狩猎、游牧地盘扩大，便形成村落群居点。进入父系氏族社会，原始公共劳动，共同占有土地的制度日渐瓦解，代之为私有财产制。在古代中国，经夏、商、周三代，"井田制"得到发展。一块方田约百亩（合今30亩），称作一田，十田（或九田）为一井，合千亩左右。井田分公田与私田，公田是奴隶主贵族直接掌握的土地，私田是分给生产者的份地。在井田生产的人称为"庶人""庶民"。他们有自己的家室及工具、家畜等。城市以外的田野称为"鄙"或"野"，从事生产的人是奴隶或庶人，他们世代居住在固定区域，不许随便迁徙和改业。随封建社会发展，地主阶级取代奴隶主贵族，村落组织有了新变，村落组织管理便以农耕文化和宗法制度为基础发展起来。这种组织管理方式一直绵延到近代，在当前许多落后地方还有影响。

在生产组织上，父子、兄弟、夫妻间有尊卑关系，相互间遵守一定规范，强调男主外，女主内，分工配合，维持家庭生产生活稳定。中华人民共和国成立后，各村先后出现了生产互助组、初级合作社、高级合作社、家庭联产承包责任制等农业生产方式。旧时各村多有村规乡约，是村落人员日常生活管理的重要依据。中华人民共和国成立后，其乡规民约被认为是封建陋习而废弃。改革开放后，农村社会结构发生重大变化，许多村落便将国家政策和优秀传统文化作为村规民约重要内容，刻石宣传，如计划生育、脱贫致富、文明卫生、植树护林、维护交通、尊老爱幼、家庭和睦、科技兴农、科教兴国等，显示了村落管理的时代特征。从目前看，村、组是国家基层组织管理单位，2018年12月修改的《村民委员会组织法》是村民自治与依法管理的基本依据，村民通过选举，产生若干村干部，组成村委会，组织各种行政事务，落实国家政策法规，定期召开村民大会，协调解决村中矛盾。

村落信仰。过去人多认为日月星辰，风雷雨电，山川大河等都有神灵。各村有自己的保护神，如土地神，各家也有自己的神，如灶神、祖先等。旧时有祭祀神庙的执事头目，专门负责神庙房产、捐助、田地谷物的收支，适时祭祀，祈求风调雨顺，五谷丰登，相信各种地方神可保本土平安。现在对诸神信仰已淡化，各种娱神活动已转为一种娱乐游戏。虽然如此，但当地人信仰祖先，重视孝道，讲究不忘根本。过去聚族而居的村落，多在村中十字路口或公众过往地方修建祠堂，有专门管理祠堂的堂主。祠堂悬挂祖先世代图像、家谱、续家谱、族田数字、族规、族中名人、祖坟方位穴位等。逢年过节或遇重大节日、族中大事都会聚在祠堂议事。若不遵守习俗，便被列入"背叛列祖列宗"行列，是为"不肖子孙"，从而遭到族人谴责。除宗祠外，宗族分支也设祠堂，供奉自己直系祖先家谱、牌位等，适时敬祭，它体现了中国传统文化中"正宗""正统"与"不乱宗"精神。后因各种运动冲击，祠堂、宗庙、土地神庙都已废弃，与之相应的组织随之消失。近几年也有人集资，修建家族祠堂，供族人祭祀和聚会。

村落禁忌。各村落都有诸多文化禁忌。如邻居间地基忌以高压低，防雨水淹邻造成危险。邻居间界墙要高过屋檐，防偷盗及男女、妯娌间私情，有"邻居要好须打高墙，亲戚要好银钱少交往"的说法。邻居间忌翻墙入户，忌隔墙借物、还物，忌隔墙偷听。忌家内妯娌间拉扯是非，忌家丑外扬。忌邻居间厕所相接或毗邻。忌盖房时梁头伸过邻居半墙之界，认为这样会将灾祸延至邻家。忌邻居间用高屋脊欺邻，给邻居造成安全威胁。① 忌将出地基后的砖层修筑为4层或6层，认为"四六不顺"，多做成7层、9层、11层等。忌在秋季淋雨和冬季冻土时段盖房。建筑动工要选"黄道吉日"，忌农历初五、十五、二十五日动土、出门。认为门房以左边为上，门须安在左边。忌大门与庭院二门正对，要相互岔开，若正对则需修筑"照壁"，防外人窥视。忌牲畜圈一次出净，要留下角落便于"太岁安身"。忌五代之内宗亲男女婚配，包括外嫁女子形成的亲族，俗称"骨血倒流"。忌庭院栽植桑树、柳树和杨树等。凡此禁忌都与村落、村民的安全有关，希望村落及村民有一个和谐、健康的生存环境。

村落是村民生产生活的重要环境，从某种意义上讲，村落成员从生到死，都与村落有千丝万缕的关系，村落传统、村落组织、村落习俗，它们相互交织，创造了一个人进入社会生活的重要方式，也构建了一个人日常生活最基本的观念。

第三节 村落伦理习俗

蒲城人讲究为人处世要合情合理，重视生活中的伦理事实，强调相互间的权利和义务，重视父慈子孝、家庭和睦、邻里互助、亲戚互动等。即便村落成员生活在熟人社会中，但也遵循约定俗成的生活规则，否则就容易被其他人抛弃，认为是"不合群"。村落伦理习俗多集中在父母、子女、兄弟、姊妹、亲戚及乡邻、朋友的生活关系中。

父母与子女。村落人伦关系中最亲密的一种。认为父母要爱子女，有抚养和教育子女的权利和义务，必须管理好子女小时候的吃穿住用，教给子女基本生活常识和生存技能，保障子女健康成长。父母教育子女有多种方式，除了一般言语和行为教育，也可训斥、打骂和责罚，多数人相信"棍棒底下出孝子"，都有"望子成龙，望女成凤"的心理愿望，希望自

---

① 这种习俗源于生活安全考虑，避免地基高溢水浸透邻居，造成墙毁物朽；高屋脊也容易对低屋脊造成安全威胁，而平等屋脊可防风暴、防盗窃，增加安全保障。

己孩子比别家的孩子聪明，爱孩子胜过爱自己。教育孩子常用的语言是，"你若是别家的娃，我还懒的说、懒的管，说你都是为你，骂你打你都是为你好哩"。在日常生活中，父母教育子女有简单分工，相信"子不教，父之过；女不教，娘有错"的古训，认为看儿看父，看女看娘，儿女是父母的影子，认为子女不成器是父母最大的过失。子女被认为是"缺家教"时，父母便会被人指脊梁。

除此之外，父母还要帮儿女成家，扶持其走上独立生活，流行"父欠子的妻，子欠父的葬"的说法。在儿女婚姻问题上，所有父母都会尽力想办法，努力为儿子找媳妇，为女儿找婆家，若不关心儿女婚姻，便会被人笑话。认为"男大当婚，女大当嫁"是人之常情，也相信"天要下雨女要嫁人，十人八马留不下"的俗语，儿女到了婚配年龄，父母要积极为其张罗婚姻大事，否则便会被儿女埋怨。当地旧时有顺口溜，写了男子想媳妇的心理："石榴树，扭一扭，想要媳妇难开口。我爹不吭声，我妈她不管，把我急得乱跳弹。"另一首写女子想嫁人的心理："五月里来麦梢黄，人家的女婿看丈母娘。我的心上人儿在哪儿，只怪我妈是铁心肠。"认为儿女婚事是父母头等大事，须适时为其谋划，托人介绍，省得日后招来抱怨，或做出让自己丢脸的事。如当地旧时一首顺口溜说："正月里订婚二月嫁，三月里怀里抱个娃。恨声爹，怨声妈，都怪你留我这么大。"正式订婚前，父母都会多方打听对方家庭情况，了解对方更多信息，目的是为儿女能找到好人家，日后能过好日子。在此时段，父母还要为儿女婚姻准备彩礼，给儿女增添生活用品，让儿女婚后便可享受比较舒适的生活。彩礼约定俗成，但街坊邻居都会议论各家婚嫁彩礼，将彩礼多少作为相互攀比的重要内容，因此，父母都会努力为子女准备更丰厚的彩礼。儿女成家后，父母还适当为其准备独立生活条件，提供必要帮助，如此才算父母完成对子女的任务，日常生活中有"我任务还没完"的说法，其"任务"便包含了子女婚姻。

认为父母对子女的爱都是一样的，有"手心手背都是肉"的说法，父母如果过分偏爱某个儿女，也会被村中其他人笑话。认为子女要敬爱父母，要有感恩的心，小时要做"听话"的孩子，长大要孝敬父母。如果子女不敬爱父母，或做出不合常理的事，也会被周围人议论、谴责，甚至视作"忤逆不孝"。子女平时要多听父母话，主动替父母分忧，护卫父母安全，维护父母名誉，要尽赡养父母的义务，尽量不让父母为其操心。相信"天下没有不是的父母",无论如何,儿女不能骂父母,更不能打父母。父母如有过失地方,子女要设法为其遮掩,尽力维护父母面子。当然,父母也要照顾子女面子,讲究"有手不打三十的儿"。子女成家立业后,便要做好父母的丧葬,除日常生活照顾、赡养外,还要在父母身体不好或年岁已大情况下,提前修筑好墓地、做好棺木及其他丧葬需要。丧葬时要隆礼厚葬,尽量用盛大的葬礼宣扬父母功德,让父母去世后有足够哀荣,成为村中后人羡慕对象。在日后生活中,要尽量发扬父母为人做事的优秀品格,不做违背父母遗训的事。村中如有人做出如偷窃、欺骗、斗殴的事情,常会被人斥责为"羞先人"。

夫与妻。认为夫妻是前世修来的缘分,进了一家门就是一家人,彼此不能过分讲究,否则就是"生分",夫妻间要相互理解,互敬互爱。旧时有指腹为婚的现象,现在已很少见到。"青梅竹马"的夫妻比较少。但"父母之命,媒妁之言"的婚姻比较普遍,娶亲嫁人有"布袋里抓猫"的说法,先结婚,后培养感情。现在思想解放,讲究自由恋爱,多是先恋爱,后结婚,父母尊重儿女选择,男女双方有很大自主权。在结为夫妻前,人们讲究门当户对,人品相称,认为这样会省去夫妻婚后很多不必要的麻烦。过去讲究"夫为妻纲",有"嫁鸡随鸡,嫁狗随狗"的说法,认为男主外,女主内,丈夫是一家之主,有养家糊口的责任,妻子要照顾好丈夫的日常起居和孩子的日常生活,还要孝敬公婆。现在是夫妻平等,共同承担家庭责任,讲究互助互爱,相互忍让,有事多商量,重视"家和万事兴"的古训。认为夫妻如果有矛盾,也会很快和解,如当地顺口溜所说:"天上下雨地上流,两口子打架不记仇。白天打的血长流,晚上睡觉头枕头。"旧时许多夫妻结婚后,都能经营好家庭,重视各自在家庭的角色,相信"少年夫妻老来伴",共同的生活会让许多相貌差异很大的人逐渐长出"夫妻像"。过去村中"打老婆"的现象时有发生,现在已经很少,有"风吹草帽走扇门,麻迷婆娘气死人"的说法,认为有些妇女挨打是因为自己是个"麻迷子"或"木人"。① 也有男子在外面受气,回家打老婆出气,这样的人会被人视作"没本事",只会"欺负老婆打娃",当地人相信"好狗不咬鸡,好汉不打妻"。相反,夫妻间"怕老婆"的现象比较多,人们将其称作"气(妻)管炎",多会作为茶余饭后的谈资,

---

① 当地人将不讲理、胡搅蛮缠的人称作"麻迷子",将愚蠢且固执的人称作"木人"。

其实表达的是一种"羡慕"。认为某人怕老婆就是爱老婆,有"百人中百货,他爷爱他婆"的说法。人们也会将生活中那些"厉害"的妇女称为"母老虎",她们会让丈夫在外面抬不起头,如此也常招惹别人的闲话和谴责。并不是所有婚姻都会圆满,也有中途离婚的。旧时讲究"休书"一封,便可将妻子送回娘家,男子有绝对主动权。当地人认为离婚是一件丢人的事,为儿女脸面,如果能维持的,都不会走离婚的路。而现在外面诱惑比较多,人心容易浮躁,离婚比过去多,有男方抛弃女方的,也有女方抛弃男方的,双方都有提出离婚的权利,这也是现代婚姻自由的一种表现,但多数夫妻都不愿走到离婚一步,希望有一个圆满完整的家。

公婆与媳妇。认为婆媳矛盾是家庭生活中从来就很难破解的问题,从过去到现在一直存在,所有家庭都有婆媳矛盾,只是程度不同。旧时多是公婆指教媳妇,媳妇多有被"虐待"的遭遇。如当地旧时一首顺口溜,"吃娘奶,尿娘床,长大伺候人家娘。人家吃面我喝汤,人家吃肉我吃糠。顿顿鞭子挨到我身上,句句骂的我亲娘",便反映了媳妇的家庭地位。现在社会出现了反差,多是媳妇对公婆"不恭"。如当地 20 世纪 90 年代一首顺口溜,"拜天哩、拜地哩,儿子给媳妇过继哩",便反映了父母给儿娶媳妇后的复杂心态。又如"麻鸦雀,尾巴长,娶下媳妇忘了娘。把娘背到河岸上,一掀一个咕噜当",① 反映了父母给儿子娶媳妇后的心理。"媳妇就像唱旦的,婆婆就像要饭的。儿子就像公干的,老子就像卖炭的",也是反映父母和儿媳矛盾的。改革开放后,多数家庭是娶一房媳妇分一次家,减少了不必要的婆媳矛盾,但又出现了新问题,如"媳妇娶完了,锅灶盘严了,糁子熬粘了,孙子围满了。看起来亲着哩,其实分着哩。和你不说话,临走给你塞个娃",说的就是婆媳间的生活情状。国家实行计划生育政策后,许多家庭是一两个孩子,婆媳矛盾比过去少了很多。现在婆媳间重视平等,多数父母都想得开,子女婚后便分开过,各自过日子,有时间便帮子女带孩子,常把子女需要放在最重要位置。认为自己挣下钱财又不带走,最终都要留给子孙,也不挣究太多。婆媳间的生活观念随时代发展已有很大变化,但都能相互理解,相互尊重,努力减少家庭生活矛盾,而追求和谐幸福的生活关系。

兄弟姊妹。认为兄弟姊妹间有骨肉之情,有一种天然的亲近,即便平

---

① "咕噜当",是地方方言,形容物体滚翻掉落下去的声音和情状。

时生活发生各种矛盾,但在外人欺负自家兄弟姊妹时,都有自然的团结心,有"胳膊肘总向里拐"的说法,不会轻易让别人指责自家兄弟姊妹的不是。旧时兄弟姊妹比较多,讲究大让小、大帮小、大管小,大的要给小的做表率,而小的也要听大的话,尊重大的。长大后,彼此间有团结协作,互帮互助的义务,有"若要好,大让小"的说法,多是大的包容小的,大的谦让小的。兄弟姊妹间的走动要比一般人家多得多,兄弟姊妹间有矛盾,也尽量不让外人看笑话,相信"家丑不可外扬"。如果父母健在,兄弟姊妹间就是一家人,常在逢年过节到父母居住处团圆,如果父母去世,相互间就是最亲的自家人,如果某家有事,都会相互告知,相互帮忙,有"打虎亲兄弟,战场父子兵"的说法。村中也有兄弟姊妹关系不和睦的,多是因为分家不公或父母赡养、埋葬时产生的矛盾,但随时代发展,多数人家都能较好处理家庭内部的各种问题。

族人和亲戚。族人也称"本家",是按血缘关系结成,有远近之分。典型的本家是同祖父、同曾祖父,依此类推,血缘关系越近,本家关系越近,相反就会越远。本家间是相互信任、相互关怀,有相互帮助和保护的义务,过去和现在都一样,只是程度有差别。在实际生活中,遇事时,总是本家向本家,特别在与乡邻发生矛盾时,更是一致对外,保护本家利益。本家人重视辈分,在婚丧娶嫁、节日祭祀、酒席列座等事情上,多讲究辈分序列,不管年龄大小,都是长辈在前,晚辈在后,体现了明显的伦理秩序和生活习俗。

亲戚关系。建立在婚姻基础上的母族关系。认为亲戚间有相互帮助的义务。所有亲戚关系中最重要的是女婿和岳丈家,在丧葬、婚嫁、拜年、寿诞等事情上,女儿、女婿都须携带最丰盛礼品,用最隆重方式参加,有"女婿抵半子"的说法,女婿需担负近似亲生儿子一样的生活义务。认为女人最重要的亲戚是娘家,男子最重要的亲戚是外家,有"女凭娘家,男凭外家"的说法。旧时舅舅对外甥有绝对权威,常被请去主持家庭事务的公道,认为男子可以不听父母的话,但必须听从舅舅的话,逢年过节,外甥都必须到舅舅家走动。当地人重视亲戚间的"礼尚往来",认为亲戚间的亲近是平等的,如果有一方表示热情,另一方表示冷淡,便被认为是自己不受重视,也就会减少走动,甚至不走动,有"三年不来往,再亲也不亲"的说法,讲究亲戚间常来常往。还有姑表、姨表亲戚,普遍认为姑姑家有相对直接血缘关系,似乎更亲近些,姨家则相对远点,有

"亲姑姑，假姨姨"的说法。

乡邻与朋友。许多村中的乡邻就是远近不同的本家，多有宗族间的血缘关系，时间推移让乡邻间的宗族关系逐渐淡去而慢慢转换为相邻关系。认为亲戚关系不好可以不再来往，但相邻关系一定要搞好，讲究"有千年的邻家，没有百年的亲戚"。地缘位置让乡邻间的关系比亲戚关系更密切，更重要。邻里间在平常生产生活中有许多交集，相互帮忙更便利，有"远亲不如近邻，近邻不如对门"的说法，人们普遍重视和睦邻里关系。邻里间的关系主要体现为相互协助，或临时借用对方家具，或请对方临时帮忙，凡此都是一种经常的、自然的现象，不会有人计较，大家相信自己保不准什么时间也需要别人帮助。认为亲戚可以得罪，但邻家最好不要得罪。许多朋友多从乡间"伙伴"转换而来，许多人进入社会后还会有其他朋友，但都比不上儿时"发小"。当地人常用"老伙计"形容两人关系密切，相互间会经常开玩笑，但都不会计较。认为朋友往往在自己困难时会比别人更可靠、更卖力，更值得信赖。一般人家也都希望孩子生活能有好朋友，这样成长就不孤单，出门也有照应，相信"在家靠父母，出门靠朋友"的说法。认为朋友间要讲究"忠诚"，相互间要信任，无所隐瞒，凡事多为朋友着想，用行动证明朋友的信义，夸张的说法是，"吃个虱子都要给朋友扯个腿"。认为危难之时，甚至可将妻子和儿女托付给朋友照顾，但"好朋友，清算账"，朋友间要理清经济手续，免得时长而滋生矛盾，有"淡淡长流水，酽酽不到头"的说法，认为朋友间的友谊要细水长流，不要过分亲热，免得中道分手。

可以看出，当地乡村社会重视血缘关系，讲究人伦秩序，虽然有"人生一世，吃穿二字"的说法，但看重人在村落社会关系中位置，有"树活皮，人活脸"的说法。父母、子女、夫妻、婆媳、兄弟姊妹、亲戚、乡邻、朋友等关系，体现了乡村社会最基本的人伦关系，它构建了一个有稳定性、开放性和实践性的社会关系网，而任何一个人都可被纳入这网络中而不会被轻易抛弃，使之成为一个具体的、社会的人。这些人际关系表现了人们对生命文化的重视，关注人生存、生产、生活的和谐，讲究日常生活中人伦道德与社会秩序的相互镶嵌，它们既是过去生活理念的现代传承，也是现代人创造美好生活的重要基础。

第四节 其他社会组织习俗

最早的民间社团都是以血缘关系和地缘关系连接在一起的家族组织及相应的村落组织。如旧时比较普遍的宗族会，便是负责处理家族内部及与外族之间各种事务的民间组织。村落常根据生产生活需要，也会形成各种组织，负责村落日常生产生活管理及其他活动，如社火活动、生产互助、安全保卫等。在此之外，社会分工会产生不同行业，行业为信息沟通方便，也会自发成立各种行业社团组织，如交通运输会、药材协会、瓜果协会、慈善社团等。

各社团组织一般都有自己的行规习俗，以此组织和约束成员。如木工团体信仰鲁班、铁匠团体崇拜李老君、裁缝团体信仰轩辕氏、风水团体崇拜刘伯温、算命团体崇拜袁天罡等。而相面的、算卦的、变戏法的、耍把戏的，忌讳其他人偷看其做生意时的弄虚作假，他们在训斥、训练、打骂徒弟时，忌讳别人多言多语，等等。事实上，更多民间社团人员多根据自己特长、兴趣、爱好自由组织，其内部并无严格组织纪律，也没有特别条例约束，参加人员往往比较复杂、组织相对松散、举办活动则灵活、多样。如此，民间社团有时聚时散的特点，有很大随意性，难以领导，有"宁带千军，不领一会"的说法。

自乐班。各地经久不息的民间组织，也是个人兴趣爱好的自由组织，在闲暇时自备乐器，一起说唱，自娱自乐，其节目丰富多彩，自编自演，很有地方区域特色。自乐班人数不一，常根据需要自由联系，组织在一起。他们或在广场演出，或在某户人家排练，形式不拘一格。组织者常是民间艺人，参加者多是志同道合者，每个人根据自己的时间，自由参加，并无特别规定约束。有些自乐班组织起来，也为当地人的丧事吹拉弹唱，俗称"顾事的""乐人"或"鬼子"。根据主家需要，在丧事中演奏不同乐曲，营造氛围，获取一定报酬。这一民间组织虽然松散，但长盛不衰。

庙会组织。旧时各地庙会比较多，会临时组织人员，负责庙会筹备、人员协调、活动安全等。当庙会活动结束，其团体随之解散。县城北部尧山庙会神社组织，有明确的组织活动规程，由尧山庙周围村庄组成11个神社，每年清明时节，轮流上尧山迎接尧山圣母到本社供奉，次年清明前送回尧山圣母，再由下一社接去，如此周而复始。其间有各种仪式，规模宏大，很是热闹。其神社组织绵延不绝，其活动一直延续到现在。

社火会。一般在逢年过节时临时组建，旧时多在族长安排下进行祭祀表演和自我娱乐。现在多由村委会牵头，选举社火头和人员，组织社火表演，多由大家推荐那些热心集体事情，有号召力，爱热闹的人组成，其人员俗称"敲家伙的"，有明确分工，分别负责节日社火的排练及表演。社火表演所获报酬多用作众人的犒劳品。社火会主要在春节期间组织社火活动，平时也根据村民办事需要，临时组织人员表演锣鼓，营造喜庆氛围。

喜丧会。旧时村中生活条件总体较差，某户要办红白事，都要临时借许多生活用具，为解决这一难题，各村便有了喜丧会。发起时，多向社会募捐，购置碗筷盘碟等，用于村中或外村红白事，收取少许租赁费。积少成多后，便购置更多办事用具，更换和淘汰部分用具。喜丧会用具经济实惠，方便群众，很受欢迎。中华人民共和国成立后，喜丧会进行集体化管理，每年都会用公积金添置一些用品，平时外借并收取租金。生产责任制后，喜丧会财产多折旧卖给本村群众，喜丧会便不复存在。许多经济较好的人家，便相互联合，专门经营红白事的诸多需要，通过租赁，获取报酬。现在多是独立经营，自备用具，或与其他经营租赁者相互配合，租赁收费。

红白理事会。各村每年都有婚丧娶嫁事，需专门人员帮忙经营。旧时各村都有"乡奉（音 xiáng fēng）"，帮助村中人经理红白事，组织人员帮户主办理事务，其组织多是帮忙性质，每家每户都会碰到类似事情，也都需要别人帮忙。常根据不同事情，乡奉对乡邻人员分工，并在事主家醒目位置贴"执事单"，分述各人姓名和任务，帮忙的人常根据执事单安排，自觉履行职责，如主事的、库房的、看客的、接待的、端盘的、提馍的、帮厨的、烧水的、搭棚的等。各村也有相互攀比的，经济好的人家往往大操大办，无形中增加了经济负担，影响了村落风气。为移风易俗，落实政府提倡的婚事新办、丧事简办意见，各村多成立了红白理事会，在帮忙村民过事的同时，也增加了对红白事规模、标准的限定，深受群众欢迎。

老婆会。旧时的民间组织，现在已没有。据说八月二日是城隍婆的生日，城隍爷不愿听女人唠叨，对女人的事多不闻不理。但城隍婆却替女人打抱不平，城隍爷便让城隍婆专管女人的事，便有了老婆会习俗。此日，女人们在给城隍爷敬献新衣服、贡献时令水果后，便会坐在一起唱古经、拉家常，孤寡老人唱老人难，命苦女子骂媒人，偏心老太骂媳妇、夸闺女等，都是家长里短的事，借此诉说一场。现在男女平等，女人地位比以前有了很大提高，很少再说家长里短，更多女性走出家门，组成各种劳动小团体，相互帮助、共同学习，参加更大社会活动。

附录一　蒲城姓氏情况[①]

据蒲城旧志、族谱及碑石记载，蒲城县从周、秦至明、清，较早或较有影响的姓氏主要有：贾、邓、龚、王、张、苏、李、赵、刘、郭、姚、惠、夆、甞、杜、窦、吉、杨、姜、任、韦、朱、蒲、蒋、陈、息、石、米、义、胡、宋、金、元、史、黄、崔、侯、乔、梅、田、秦、吴、吕、方、翟、钮、关、于、董、罗、沈、夏、冯、曹、蔡、袁、骆、武、叠、叱、钤耳、罕井、昨和、比丘、屈男、同、上官、荔非、夫蒙、地连、弥姐、奥屯、夏侯等。有些姓氏有比较明确的缘起记载。

贾姓。蒲城记载最早的姓氏。西周有贾城（今县西贾曲村），贾大夫墓。

李、骆二姓。汉高祖二年（前205），有著名骑士重泉人李必、骆甲。

屈姓。蒲城三合、上王、罕井的屈家，其《族谱》《初祖祠堂碑记》记载，其祖是春秋战国时楚地昭、屈、景三大姓，在汉代迁居蒲城。明代有为官清正、不畏权奸的屈灼。清代有以诗名世的"关西夫子"屈复。

邓姓。据金代《魏太尉邓公祠碑》记载，苻秦建元三年（367），有邓艾祠建于洛滨镇前阿村，其"环祠数十家，皆邓氏"。

苏姓。苏坊的苏姓，原籍扶风，汉代迁入莲勺县崇德乡乐邑里（今苏坊北姚村与崇德村一带）。隋代有持节大将军苏孝慈。

杨姓。原籍华阴。隋炀帝大业年间进士杨纂，因族侄反隋失败，受株连除名，移居蒲城。

张、刘二姓。据保南乡敬母寺村《大元寿昌张氏阡表铭》记载，张氏世居奉先（蒲城），其远祖在唐元和年间受诰封。明初《池阳刘氏老户族谱序》记载："始祖讳宁，字静俺，在唐宪宗驾前为臣……寿满古稀，致士旋归，赐黄金千镒，良马百匹，赐以卤阳湖北荒草地千百余亩，永无

[①]　根据《蒲城县志》整理。

赋税差粮，以作养马之场，水草足备，生息蕃盛。"

王姓。据史记载，蒲城王姓中有北周王辩。上王苇村、罕井武仪村的王姓世居蒲城。"自唐末五季已五世同居，金元光年（1222—1223）间兵乱，举旗奔窜仓卒相失，后有讳毅者，年四十始还故乡，生子曰显政。"另一支迁居原任富王村，每年农历腊月三十，必往苇村祭祖，年深日久，不耐其烦，遂将始祖影轴偷至富王，保存至今。县城《王氏族谱》记载："始祖讳信，字好古，其先太原人，官宜君教谕，因宋南渡，家于蒲之尚义里"，至十八世，有王鼎、王益谦等名人。

武姓。据三合《武氏碑记》记载："武氏一门，历代相传，家世自崇训驸马（招于安乐公主）营修唐陵（睿宗桥陵）有功，特赐养马山一座，因居于此，未曾迁徙他地。"

韦姓。据金代《进义校尉韦公墓表》记载，马湖、西头韦姓，"祖自长安韦曲，后迁居蒲城之东永平，因家焉"。

窦姓。翔村窦姓，原籍扶风，五代时其先祖窦专，任后唐谏议大夫，迁入蒲城。其子为后汉宰相窦贞固，隐帝时将其家乡永安乡封为贤相乡（今翔村马家村一代）。

员（音 yùn）姓。原籍彭城（今徐州市），本姓刘，十世祖刘凝之为北魏大臣。孝文帝喜其坚贞，赐姓员（与伍员相比）。其后代员半千为唐初大臣，晚年于开元二年（714）游尧山时，因爱其地而定居，死后葬尧山南麓。

奥姓。永丰温汤村奥屯。据《金故昭毅大将军邻州新平县令奥屯公神道碑铭》记载："奥屯，其先居上京胡里改路（故治在黑龙江依兰县），金人得国，徙家蒲城。"据《金史·国语解》记载："奥屯，金姓。"其后代改姓为奥。

吴姓。兴镇化木寨吴姓，其祖是浙江浦江县人。元末参加朱元璋义军，明朝建立后，因功封为军户，洪武七年（1374）在化木建立屯寨居住。

赵姓。最早见于后周保定四年（564）圣母寺四面造像碑题名，其后又有迁入者。据《蒲城文献征录·明处士九万赵公墓碣》记载："公讳九万，先世洛阳人，国初靖难兵入燕，再徙章邱（今山东章丘县）。始祖奎，以永乐庚子十八年（1420）中山东乡试，任蒲城学谕。""以蒲土厚民淳，偕弟九畴、九成家焉。"

米姓。蒲城县城和贾曲米姓，自认是米芾后裔，其祖由湖北襄阳迁入甘肃宁州（今宁县），后人米厫任蒲城县训导时，将其家迁来。明、清有书画家米万钟、米汉雯，人称"大米""小米"。

原姓。蒲城县城和县西原姓始于元末。据清代《原子明墓志铭》记载："公姓原，讳承光，字子明，浮阳其号也，先世山右洪洞人，元末徙蒲，官千户。"

常姓。蒲城县东常姓原籍安徽。明初，常遇春带兵入关，其侄常存任亲军侍卫指挥，后因厌倦军伍，辞官寓居蒲城白堂山（龙山）。

任姓。陈庄任姓始于明初。据《任氏始祖墓碑》记载："洪武年间从戎，自金陵（今南京市）迁居蒲邑陈庄寨。"据传，同时落户的还有蒋、刘二姓。

杜姓。钤铒杜姓原籍长安。据明代《故中军都督府都督同知杜公墓碑》记载："公讳清世，为蒲城著姓，相传为唐相如晦之后，自京兆杜曲徙今车渡里居焉。"

岳姓。平路庙伏龙村岳姓，系岳飞后裔。据民国前期上将岳西峰之父墓志铭记载："公讳振兴，字子起，先原籍河南汤阴县，乃宋岳武忠王之裔也，明末避张、李难，始迁蒲城东南伏龙村。"

樊姓。孝通甘池樊家樊姓。据《明大中丞樊公墓表》记载："公讳东谟，字伯明，别号昌南，先为晋巨室，居上党，后有讳良者，始徙甘池。"

梁姓。龙池梁家村梁姓。据《皇清太学生崇轩梁公暨元配蔺孺人合葬墓志铭》记载："公姓梁氏，讳联陞，崇轩其字也。先世自延安肤施县迁居蒲邑之拔楼村。"

叱姓。党睦叱姓源出"后魏献帝定姓叱干氏"。据《姓氏考略》记载："叱，叱干氏所改，陕西蒲城有叱氏。"

换姓。翔村马家换姓，全国唯蒲城一例。本姓宦，后因家庭纠纷，一支改"宦"为"换"。

据马长寿先生在《碑铭所见前秦至隋初的关中部族》中考证，认为蒲城一带的许多古老姓氏多系羌姓，如雷、姚、罝、罕井、昨和、屈男、弥姐、同碲、地连、荔非、夫蒙、钤耳等。唐以后，除雷、姚二姓外，罝演变为党。罕井、昨和、屈男、弥姐演变为井、和、屈、弥。同碲演变为同、周。夫蒙演变为蒙、马。而罕井镇、钤铒乡等地名均与羌姓有关。

附录二　蒲城部分地名起源

三合：驻地三合村。相传韩、赵、范三姓从山东搬迁至此，合居一村得名。

永丰：驻地永丰村。相传远古时，后稷曾在此地"教民稼穑"，传授农耕技术，其地遂成为"五谷丰登"之地，故名永丰。

罕井：驻地罕井村。南宋时粘罕建议出兵陕西，进攻南宋。兵侵关中，扎营于此。饮水缺乏，掘井得水。为纪念粘罕，取名"罕井"。由此得村名。

东党：驻地东党村。相传董、党两姓合居一村，得名东党村。

上王：驻地上王村。原名常王村。相传常、王两姓合居得名。后"常"字谐音转为上王。

西头：驻地西头村。因位于古普镇（今麻街村）西端得名。

东杨：驻地东杨村。以杨姓首居此地，且位于县城东得名。

马湖：驻地马湖村。相传因地处旱原，常患水荒。马姓迁居此地，以山高自有水长的愿望，取名马湖。

蔡邓：驻地蔡邓村。原名嘉德镇。明朝时，因蔡邓将军驻守此地，更名蔡邓。

东陈：驻地东陈村。相传曹村数户迁居此地，时有西陈庄，取名东陈庄。

翔村：驻地翔村。相传该村初修城堡，有鸾鸟翔空落于此，得名翔鸾堡，后简称翔村。

保南：驻地保南村。相传地处唐宗室祭祀泰陵更衣庵处，曾驻兵保护，得名保庵。清初更名保南。

椿林：驻地椿林村。相传该村栽种椿树多而成林得名。

孙镇：驻地孙镇村。初以孙姓首居此地，取名孙家庄。清末有私人店铺和交易市场，民国时为蒲城"八镇"之一。

高阳：驻地高阳村。相传高、杨两姓同居一地得名高杨村。后异姓迁入，为县西北部交易闹市，更名高阳镇。

兴镇：驻地兴镇。原名兴市镇，取兴旺发达意。兴镇历史悠久，造纸业发达，盛产花炮，是西北名镇。

坡头：驻地坡头村。因地处沟西大坡南端顶得名。

荆姚：驻地荆姚镇。初以荆、姚两姓居住此地得名。北宋时名荆姚镇，为县西南重镇。

苏坊：驻地苏坊村。汉武帝时，中郎将苏武出使匈奴被扣留，受困十几年不降。后匈奴与汉和好，送苏武回汉朝，途经此地，投宿一酿酒作坊。后人念其忠贞，取名思武坊。清光绪年间，更名苏坊。

甜水井：驻地甜水井村。因村地邻卤阳湖畔，水咸难饮。唐宪宗元和元年，奉顺宗梓棺下葬时，路经此地，掘井一口，水味甘美可饮，得名甜水井。

原任：驻地原任村。初以地处原上，且系任姓得名。

党睦：驻地党睦镇。相传党、睦两姓居此地，后发展为县南贸易集市得名。

陈庄：原驻地中陈庄，后驻地东陈庄。相传洪武年间，有军户在陈庄东屯田立寨，得名陈庄寨，后更名东陈村。

孝通：驻地孝通镇。相传明末李自成义军过境，在此地休整，义军皆用白布包头，作为标记，故名孝同。后谐音转为孝通。

龙池：驻地龙池村。相传此地旧有蓄水大池，偶有一大龙，降伏池岸，时隔一宵而形影全无，以此神话传说得名。

龙阳：驻地龙阳镇。明洪武年间，军户张、刘、宋、曹等姓在此屯田立寨。因地处伏龙原南，龙池北，故名龙阳寨。

钤铒：驻地钤铒村。相传晋公子重耳逃亡时丢印绶于此。古时称印章为"钤"，故名钤铒。

平路庙：驻地平路庙村。以村内有东平路村和西平路村，两人共修关帝庙而得名；又说唐郭子仪平安史之乱在此扎寨，取名平虏寨，后雅化为平路。

第五章

手工业习俗

俗语有"三百六十行，行行出状元"的说法，流行有"只要一事精，不要百事通"的观念，说的都是手工行业。社会生产需要促使手工行业发展。据记载，手工业内部分工在宋代已划分非常细致。宋代吴自牧在《梦粱录》卷十三"团行"条目中便对当时手工业分工情况进行了详细的记述。[①] 在日常生活中，行业工匠常被称作手艺人，属专业人才，[②] 相信"手艺在手，走遍天下能糊口"的说法。旧时工匠也被称作"吃百家饭的"，在那家做活，便在那家吃喝，工钱另算。认为孩子若能学到一门手艺，日后便能养家糊口，生活也就有所依托。

蒲城曾出现过诸种手工业者，如木匠、泥瓦匠、铁匠、石匠、印染匠、理发匠、席匠、箍匠、小炉匠、裁缝等，他们都能因地制宜，适时生产，创造行业习俗。随时代发展，有些行业自然淘汰，有些则随历史需要而进行自我革新，但其内在的文化精神却绵延不绝。现根据社会生产方式，将其大致分为建筑类、生产生活类和服务类，简述各行业习俗，并结合当地盖房习俗和土布制作，详细记述其生产过程。

第一节 建筑类行业习俗

当地建筑行业主要包括土木瓦石诸行，这些行业多以鲁班为祖师。过

[①] 据吴自牧《梦粱录》卷十三"团行"条记载："其他工役之人，或名为'作分'者，如碾玉作、钻卷作、篦刀作、腰带作、金银打钑作、铺翠作、裱褙作、装銮作、油作、木作、砖瓦作、泥水作、石作、竹作、漆作、钉铰作、箍桶作、裁缝作、修香浇烛作、打纸作、明器等作分。又有异名'行'者，如……钻珠子者名曰徽儿行、作靴鞋者名曰双线行。"

[②] 一般工匠在农业社会中有群体优越感，自己做手艺可不愁饥荒水旱。农村地区的工匠都是"吃百家饭的"，普通农家孩子都愿拜师学艺，求取日后生活手艺。

去有木雕或泥塑鲁班像，每月初一、十五两天焚香献祭。认为五月初七是鲁班生日，行业行会多会集资给鲁班祖师贺寿。当地建筑以土、砖、瓦、木、石为主要原料，形成砖瓦烧制行业，并由泥瓦匠、土工、木工、石匠、铁匠等相互配合完成各种建筑工程。

一　砖瓦制造与泥瓦匠、木匠习俗

砖瓦制造业。旧时各村多有砖瓦窑，主供本村或附近人家建筑需要。砖瓦制作以黄土为原料，有一套制作程序，少量人即可完成。砖的制作，用适量水将黄土搅拌为黄土泥，用砖模制坯。砖模俗称"砖兜子"，呈长方形状，一个砖模可制两三个砖坯。先将黄土泥投入砖模，用木条刮去多余泥巴，压制平整，倒扣在平整土地上晾晒，砖坯就此成形。晾晒到一定程度，再将其批量"装窑"。制瓦比较复杂，一般需要主副两个人，在窑内或房内操作。先将搅拌好的黄土泥搬入窑（房）内制瓦平台一侧，将其筑成1—2尺长短小泥墙。操作平台上有制瓦专用的转轮，转轮上装有可转动的木柱，外面套一块能够支撑泥筒的圆形"内壳"。用绷紧的钢丝或铁丝从小泥墙横面上拉过，即可切下一层薄厚合适的黄泥片。瓦工用双手将这一尺多长的黄泥片平稳托起，将其围绕在旋转的内壳上。随后用脚踩动转轮，用专门的"泥板"拍打内壳外面泥片，令其接茬处紧密结合。转动几周后，将超过瓦筒高度的泥片用刀去掉。随后，副手将瓦筒轻轻提起，放到晾晒瓦筒场地。瓦筒直立，将内壳抽卸下来，瓦筒内设有四个等距离线槽，等瓦筒晾晒半干时，用针状切刀在槽内划出一道口子。瓦筒晒干，再用双手轻拍瓦筒，瓦筒随即散为四个瓦片泥坯。

砖坯、瓦坯晾晒到一定程度便可装入砖瓦窑烧制。旧时砖瓦窑比较简单，多从丈余高土崖向下挖一圆筒形大坑，再用土坯（俗称"胡基"）垒成一穹隆状窑洞。在窑底靠外一侧挖一烧火门即可。装窑有技术要求，特别是砖瓦间的排列，要安全、平稳、透气，否则便会塌窑，或是砖瓦因装的不合理而烧不透。烧窑有很多技术，从下面点火，煤炭火居多，连续烧三昼夜，直至砖瓦烧透，否则便烧出废品。停火后，将窑上烟囱堵死，俗称"炝窑"。随后从窑顶灌适量凉水，俗称"饮窑"。如此烧制的砖瓦便呈青灰色，如烧出砖瓦呈红色或黑色，便被视为次品，变形的砖瓦也是次品。随后等窑内温度降低，便可出窑，从窑洞逐层卸下，拉出窑洞，摆放整齐，便可出售使用。

砖瓦形状有多种。与现在长方形状的通用砖比较，有一种窄而厚的砖，旧称"滚子砖"，主要用于铺地。一种薄而宽的砖，旧称"镖砖（音 piào zhuān）"，主要用于包裹土坯。一种薄而方的砖，呈四方形状，旧称"方砖"，主要用于房顶铺盖，也称"憨子（音 cān zǐ）"。最常见的瓦是半椭圆状的平瓦，用于屋顶防雨。也有带飞檐的花瓦，用于房檐处保护椽头，有装饰效果。还有半圆形的筒瓦、平整有槽型的长方形平瓦，都用于屋顶防雨。早先的砖瓦整体厚重，从当地老屋拆下的旧砖瓦可以看到，砖瓦多没有统一标准，其形状、大小、薄厚、长短、轻重多有差异，说明过去各地砖瓦制作相对自由，多根据需要制作不同类型砖瓦，不如现在烧制科学规范。

传统土窑烧制，效率低，还容易出事。随时代发展，各地旧式砖瓦烧制方法逐渐被淘汰。现在有专门制砖瓦的机器，其烧制技术也提高了很多，许多地方都选择机器制坯，人工轮流装窑、烧窑、出窑，它省人、省力，效率高。砖瓦颜色有红色、青色，形状也有多种，多用于市场营销。近年因环境保护，污染治理，县域内许多砖瓦窑多已关停，或是达到环保要求后再继续生产。

泥瓦匠。俗称"泥水匠"，据说是鲁班二徒弟传下的手艺。[①] 泥瓦匠主要工具有泥桶、挖刀、泥页、水平尺、线锤、尺子、阴角、阳角等。泥桶，旧称"灰兜子"，存放砂灰泥浆。挖刀也称"砖刀"，用于挖砂浆和砌砖。泥页（音 ní yè）也称"泥刮"，用于墙面和地面的裹泥。水平尺，用于测量地面、墙面的平整度。线锤，专门测试墙体端直。尺子，用于丈量建筑物各处尺寸。阴角和阳角，用于平整墙角和各处棱角。早先时候，泥浆多用黄土、短（碎）麦秸和水搅拌均匀，俗称"麦秸泥"，主要用于砌胡基墙。现在多用水泥、沙子和粉石，按一定比例，用水搅拌均匀，主要用于砌砖墙。在建筑过程中，小工用铁锨铲取，投入灰兜，匠人用瓦刀取用。泥浆或砂浆须在一定时间内用完，否则便会干涸凝固而废弃。过去泥瓦工干活时讲究收工后洗手、洗脚、洗脸，在干活过程中或中间吃饭时，一般都不洗手，仅用抹布擦干净即可，否则便是"洗手不干"了，现在已很少如此讲究，可随时洗手吃饭或作其他事情。

[①] 传说有巢氏教民建筑房屋，传下泥瓦匠手艺。泥瓦工自认为是七十二行中的"上行"，因为自己可去皇宫建筑，蹲在皇帝老爷的头上。

木匠。当地木匠都是旱木匠①，有高木匠和低木匠的区别，前者擅长建筑业，如盖房、修屋，后者多从事地面木工，制作各种木制家具和工艺品。人们也将修房建屋、制作粗重农具的叫作"粗木匠"，将制作精细家具并进行雕刻的叫作"细木匠"。如果木匠开店铺，便将专做棺木的称作"寿木店"，专做车辆的称作"车铺"，专做木制家具的称作"家具店"等，以示区别。

木匠通用的工具有斧、锛子、大小锯、锉子、刨子、凿子、锤子、墨斗、角尺等。斧子用来砍伐。锛子用于锲孔。大小锯用于截断各种木头或木板。凿子有大小，其质料比较坚硬，用于凿取不同榫卯。刨子在刨平木板时，常在操作案板上钉制一个木三角卡，俗称"顶角"。②墨斗形状各异，配置有墨汁、蘸笔、墨线，墨线用有韧性的线绳，一端固定在墨斗里，可牵动的一端带有一小钩，称作"班母"，③可卡在打线木器的一端。蘸笔也称"斩木剑"，常是三分三厘宽或三分六厘宽，用于蘸墨划线，蘸笔上有刻度，方便木工随时丈量木器。旧时认为标准的斩木剑要劈出七十二根齿，才能辟邪气。④锉子有细齿锉和粗齿锉，可将锯齿锉磨锋利。锤子有大小，钉制各式钉子，敲打各类木器。木匠对所用工具的装配和使用很讲究。如斧头柄子不能装满榫，寓意自己谦虚。忌讳妇女坐在做工平台上，更不能从工具上跨过，如此会带来晦气。在每年腊月三十日下午，还要将所有工具挪动一下，象征性做点活儿，寓意来年会有好生意。

木匠都自备磨石，随时磨制各种用具。人们认为，如果磨石两头翘起，中间凹下，说明该木匠手艺一般，多会被同行瞧不起，而中间翘起，两边低下，则该木匠手艺高明，多会成为大家羡慕的对象，有"磨石两头低，走遍天下无人欺"的说法。木匠测试徒弟手艺常用方法是做条凳，条凳装腿时都用斜榫，角度很难掌握，如果做好的板凳腿平整划一，便算

---

① 木匠有水木匠和旱木匠的区分，前者从事造船、修船和各种水上木器，后者在陆地上干活，都从事房屋建筑、家具制作、日常生产生活用具制作等。蒲城境内有洛河、白河，但水量小，以前有渡口，多分布在县东洛滨镇、孙镇、永丰镇等洛河沿岸，其船只多木制，现已消失。

② 传说当年鲁班推刨子时，需要妻子在前面压木板，为腾出妻子做其他活，发明了牙子俗称"顶角"。

③ 相传鲁班作木工弹线时，常请母亲帮忙压墨线另一端，时间长了，老人便觉得疲累，他随之发明了可以直接扣在器具上而独立拉线弹线的小钩，俗称"班母"。

④ 因为三分三厘对应天上的三十三天罡星，七十二根齿对应地上七十二地煞，认为这样的"斩木剑"有辟邪功能。

学徒手艺到手，否则，还要继续努力。现在各地都有木匠，多用机器操作，有电刨子、电锯、电锤等，许多传统工具或已革新，或已淘汰，各种木器制作已走向机械化、产业化、合作化生产。

二　盖房习俗

盖房是当地人最重要的建筑活动，它有一套复杂的工序，也有一套繁杂的仪式。当地人盖房选用"上梁下墙"的建筑模式。过去盖房的原材料是木料、砖瓦、水泥。木料根据粗细长短，分别用作梁、檩、柱、椽以及大梁上的小梁柱，小梁柱间的横木等。旧时砌墙用胡基和麦秸泥，部分位置用白灰浆和青砖。砖在砌墙前须用水浸透，俗称"淫砖"，用灰浆黏合，形成蓝白相间的视觉效果。房屋的部分围墙借用黄土墙，其他墙体用胡基和麦秸泥垒成，俗称"胡基墙"。胡基须竖放，再用麦秸泥黏合，中间空隙用碎瓦片填充，最后在墙外裹一层麦秸泥，将胡基黏合成一体，这样做成的墙结实好看。一般人家多会在胡基墙体底部砌几层砖，在土墙外面裹几层缥砖，也称"碱砖（音 jiàn zhuān）"，防地面潮气腐蚀。现在盖房多一砖到顶，只是墙基部分垒的砖有一尺半多宽，逐渐变窄。等垒出地平面，便用"二四墙"到顶，即两砖竖放的宽度。所有墙体按设计逐次砌好，最后将梁木放置其上。现在多是楼板房，很少用木料，主要原料是水泥、沙子、砖，最后将预制板放在垒好的墙体上即可。盖房是家中大事，从日常备料到最后乔迁入住，其间有很多讲究，基本体现了当地房屋建筑习俗。

选地基。盖房前先请风水先生按四时八运、生辰八字选好房屋建筑的地点、方位。认为选址地基要牢固，防止建房后下陷，要尽量高些，方便排水，讲究后有靠山，前有视野。若前面视线被其他建筑物阻挡，建筑时可在门顶位置固定一圆镜，既可开阔视野，据说也可驱邪镇妖。认为房基选在"青龙、白虎、朱雀、玄武"方位中，便是上好的位置。忌讳将房址选在庙宇、道观旧址上，也忌讳在坟地、绝户、败户的地基上造房，忌讳在火烧地上造房，认为此类地面多是绝地，在其上造房，不利于主人日后生活。房屋建筑数量一般选单数，忌双数，忌讳盖四间房。当然，选址建房也结合自然条件，房屋多面向南，或偏向东南或西南，背风保暖，也利于采光。

选日子。一般人盖房多选在冬春之季，雨水少不结冻的农闲时间。先请风水先生看日子，讲究"吉日"开工，避开与户主夫妇生辰八字、属相相冲、相克的时间。还要看"太岁"，如果风水先生测定动土方向是"太岁"所在，还需算出"太岁"出游时间，再行修建，俗称"偷修"，或等来年再建。许多人图省事，直接翻阅老黄历看日子，确定动工日子。也有人按"好事成双"选日子，如农历初四、初八、初十……开工动土，或按"六六大顺"说法，选带"六"字的日子开工。

　　破土。吉日动工时，先要祭祀天地、祖宗和各路神仙等，祭祀时间不是很严格。其仪式多在地基上摆放条桌，放置祭品和祖先牌位，先祭土地、天地，再敬祖先，随之在地基四角放线或撒白灰作标记，俗称"放样"。户主在地基四角各挖掘几下，并燃放鞭炮，象征动土开工。小工随之按放样灰线开挖地基。地基成形后，小工用石杵将回填的土方夯实，泥水匠便用砖石砂浆铺实地基，小工再回填土石，俗称"下地基"。如地基在户主旧居之处开挖，碰见蛇，则要放生，口念"从哪里来，到哪里去"的俗语，认为这是家蛇，不能碰伤，更不能打死，让蛇自己溜走，否则会给户主日后带来灾殃。如动工时碰见刮风下雨而无法动工时，也要在地基上砌一块石头或一层砖，表示该日已动工，良辰并未错过。破土当天，户主多用丰盛酒菜款待泥水匠、木匠和小工，以示开工大吉。

　　砌墙或打墙。一种是砌砖墙或砌胡基墙，一种是打土墙。过去经济紧张时，许多人家都用黄土打墙，俗称"打墙"。土墙先要打牢地基，然后在墙体四角埋好四个粗大立柱，成等腰梯形。两端插放挡土木板，用粗绳捆绑好墙体窄处两边立柱，将长直椽嵌入墙体两边立柱内侧，使墙横截面成梯形兜状，内置适量湿土，四人立于墙基内，用石杵密度夯实。墙体两边各有数人用铁锨间断性向墙上添土，俗称"上土"。墙体两边的椽子随墙体高度增加而上下翻转，人适时用"绞棍"紧缩立柱两边粗绳，保证土墙端直不斜或倾塌。起墙时要一气呵成，中间不休息，直至土墙成形。一堵墙成形后，不能立即去掉立柱两端插板，等墙体土质凝结后，先去掉一端挡板，俗称"提垛子"，紧接着打下一堵墙，如前面打墙一样。起始墙体顶端的插板一直固定，等所有墙体成形后再去掉。这样，不同墙体便可结为一体，它结实、坚硬、耐用。当地人常用"打墙的椽儿上下翻"比喻人生起伏不已。现在已很少有人打土墙，多用水泥砂浆和砖砌墙，砌墙时，不同的砖要花插开来，否则，墙体便不能结为一体，且容易倒掉，每到休息或歇工时，需用砂浆灌注砖墙缝子，增加墙体韧性，直至墙成。

制梁。盖房用的梁木，从取材到成梁都备受重视，有"上梁不正下梁歪，中梁不正塌下来"的说法。人们重视梁木材料的选择，一般选用笔直、坚硬、质料好的木质。认为梁木好坏会影响主家几代人的兴衰。梁木抬回后，先放在木匠的"木马"上加工，对梁木不能说不吉祥语言，不能对梁木吐唾沫，更不能从梁木上跨过。旧时木匠动工前，还会对梁木祝福。梁木成形后，还会在梁木下方画一幅"太极图"，俗称"画梁"，或专做一宽窄合适木板，图画内容，并写上文字（一般是盖房的时间和吉祥语），在吉日上梁时，将其钉制在梁木下方。

上梁。墙砌好后，便将木匠做好的梁架放置在墙头，俗称"上梁"。上梁是盖房最重要，也最关键的步骤，对木工、泥瓦工的技术和经验都有考验，户主也非常重视。上梁时，户主多在梁上贴写有吉祥语的红纸，在房屋的立柱上贴红纸对联，如"开基巧遇黄道日，上梁又逢紫微星"，横批"吉星高照"等吉祥字样。亲朋好友此日都会携带礼品前来祝贺、帮工，以示重视。上梁之前，主家先要祭梁，祈祷上梁平安，日后生活平安幸福。过去上梁有一套完整程序，从栓梁、请梁、发梁、拉梁、搁梁、压梁等，直到大梁安装妥帖，每一步骤都有讲究。

木工先用大绳拴好梁头、梁尾，俗称"栓梁"。在梁上贴写有"上梁大吉"字样的红纸，俗称"除煞"。在户主祭梁祈祷之后，众人随之将梁架抬进"房屋"，俗称"请梁"。泥瓦工和木工登梯上墙，将梁架"担木"送上墙头放置梁架的"墙口"里，俗称"发梁"或"起梁"，寓意鲁班亲送大梁。随后，众人合力，喊号子，将梁架平稳拉上墙头，俗称"拉梁"，也称"吼梁"。众人拉梁时，主家便鸣放鞭炮，并将红绸布用五色线缠绕在梁架上，在梁架中间悬挂圆镜。众人将梁架放置在泥瓦工预先备好的墙口担木上，俗称"搁梁"。泥瓦工调整好梁架担木，将其压紧压实，俗称"压梁"。待梁架安放平稳后，泥瓦工用泥土将裸露在外的梁架头密封，俗称"封梁口"。此时，泥瓦工、木工都须在梁架上来回走动，将梁木踩实，俗称"跑梁"，也称"踩梁"。跑梁是上梁的高潮。过去主家都会在上梁时送匠人一双新鞋，匠人跑梁时，先赞颂主家赠送的新鞋[①]，并对主家进行祝福，然后脚穿新鞋，手拿长尺，在高悬的梁木上来回行走，并念有祝词，寓意与鲁班仙师同行，保佑弟子踩梁平安，所盖房

---

① 旧时盖房的户主都会给木工和泥瓦工各备一双新鞋，以示谢意。

屋结实耐用。木工、泥瓦工还会在梁上抛撒主家自备或亲友馈赠的各式糖果与馒头，馒头上多印有"福禄寿喜"字样，并念诵祝词，俗称"抛梁"，有"上梁抛馒头"的说法，邻居都会捡拾抛撒的糖果和馒头，认为如此便可沾上主家的喜气，也预示房主日后能生活平安、兴旺发达。上梁要选好日子，邀亲戚朋友前来参加，主家当日都会大办宴席，招待匠人和亲友，并给匠人额外红包，对其辛苦进行额外酬赏。

封顶。梁架放好后，随之便在梁架上等距离放置檩条，用木楔子将檩条固定在梁架上。在檩条上部等距离放置木椽，用长钉将木椽固定在檩条上。椽与椽之间的距离为6寸多。一般人家多在椽上铺设苇箔，上面涂抹麦秸泥，晾干后再用麦秸泥将所有瓦片固定摆放平整。苇箔20年左右便会腐烂，屋顶便需重新翻修，换上新苇箔，重新安放瓦片，平时也容易掉土渣，如果碰见长时间的阴雨天，还容易漏雨，耐用性不好。经济好的人家，会在椽上摆放方砖，再涂抹泥浆，晾干后用泥浆将瓦片固定平整即可。这种房屋耐用，房底干净，容易收拾，但它要求梁、檩、椽、柱粗大、结实、端直，否则就难以承重，不能摆放方砖。从建筑材料的使用上，人们便可以看出每家每户的经济差异，也能看出不同人家对生活的讲究程度。

门窗安置。房屋在建筑时，预先留下门窗位置，房屋封顶后，便可安装木工事先准备好的门窗。木工做门窗时先不安、不钉，如果门窗缝都已合实，无须再改，便关闭门窗扇，不再打开，直至吉日安装，象征性将门窗打开。主人通过门口，寓意开财门。随后再修整庭院，按房屋位置，地势高低，铺好水路，扫除建房垃圾，新房即告落成。

乔迁。① 也称"入新庄"，等新房晒干晾透，主家便会将家具物件相继搬入，随后入住。乔迁当天，主家多在门上贴红对联，放鞭炮，并设宴款待前来祝贺的亲朋好友。

除盖房外，当地也箍窑，在桥陵镇、洛滨镇、永丰镇一带有箍窑习俗。与盖房习俗相似，也有选地基、选日子、合拢口（音 hé lóng kōu）、暖窑等习俗。其中，窑的"拢口"在窑面顶部正中，匠人预先在窑顶留一缺口，在合拢口当天，将事先准备好的石头或砖块嵌入其中，新窑即算

---

① "乔迁"一词来自《诗经·伐木》："伐木丁丁，鸟鸣嘤嘤。出自幽谷，迁于乔木。"此句是鸟儿飞离深谷，迁居高大乔木，比喻人们从旧居搬迁到新居。

砌好。人们在拢口处多悬挂五色线或红绸布,认为如此便可辟邪防灾。合拢口和搬迁新居时,都有亲朋好友庆贺,主人都会设宴款待,若是乔迁新居,便会在窑洞略备佳肴,款待来客,俗称"暖窑"。现在很少有人箍窑,能箍窑的匠人也不多。

现在农村或城市已很少再造土木结构的房屋,多用混凝土和预制板修建房屋,但建筑过程中的选地基、开工、封顶、祝贺等习俗还普遍流行,在某种程度上,它大致体现了当地房屋建筑的稳定性、传承性和仪式性,也反映了建筑行业的文化精神和当地人的居住观念。

第二节 生产生活类行业习俗

当地过去的手工业主要围绕日常生产生活展开,是自然经济状况下的手工制作,算不上绝对的手工业,但也需要专门的手艺才能操作。常见的手工业者有铁匠、箆匠、油漆匠、弹棉花的、裁缝、钉秤的、补碗的、拔牙的、剃头的、补铜壶的、补锅的、磨刀的、小炉匠(打制金、银、铜、铁、锡)等。另外,当地土布纺织时间长,人数多,一直延续到现在,已成为蒲城手工产业的品牌,它从一个侧面反映了当地农村妇女的手工生产智慧。

一 一般手工业

当地旧时不乏经营头脑的人,但挣活钱的门路并不多。如有人在收获麦子时,将麦秆上端的长节切下压平,用来编草帽长辫,再将长辫一圈圈缝合,便可制成大沿草帽。这种草帽很轻便,既可遮阳避雨,还可卖钱补贴生活,但能做好的人不多。有人将麦秆上的麦穗切去,用麦秆绑制合适草圈,用作蒸馍用的蒸笼。草圈可以自己用,也可以卖钱,多数人都会做,但质量参差不齐。有人用稻秫咪绑笤帚,小的扫床,大的扫地,也可卖钱,但很少人批量制作。也有人专门制作各种手工艺品买卖,补贴日常生活,凡此大致便可称作不成熟的手工艺。他们多因地取材,在日常生产生活中发挥个人才能,创造积累了当地手工制造业习俗。但也有更为专业的手工业生产,属于纯粹商业性经营,常见有编织、石匠、铁匠、裁缝等,其中都有特制用具,包含一定技艺等,服务社会生活。

编织业。人们将编席的称作"席匠",过去各地多有席匠,现在已经很少见到。席匠用当地芦苇编席，自己用得少，多数在市场上出售，卖席比卖芦苇能高出一倍价钱，算是出售手艺和辛苦。编席时，先将芦苇用厚刀片破成两半，若分开的芦苇太粗，再用刀劈成三条或四条，俗称"苇篾"。随后在苇篾上洒水，湿润后用青石碌碡反复推碾，大半个小时方可将苇篾碾好，将其放置庭院，经过一夜潮气，苇篾便有很大韧性。趁苇篾湿润时，席匠便要赶时间将苇篾用完，否则苇篾稍干便容易折断，给席上留下"席纤"，编成的席看起来不光整，用起来不方便。常用的"炕席"有两种规格，5尺宽，7尺长的称作"七五席"，4尺宽，6尺长的称作"四六席"。炕席家家都用，现在农村用得也很多。席匠也可以用苇篾编囤，和编席一样，在市场上买卖。囤呈圆圈状，立起来围着，用起来整齐透气，可以代替瓮存放粮食。常见有三石（音 dan）囤、五石囤、七石囤、十石囤，甚至更大的，各家情况不一样，需要也不同。囤粮时可以逐层往上套，芦苇有韧性，但也不能套的高，一般两三层即可。编席、编囤时，人要蹲着，将苇篾放在脚下，一排排向前赶，很少停下来，常要在晚上加班加点。编席、编囤都是技术活，要有经验，才能打出质量高的席子和囤。席匠平时在家打席，有时出去帮别人打席。有人要结婚，便会请席匠打席，席匠常会在席上编制各种图案，很漂亮。编箅子。当地人还将芦苇裁剪齐整，用绳子编成蒸馒头用的箅子。箅子下面常用两根棱木条承重，木条两头装短木档，称作"箅档"，可以蒸馒头，也能馏馒头（俗称"托馍"）。箅子的木架要木匠专门制作，或在街道上买回，自己用芦苇秆编制。编箔子，俗称"打箔子"，当地人将较差的芦苇用细麻绳穿起来，便可打制出盖房用的箔子，可以拿到街道上买卖，也可在家出售。打箔子技术含量低，多用两个小木架、一根长橡、麻绳、切刀及芦苇便可完成，一般人都能做。

　　石匠业。县城北部沿西南东北走向有桥山、尧山、卧虎山等，山石质量好，这一带石匠多，常用山上石头制作各种石器，如瓮盖、石槽、石墩、石锁、石杵、石碑等，就地销售，换取粮食和货币。石匠认为鲁班是其祖师。① 在机械化操作之前，石磨、石碾、碌碡、石锤、石槽、拴马桩等，在生活中有重要地位，现在重石器基本派不上用场，专门打制粗制石

---

① 有人认为盘古开天辟地，才有了石头和石匠；有人认为女娲炼出石头，传下了打制石头行业；有人说是鲁班大徒弟，也有人说是鲁班三徒弟，传下石匠手艺。

器的匠人也很少。另有专门搞建筑的石匠，或雕刻铣磨，制作各种建筑模型，或雕刻各类工艺品，这类匠人过去现在都有。这些人都有石刻手艺，能雕刻各种植物、动物、人物等，用作纹饰，出售其石雕品。另有专门开采石料的匠人，多在山上作业，采取石料，供其他石匠选用。石匠的重要习俗多与信仰有关，认为山上有山神，在开山取石前，先焚香点烛，跪拜献祭山神和土地，再用铁锤、钻头在石头上敲打几下，寓意山神受过香火，然后才能动工。而对一些奇峰异石或有名头的山石，石匠都不随意取石，有"石匠不打名崖"的说法，认为此类山石都是自然造化，有灵性，不能敲打毁坏。

五金业。金、银、铜、铁、锡，俗称"五金"，是人们日常生活中使用较多的金属。铁匠俗称"打铁的"，打铁经营的地方称作"铁匠铺"。铁匠信奉李老君，银匠、铜匠、锡匠都以铁匠为师兄弟。过去有流动营业的，用粗笨车子，拉火炉、风箱、砧子和铁锤等工具，在不同村落打制铁器，很辛苦。多数铁匠是门面经营，顾客拿来铁质材料，让铁匠打制需要的器具，如锄头、铁锨、耙子、铁链子、炭锨、铁钉等，随后来取，支付一定费用。也有从铁匠铺购置现成的铁器，比较方便。打铁时常三人搭伴，一人拉风箱、一人抡大锤打铁、一人用小锤引导，将废旧铁块在火炉中融化，在砧子上锤打成所需器物。旧时铁匠行规比较多，如炉子支在大门的左前方，俗称"上首"，寓意对李老君炼丹炉的尊重。打铁时不用口唤人，多是长者拿小锤在砧子尾巴上连敲两下即可。大铁匠执小锤，敲打那里，学徒或小铁匠便用大锤锤打那里。一般铁匠都很珍爱自己的手艺，常在其制品上打上印记，以示区分。铁匠忌讳有人坐砧子，特别忌讳妇女坐在砧子上。铁匠间很讲义气，有"人不亲艺亲，艺不亲锤把子亲"的说法，相互交往都有一定规矩。旧时各村多有铁匠，专门打制各种农家生活用具，现在这一行业已经消失。过去铜器使用也比较普遍，有铜壶、铜盆、铜锣等，其打制与铁匠有相似之处，但技术含量更高些。如铜器中的铜锣打制，便有很复杂的技艺与技巧，有"千锤打锣，一锤定音"的说法。

另有小炉匠，俗称"焊匠"，走村修理、打制、焊接各种五金器具。小炉匠自带修补所需器具，常是小火炉、焊枪、锡块、手钳、小铲、锉具、砂纸等。进村找一合适位置，摆摊设点工作。主要焊制桶底、盆地、锅底、碗底上的小漏洞，用锡焊将其补焊严实，收取材料费和手工费。如铁桶修理，多是换桶底或修桶耳，其操作有一套专用器具，先用小钉锤将修理部位敲打平整，用锉子和砂纸打磨干净，并用"油泥"填充修补处缝子，用小锤打制严实。根据修补部位，收取材料费、手工费。小炉匠平时也加工制作金、银、铜、锡等器具，即以金、银、铜为原材质，利用各种模具，加工制成各种金银小物品，如戒指、耳环、项链、手镯、脚镯、长命锁等，收取加工费。现在多用煤气罐和焊枪，切割或缝合许多金属器件，但很少有人再补锅、补碗、补桶，多是用破之后便更换新的。

裁缝业。旧时各村都有裁缝，认为轩辕氏是其祖师，专门给人缝制衣服、床单、被罩、枕巾等各类生活用品。裁缝多是上门做活，有人娶亲或嫁女，都会请裁缝缝制各式衣服和床上用品。老人的寿衣，小孩的衣服也都需要裁缝专门缝制，比较普遍。现在街道上还可看到裁缝铺子，专门替人修补衣服等，但乡村几乎没有了。裁缝常用工具有量衣服的尺子，俗称"三元尺"，有熨衣服的熨斗，挂丝线的棍子、裁剪衣服的剪刀及大小不同型号的针等，后来出现了缝纫机、锁边机等。如果裁缝到顾客家做衣服，多将桌子摆在左边，将挂丝线的棍子摆在上面，俗称"龙头桌"。现在人买衣服很方便，即便需要缝制衣服或其他物件，也不大讲究，重点是做出高质量的活计。

花炮业。蒲城素有"花炮之乡"的美誉。据说唐代孙思邈在奉先（今蒲城）卤阳湖畔，利用当地出产的硫黄、硝和木炭炼制出早期的火药，形成"一硝二硫三木炭"的火药配方。当地人便以此为业，利用火药和炸药，在原来"爆竹"基础上创造出了"炮仗"，即现在的"鞭炮"。人们便将专门制作花炮的地方称作"花炮坊"。后来，当地人又在纸筒中装入火药，改进工艺和制作方式，制造了早期的"火花"。一千多年以来，县西兴镇、雷坊一带一直生产各式花炮，现已成为当地最具特色的手工产业。

箍匠业。过去有手工箍桶、箍瓮、箍盆的手工艺者。早先用木桶、木盆，如果磨损破旧，有专门的箍匠修理。箍匠常用工具有手锯、斧头、大小刨子、平凿、圆凿、手拉钻、铁锤等。其操作方法是根据需要，将木料制成可使用的材料。如修理木桶，先用斧头劈出所需模样，再将其刨出弧形，在木板两侧各打三四个孔，用木钉铆合，最后将内外磨光，加工底座，从外面箍紧即可。根据木桶损坏程度和所需手工复杂程度，计件收费。另一种箍匠是带一些细长竹篾，走街串巷，专门给有裂纹或破损的瓷盆、瓷瓮套制合适竹篾圈，力图被箍紧的器具能继续使用。一种是用藤条皮专门缠筛子、缠笸篮，与箍匠活路相似，但使用材料不同。当地使用的笸篮多竹制，扁平如锅，大小不一，中间凹下，里面可放零碎物品。筛子竹制，底部有许多小眼，可将粮食中灰土杂碎筛出。当地不生产这两种器具，多从外地运来。如此，缠筛子缠笸篮的多是外地人，他们用有韧性的树皮，将其割成两三分宽的细条，用水浸泡变软，缠在笸篮或筛子沿上，使其变得耐用。当地人也有用粗布缠笸篮和筛子沿的，但不如树皮缠的牢固、结实。现在已经很少有箍匠，人们用破损之后，便更换新的，很少再修补。

造纸业，在县城西南兴镇及贾曲西边的北寨子村、太丰村一带，有大小不同的造纸作坊，主要制造祭祀用的烧纸，形成当地造纸业。认为蔡伦是造纸的祖师。造纸有专门设备，破鞋、破布、烂绳头一类是造纸的重要原料，这些东西多棉花制作，纤维丰富，是造纸的上好材料。但造纸污染很大，特别是造纸排出的污水，气味很难闻。

磨坊业。主要是磨制小麦和玉米，将其磨制成可以食用的面粉或玉米粉。认为雷公是磨坊业祖师，抛洒面粉是伤天害理的事，会受到雷公惩罚，或被雷劈死，或家中着火。旧时有地方修建雷公庙，6月24日是雷公祭日，人们焚香祭祀，请求雷公宽恕人间浪费粮食。过去磨坊用石磨磨制面粉、玉米粉，用畜力或人力牵引，俗称"推碨子（音 tuī weì zǐ）"。其磨制过程有许多工序，如将小麦或玉米收拾干净，取适量放在石磨上，磨制几遍后还要经过箩子筛选，根据需要，分离出磨粉和麸皮。现在用专用磨面机、粉碎机、拉玉米粒机，都专业化磨制，电力带动，可根据需要，磨制不同面粉、玉米粉，速度快，效率高。有人自带小麦、玉米，只在磨坊加工，支付加工费。有人用小麦换取面粉，开磨坊的人常能根据小麦质量准确判断其出面情况，给予适量面粉。另有豆腐制作，也可算作磨坊业。人们将专门加工制作豆腐的地方称作"豆腐坊"，各地都有。旧时豆腐制作，先将浸泡透的适量黄豆放在石磨上，用牲畜牵动石磨，生豆浆便从石磨槽中流出。再用粗布包滤出豆浆，在大锅中烧开，表面一层称作"豆腐皮"，可以叠起来晾干，称作"腐竹"。随后在豆浆中加入卤水（或石膏水），豆浆便转化为"豆腐脑"。再将豆腐脑倒入专门的木制模子，收紧豆腐包，上面用木板铺盖，用石块压实，挤出水分，便成为可以买卖的方块豆腐。人们常用"刀子嘴，豆腐心"形容一个人心地善良，语言犀利。现在豆腐制作已用机械操作,省却了好多人力,生产效率也提高了不少。

榨油业。旧时许多村都曾有过,算是重要副业,专门压榨和出售食油的地方,俗称"油坊"。一般在秋后农闲时开工,春耕农忙前收摊。认为油坊业的祖师是尉迟敬德,除逢年过节祭祀外,冬春开榨前焚香祭祀。当地食油有大油和素油区分,大油俗称"荤油",主要是动物脂肪炼制,遇冷凝固,遇热化开,食用的人比较少。素油比较普遍,多从油菜籽、棉花籽、大豆、芝麻、蓖麻籽中榨取。油坊中有大石磨,比磨面的石磨要重许多,有几丈长的粗大压油杆,用杠杆原理,将植物颗粒中的油压榨出来。随后用火碱炼油,澄清后去除杂质,即可取用。榨油后的植物籽残渣呈饼状,是上好的田地肥料和牲畜饲料。另有芝麻油,也称"香油",先将芝麻炒熟,用小石磨推磨出汁液,放入大盆,再用开水冲泡,用木棒反复搅动,芝麻油便会浮上水面。缓慢摇晃盆子,油与油渣便相互分开,俗称"晃油"。用瓢舀出第一批色泽清亮、没有杂质的香油属上品芝麻油。现在都用机器操作,方便快速,质量也好。

酿酒业。各地普遍流行的手工生产行业。旧时多用粮食酿酒,俗称"淌酒"。认为杜康是酿酒祖师,每年正月开门酿酒时,先在酒坊内焚香祭拜。酒有"大酒""小酒"的区分,前者用高粱作原料,大曲发酵酿制,工艺复杂,多在城镇开坊销售。后者用高粱或大麦作原料,用酒药发酵酿制,工艺简单,在各村流行。经济条件好的,还用杂粮酿制,备全年饮用。酿造的酒有"原干"和"花酒"区分,原干不掺水,花酒掺水,掺入的水称作"浆"或"花",掺入一成水叫一个浆,最多可掺五个浆,否则就达不到酒的标准。过去卖酒时都说明是原干酒还是花酒,花酒要说明添了几个浆,其价位不一。验酒多用火烧,倒一小杯,原干酒可以烧得干净。花酒倒入酒杯摇晃,会立即泛出气泡,俗称"酒花",好酒气泡多,停留时间长,相反则次之。

据地方志书记载,蒲城历史上的桑落酒很有名,但在明代后消失。① 康熙五年编纂旧志中记载,桑落酒在"西乡桑落坊,每至桑落时,以井水酿酒,故名"。又据《水经注》记载:"河东郡(山西省永济县蒲

---

① 南北朝文学家庾信有诗:"蒲城桑落酒,灞岸菊花枝。"宋朝欧阳修《楼头》中有:"桑落蒲城催熟酒,柳衰章陌感凋年。"如果从南北朝算起,桑落酒有1200年历史。

州）民刘白堕，采挹河流，酿成芳酎，熟与桑落之辰，故名。"认为当时在山西经商的蒲城人，将其酿酒方法带回桑落坊（今兴镇西南桑楼村）。当地人以本地井水酿制，在工艺上改进，并添加少许桑葚，酿制出的桑落酒比山西的桑落酒更淳厚芳香。唐代诗人杜牧《清明》写道，"清明时节雨纷纷，路上行人欲断魂。借问酒家何处有，牧童遥指杏花村"，其"酒"即为蒲城桑落酒。与酿酒相通的是酿醋，俗称"做醋的"，其方法比较简单，各村都有，多选用一干净瓦缸，或用柿子，或用高粱、小米等粮食发酵酿制。酿醋的地方称作"醋坊"，人在很远便能闻见醋坊的醋味，令人心向往之，当地人也将妒忌羡慕称作"吃醋了"。

磨刀、磨剪子。他们常骑自行车或电动车，携带简单工具，一条长凳，粗细两块磨刀石，一个装水小桶，一把戗（音 qiāng）刀刃的錾子。磨刀前先看刀钝的程度及部位，俗称看"刀刃线"。如果刀口厚钝，便用錾子铲掉一层，先在粗磨刀石上粗磨，后在细磨刀石上细磨。每磨几下便要看刀刃的薄厚和锋利程度，直至刀刃锋利、刀面光亮。磨刀看似粗活，其实粗中有细，用力有推有收，两者配合好，才能将刀磨好。与磨刀相似，磨剪刀也是技术活，需要专门师傅才能磨好，许多人磨剪刀常出现两个剪刀口不缝合。过去家家户户都有一块磨刀石，家中刀、剪用钝了，自己磨几下便继续使用，有时也让磨刀师傅专门操作，计件收费。现在城市农村还能看到磨刀、磨剪的。

剃头业。过去有专门挑担出门给人剃头修脸，赚取劳务费的人。其挑担一头挂擦拭刀口的剃头布、洗脸毛巾、理发工具和凳子。另一头挂洗脸盆，烧热水的炉子，有"剃头的担子一头热"的说法。在不同村子选定地方，设摊剃头刮脸。顾客剃头后，常用炉上热水擦洗，回家重新再洗干净。人们认为游走的剃头匠是"十八般武艺"，样样精通，其推拿、掏耳、捶腿、捏腰等都能做得来，能顶半个郎中。现在走村的剃头匠已经消失，人们理发直接去专门的理发店。

二　蒲城土布制作习俗

过去人们身上穿的、床上铺的、头上戴的都与棉花相关，在自然经济条件下，当地家家户户都种棉花，农村妇女都会纺织。她们从小跟母亲学纺织，出嫁后自己纺织制衣，纺织是所有农村女子的基本功。现在已很少有人专门纺织制衣，但农村年龄稍大的妇女都会纺织，知道纺织的基本过程，懂得其中的奥妙。过去土布纺织不仅可满足自己家用，也可作为农家经济补充。纺织不仅是当地人过去日常生产生活的重要组成部分，也是认识当地妇女生产智慧和手工技艺的重要途径。其土布制作，从棉花采摘到纺成布匹，有一套非常复杂的生产程序。

采棉花。将田地里棉花采摘收集，剥去棉花外壳，将成熟的棉乳晾晒干透，用作织布原材料。

轧棉花。用"轧棉机"将晒干的"籽棉"反复轧压，分离棉花与棉籽。旧时轧棉机是铁制，踏轧棉机是个力气活，也是技术活，常须一名精壮男子，一边用双手将籽棉均匀送入机器口，一边用脚连续踏动踩板，带动曲轴，由曲轴带动轧棉机器转动，分离出棉籽。

弹棉花。旧时弹棉机比轧棉机大些，卧式摆放，长方形状，主体封闭（防止棉花纤维飞散出来，影响弹棉花人的呼吸），俗称"弹花柜"。用手扳动曲轴，牵动弹棉机运转，可连续弹出蓬松"皮棉"，是"搓面条"的材料。也有人用细木棍反复拍打轧好的棉花，使之变得松软，制成皮棉。现在有专门的弹棉花机器，可快速让棉花松软均匀。

搓棉条。俗称"搓捻子"，用筷子或更长一点的细木棍，将分成小块的皮棉搓成条状，长约半尺，用作纺线材料。

纺穗子。俗称"纺花"，很形象。纺车是纺棉线的器械，主体木制，右边支架上有一大木轮，左边有一小木架，上边横放一纺锭，用一细长线连接木轮和纺锭。右手摇动木轮，带动纺锭。木轮一圈，纺锭便可旋转数千周，将棉条抽拉拧成棉线，并缠绕在纺锭上，纺制出"穗子"。其一般场景是，妇女盘腿坐于纺车前，右手摇纺车手柄，左手捏棉花条（棉花条可不断接续），逐渐高扬，在纺锭高速旋转带动下，棉线不断从棉条中抽出，在自我旋转中拧紧，在摇柄翻转中，将棉线缠绕在光滑的棉锭上，棉线缠绕到一定程度便成为大小合适的穗子，用作纺线材料。穗子根部呈横剖圆形，直径约2寸，顶部稍细，呈锥形，总长约3寸。纺穗子是技术活，需要长时间训练，才能积累熟练经验，特别是左右手的配合程度与纺出棉线的粗细、均匀有很大关系。

纺棉线。俗称"拐线"。拐线工具是"拐子"，木制，呈窄长"工"字形，长约1尺6寸，两端各安置一长约6寸小横梁，中间有一手握"拐柄"，轻巧便捷。纺线时，将穗子插在"木钎"上，木钎长约7寸，一端削的光滑尖细的小木棍，另一端保持原状。人手握拐柄，手腕不断扭转，将穗子上的棉线轻巧而迅速地缠绕在拐子两端的横梁上。缠绕到一定程度即可卸下，展开呈大形环状。

浆棉线。俗称"浆线"。因纺制的棉线不结实，通过浆线增加其韧性。将上等面粉用水和成稀浆，放入大盆，将纺制的棉线在面浆中过滤一遍，或用刷子蘸面浆将其刷洗一遍。随后挂在光滑的木椽上晾干，适时将椽上的棉线用手拉直，俗称"框线"。如此操作，棉线就结实、柔韧、耐用。

染棉线。旧时的棉线都是白色，为纺织出有色彩的布料，人们一般在织布前便给白棉线染色（有人在织布后染色）。常在开水锅中放入不同染色颜料，将棉线放入锅中着色，随后拧干晾干即可。

打棉筒。将浆好的棉线用线轮、纺车、砼纤，打成棉筒，用作经线。线筒由芦苇秆制作，长约5寸，如手指粗细，较硬。线轮放置在纺车左边，将线筒套在特制的"纺锭"（前端呈三叉状，可套卡棉筒）上。用细绳连接纺轮和纺锭，将浆制好的棉线套在线轮上，右手转动纺车手柄，带动纺锭，拉动线轮上棉线，使其缠绕到棉筒上，缠绕到一定程度即可取下。成形的棉筒是中间粗，两边小，成菱状。一个棉筒成形后，再换一个棉筒，反复操作，俗称"打筒"，用作"经布"材料。

经布。经布器具有经板、筒芊、棉筒、莳、曳拖、刷子、交棍、卷舒架、引子、小木桩等。经板是一块长约5米，宽约5寸，厚约半寸的长木板，木板上每隔五六寸便有一大小合适的小孔。经板平行摆放，靠里一边用砖块稍微垫起，在经板上的小孔中插入长约7寸的细木棍，俗称"筒芊"。将棉筒插在筒芊上，棉筒呈后仰状，如此，经布人在牵动棉筒上的棉线时，棉筒便不会脱落。根据织布需要，每次用30多个棉筒。在经板内侧两头相距一定距离的地方，在一边地面楔三根高约4尺的小木桩，三根木桩呈斜小三角形，在靠后的一根木桩上装置织布用的"莳（音shí）"，另一边有相似两个小木桩，挂经线时用。经线至少要2人合作，一人站在经板内侧，将30多个棉筒的线头捏在手中，拉动棉线，棉筒便会发出"咚咚咚"的转动声。经线人将抽出的棉线反复缠绕在两边的木桩上，大约20个来回，约600根线，即可达到一匹布的宽度。另一人坐在一端木桩后的小凳上，用细"竹芊"将缠绕在木桩上的经线逐一掏穿在固定好的莳（一个莳的长度就是一匹布的宽度）上，俗称"穿莳"，让所有经线有序排列挤实。并用一根绳子挂住掏穿过来的经线，不让其从莳缝中脱落，直到穿满为止。

刷经线。俗称"刷布"。苆穿满后，将"交棍"（两根平行，比苆稍长，比手指稍粗，用短绳子连接的两根光滑木棍）小心插入排列好的经线缝隙中，将所有经线平均分成上下相互交错的两半，即为织布时的"经线"。随之用一根光滑的"细铁棍"换取穿苆时挂经线的绳。抽去立桩，将经线平直摆放在地，将一根挂经线的细铁棍卡在"卷舒架"上①，另一根则挂在一个可平行移动、带倒钩的三角木架上，俗称"拽托（音 yé tuó）"。刷布时一般需要 2—3 人，2 人用专门的"刷子"将经线梳理平整，并不断移动交棍和苆，过滤经线。一人坐在小板凳上，根据刷经线的速度，扳动卷舒架上扳手，将长短合适的细木棍，俗称"引子（音 yǐn zǐ）"，均匀夹放逐渐缠绕在卷舒架上的经线中，防止经线因缠绕而交错混乱。直到所有经线缠绕到卷舒架上，经布即告结束。

织布。织布的器具有织布机、梭子、卷轴、挽纣、苆榷等，织布机结构很复杂，有许多细小部件，各有自己的名称和功能。其主体为木制，长约 4 尺，宽约 3 尺，高 2—6 尺，后面高，前面低。坐人的一端高约 2 尺，放置卷舒架一端高约 4 尺，织布机的后部两边各有一根高约 5 尺的立柱，立柱上各绑一根高大的"长弓"。卷舒架放置在织机后面的两根立桩间。经线经过处理，分为上下两组，各自穿过织机不同位置，最后会聚在织布的苆上。将苆镶嵌在"苆榷（音 shí què）"（苆榷是两根比苆稍长的木制长方体木条，内有刻槽，可固定苆）中，织布人推拉苆榷，便可将梭子中的纬线编入经线。

织布时，织布者将织好的布一点点卷在四棱木轴上，俗称"卷轴"，卷轴横在织布人腰部的前面，两边用"挽纣"② 扣住卷轴两端，用带子系在腰后，便可将织机上的经线和织成的布拉紧。织机后面的长弓，多用枣木杆制作，一端固定在织机两边立桩上，另一端梢头交叉绑在一起，向前弯曲，通过绳子与苆榷连接，俗称"绳腔"。织布者坐在织机前面，双脚斜踩住织机下面踏杆，一手推拉苆榷，一手抛动梭子，两手交换操作，循环推拉苆榷和抛动梭子，双脚配合踩下踏杆，其间会不断发出有节奏的

---

① 卷舒架是一根直径约 2 寸的光滑木轴，两边各用四条宽约 1 寸、厚约半寸、长约 3 寸的木板镶嵌成"+"字形，在木轴两端，俗称"扳手"。

② "挽纣"，木制，形似四方形状，中有比四棱卷轴稍大方孔，一副两个，可套在卷轴两端，用长度合适的带子连接，系在织布者腰部，将经线拉紧。

"唧唧、唧唧"声音，便可将经线和纬线结合织成布匹。织布有很多技巧，如腰部力量的使用、向前放松、向后拉紧的力度，而经线和纬线的结合处，还须适时用布条蘸水浸润，扳动苆榷的速度力度都须与脚下踏板的轻重配合得恰到好处，凡此都需经验积累，才能娴熟掌握，而高超的织布手艺也都是反复实践的结果。据测算，每织一米布，梭子要来回穿梭经线3000多次。

纬线。织布的纬线来自穗子。穗子用一根光滑的长约1尺的细木棍，俗称"穗子筷"加工，在穗子筷中间穿一颗枣核形状，内有孔洞的"穗胡"。将纺织的穗子固定在竹芋上，牵出线头，绕在穗胡上，用手反复翻转，将棉线缠绕成梭子形状，大小合适时取下，也称"穗子"。织布时，将穗子先在水中浸透，随后挤出多余水分，放入织布的"梭子"① 中。织布时用梭子将纬线引入经线，用苆编入经线，织成布匹。据测算，一个熟练织工一天可织布一丈左右。

修布。布匹成型后，将布匹上不均匀的小疙瘩逐一刮掉，将布匹两边多余的线头剪去，使布匹看起来平整干净，俗称"修布"。

染布。用染料给织好的白色土布染色，可染成黑色、蓝色、红色等。染料从街道买来，投入热水锅中，搅拌均匀，随之将白布浸入其中，用温火保持锅中水温，等一定时间取出，俗称"煮布"。煮好的布匹需在清水中淘洗，随后晾干，晾晒时阳光尽量柔和，不能暴晒，否则容易褪色。为使白布亮色，当地人还将灰条草叶与白布夹在一起揉搓，将其放置两小时左右，增加白布的光亮度，俗称"淀布"。

捶布。将晾晒好的布匹用棒槌②在平整光滑的石头上，俗称"捶布石"，捶碾平整，俗称"捶布"。捶布时先将布匹洗干净晾透，叠成多层，用棒槌反复捶打，使布匹平整、光滑、柔韧。唐代李白《子夜吴歌》中有"长安一片月，万户捣衣声"，写的就是捶布习俗。

经过如此程序，土布便制作完成，以后随用随取，裁制床单、衣物、被罩等。事实上，土布纺织从最初棉花采摘到纺线、经布、织布等，大大

---

① 织布梭子，木制，长不足一尺，两头尖，中间约两寸宽，整木掏空，中间底部有一小孔，内放穗子，纬线从小孔中引出，可不断向外抽拉，直至穗子用尽。外部光滑细腻，否则容易在穿梭经线时划断经线。

② 棒槌长约一尺，直径约2寸，手握部位稍细，多选梨木或枣木削制，其木质细密光滑，不起木丝，不会划破布面。

小小有几十道工序，很是烦琐细致。许多工序操作都有特别的技术要求和经验积累。织布前，经线上浆时，面糊过稠，经线容易脆断，面糊过稀，经线便会松软。织布时，场地要平整干净，宽窄合适，两三人合作，一人穿苘，一人牵线，随后一人扳卷舒架，两人梳理，如此配合，才有效率。织布时，牵引经线的手脚腰要保持平衡，否则牵出的经线松紧不一，还容易被梭子打断。挽绺长短要合适，腰部拉紧放松才方便，经线也才能分离明显，梭子才能顺畅穿梭。脚踩的踏板和手推的苘榷，速度要配合均匀合理，织成的布才结实耐用，否则便稀松拖沓。长弓上的绳腔要长短相等，才能保持苘榷的平衡，而不会将纬线织斜。与长弓牵连的苘榷，推的重、落的慢，织的布就紧，推得轻、落得快，织的布就稀疏不匀，如此技巧，都需要反复经验，才能织出优质布匹。

旧时织布也可织出花布，与织白布程序一样，其操作稍复杂些。织布前要先将棉线染色，经布时按设计将其排列，着色的彩线和白线相互交错。将白色纬线织入，便可织出条状色彩，用几只梭子将不同彩色的纬线交错引入部分着色的经线，便可以织出比较复杂的彩色方格布匹。

古人云："一粥一饭当思来之不易，一丝一缕恒念物力维艰。"织布的技术含量比较高，过去许多人从小学起，反复实践，才能成为一名合格的织布者。每一卷布匹中，都织入了她们的情感、智慧与汗水，既有对过去生活的回忆，也有对未来美好生活的向往。现在很多人已不再织布，许多旧式织机已被淘汰，偶尔看到有人纺织，更多是对一个时代的回忆。目前，在县西南的许家庄，① 还有大量纺织人家，他们是典型的移民户，多将山东、河南的纺织技术与当地的纺织方法结合，以户为单位，进行专业化、机械化、规模化生产，加工制作各种布制品，其款式新颖，品种多样，是当地布匹生产和加工制造的龙头，其秦女、玉女品牌都很有名，很受欢迎。

---

① 许家庄在县西南约22千米处。西禹高速荆姚出口处距许家庄约5千米。据说，许家庄源自晚清从山东莱芜逃难迁来的许姓人家，在卤泊滩一带定居。因当地时有一片槐林，最初叫作"青槐庄"。随后，从河南濮阳等地又陆续迁来多户人家。因20世纪多次灾难，山东、河南等地又不断有人逃难至此，至20世纪70年代才告结束。许家庄姓氏庞杂，以许、王、赵、李、马姓居多。许家庄原属甜水井乡一个自然村，现甜水井乡与荆姚镇合并，属荆姚镇。目前，全村350余户，1400余人，3000亩左右耕地。加入土布生产的有300多户，少数几家因劳动力问题而无法加入生产行列。

第三节　服务类行业习俗

　　服务业有多种，旧时做服务业的人靠手艺和辛苦挣活泛钱，属于手工艺劳作，可补贴家庭生活，也可维持生计，不算是严格意义上的服务业。现在社会分工精细，人的服务意识和消费意识都有很大提高，服务业有了很大发展，有组织、有目的、专业性服务者越来越多，如卫生保健服务、饮食服务、红白事服务等都很普遍，且服务质量整体较高，深受民众欢迎。

　　医药服务业。包括医生、药铺、药材贩运等，都尊奉孙思邈，相信"十里无医是绝地"的说法。过去和现在的人对医生都很尊重，俗称"先生"。认为先生行医是救人性命，做善事。其诊所多悬挂扁鹊或孙思邈画像，寓意学其医德医术，救死扶伤。过去行医人多是代代相传，有稳定的医德医风医训。也有医生是科举不第或立志从医的读书人，俗称"儒医"。行医的人讲究真才实学，也不乏招摇撞骗的庸医。认为真正的医生要不断研读医药典籍，牢记"脉诀""药性赋""望闻问切"等基本医学知识和医术要领，要在实践中反复总结经验，追求精益求精的医术。中医医生治病讲究对风、寒、暑、湿、燥、火等"六淫"，喜、怒、忧、思、悲、苦、惊等"七情"，气、湿、热、痰、血、食、水等"七郁"的因果关系运用。强调辨证施治，重视"三分治病，七分调理"的治疗原则，讲究药疗和食疗、药物和精神治疗相结合。传统医生都能诊断开药，还能针灸、按摩、推拿、拔火罐等，是一位多面手。医生看病是随请随到，这也是其医德的重要体现。

　　过去医生行医有的只看病不卖药，问诊后开处方，病家拿处方到药铺买药治病。有的既开处方也卖药，自己经营药铺，甚至种植草药，炮制药品，进行买卖。有的坐堂问诊，在集市药店看病开处方，不收费，但其处方药须到坐堂药店购买，药店老板按药价付给医生报酬。有的出门行医，自带医药，走街串巷，救治病人。医生医德不同，水平有异，收费不等，人们对不同医生就有不同评价。现在是中西医界限清晰，看病过程是挂号、看病、开处方、交费、抓药、打针治疗等。

　　药材收购。当地很少有人专门挖药营生，只在农闲时偶尔挖药出售。当地药材收购者常收购的药材有"地骨皮"，即野枸杞的根，挖出后将根上的皮剥落晾干即可。猫儿眼，俗称"害眼猫"，挖根去土即可。猫儿眼有毒，如皮肤上沾了猫儿眼流出的白汁，皮肤便会肿起来。槐籽也叫"槐米"，在槐花未开之时，钩下槐籽晒干即可。蝎子，白天可用锄头在土崖上挖找，俗称"挖蝎子"，天热的晚上，可用手电筒在土崖等地方寻找纳凉的蝎子，俗称"逮蝎子"。土元也叫"簸箕虫"，和抓蝎子一样，白天晚上都可以。还有知了壳，用长杆从树上拨弄下来捡取即可。药材贩子常走街串村，按价零散收购，适量时向厂家交货。

饮食服务业。饮食服务门类繁多，形式各异，习俗交错。屠宰类，将屠宰者称作"屠户""屠夫"，或具体称作"杀猪的""杀牛的""杀羊的""杀鸡的"。认为三国时的张飞是屠宰祖师。屠宰行在正初六开市，取"六六大顺"之意，认为正月初五日是财神生日，屠宰会使财神受惊。屠宰行业杀生，有自我安慰的讲究，如"猪肉是人间一道菜，若杀神不怪"，有"杀猪打狗，赚双好手，冬天不冻不裂口"的说法。屠宰行有店铺，出售各种肉食等。如猪肉店铺讲究细致，将猪肉称作"大肉"，猪头上的肉分别称作"口条""拱嘴""脸子""猪脑""猪耳朵"，另有"肘子""猪心""猪肝""猪尾巴"、猪前腿、猪后腿、五花肉等。羊肉店铺和牛肉店铺也很普遍，有专门的"羊肉馆""牛肉馆"，出售羊肉泡、羊肉小炒、羊肉墩子、羊肉煮馍及牛肚子、牛肉泡、牛肉煮馍等。

经营饭食的有饭店和饭摊，过去将规模大的叫"酒楼""酒店""饭庄"，规模小的叫作"饭铺""饭店"，搭帐篷卖饭的叫"饭摊"。现在命名则比较自由，不特别讲究。过去将到酒店吃饭称作"下馆子"，带有奢侈的感觉，将在地摊吃饭称作"吃地摊"，带有品尝的感觉。大饭店都雇大厨，称作"炉头"，炉头是饭店招牌，其调出的菜肴多有品牌特色。饭店其他管理和服务人员都有明确分工，有管理财务的，有专门采购的，有店门迎送的，有厅房接待的，有端饭端菜的等，所有人按月付薪。顾客饮食，有先吃饭后付账的，有先付账后吃饭的，还有专门送外卖的。客人吃饭时若有需要，服务人员是随叫随到，尽量满足客人饮食需要。小饭店或地摊卖饭的，多是夫妻经营，自我管理。饭店开门早，关门晚，重视卫生和服务意识。只要有人吃饭，均要奉陪，忌讳催促客人快吃快走。客人吃完，服务人员随时将餐桌收拾干净。过去饭店在腊月二十八日关门休息，俗称"收盆"，将所有家具洗涮干净，排放整齐，上面放几根葱，一块豆腐，寓意"生意兴隆，年年富有"，适时在店门口贴上喜庆对联，寓意迎接新年。现在大饭店一年四季都开业经营。

红白事服务业。普通人家日常生活中的"办事",① 以红白事最常见、最重视。旧时经济条件差,办事都很艰难,常向四邻借用,凑够办事所需器具等,除左邻右舍帮忙外,② 都会雇请专门人员,租赁专门设备,大力操办。现在经济向好,红白事服务行业有专业化发展,如专用桌椅、碗筷、棚帐、音响、气门、仪仗、彩饰、餐车及其他专用设备等,很方便。

乐人行业。俗称"鬼子手",专门服务丧事。旧时过白事有请戏班演戏的习俗,富裕人家多搭建一简单戏台,演员和观众一起,演唱折子戏,增加氛围。普通人家追求经济实惠,演员不着戏装,或坐或站,唱戏即可。县西一带将其称作"喧荒的",③ 县东一带称作"乐人"。乐人平时在家干活,如某家有事邀请,大家便相互告知,组成乐队,约定时间到主家演出服务。过去多唱秦腔戏,如《刘备祭灵》《三娘教子》《下河东》等,很受欢迎。现在已很少唱秦腔,多演唱现代歌曲。乐人自带乐器,根据主家办事需要,做一天演奏,在出场费基础上,挣取主家亲戚的份子钱,多少不一,直至办事结束,大家均分收入。

手工业往往体现了某一区域人的智慧,"中国乡村手工艺化"建设模式,正是为了保护和利用自然生态能源、合理建设乡村经济文化,实现"一村一品"密集型手工艺协调发展的重要路径。

---

① 农家"办事"多指红白事,在红白事办理中,主家都会邀请当地德高望重的人做"乡奉",替主家将事情安排妥帖,以此取得乡里威信。我们认为,红白事也是乡邻化解矛盾,磨合各种人事的重要领域。

② 当地有"白事到,红事叫(请)"的说法,认为邻里遇到丧葬事,都要主动帮办,遇到喜事,主家则须邀请左邻右舍帮忙。

③ 认为"喧"是大声唱,伴有乐器。"荒"有荒芜、荒凉之意,引申有心情寂寞之意。当地人在老人过寿,丧葬,逝者过三周年时,都会请人喧荒。

第六章

商贸习俗

设市①交易在中国出现很早。据《周易·系辞下》记载,神农氏时代便开始了商务交易,"日中为市,致天下之民,聚天下之货,交易而退,各得其所"。春秋战国时期,出现了大市场和大商人,郑国的弦高、魏国的吕不韦、越国的范蠡(陶朱公)是这一时期商人的代表。商品交易促进城市发展和繁荣。秦汉以降,国家重农抑商,商业发展缓慢。及至唐代,城市管理仍限制市场发展,严格划分市坊界限。唐代后期,市坊严格区分的制度被打破。及至宋代,水路交通便利,商业发展迅速,店铺随处可见,"日中为市"改制为全天经营,工商业尤为繁荣。吴自牧在《梦粱录》中记载,杭州"诸行百市",颇具规模。这一时期,城市商业已扩展到城外,称作"草市",还定期在农村开放"小市",初步形成全国城乡市场体系。明清时期,城市和乡镇手工业、商贸交易都有可观发展,由市镇向农村延伸出了集市、商场、店铺等初级市场。近世承袭以往形成的商业空间与市场网络,构成了相对稳定的市场圈,不同的市场圈又组成了全国的市场网络。②

蒲城商贸起于何时不清。据蒲城旧志记载,清代光绪年间,蒲城有各类集市 30 处。民国时期,集市有所减少。中华人民共和国成立后,形成

---

① "市"是交易最古老的形式,它从古代个人之间的相互赠换,逐渐发展到纯粹经济目的的物物交换。"市"起源于殷、周时期,是定点定时的原始集体贸易习俗。现在经济学观点认为,生产技术的进步和生产力的发展,促进了社会分工和社会生产的专业化,在产品有了剩余之后,个体生产者的相互交换成为可能。随城镇逐步扩大,出现了一批非物质生产者,促使社会早先生产者与消费者合一的形态,逐步演变为生产者和消费者的有效分离。如此,以交换为核心的商业贸易得以形成,从早先的物物交换,发展到物与货币交换,从原始的集市向高层次的有组织的集市发展,从较单一的交换向多样化、多元化交换方向发展。与之相应,商贸也促进了交通运输的发展和城市的繁荣,推动了经济社会发展。

② 施坚雅:《中国农村的市场和社会结构》,史建云、徐秀丽译,中国社会科学出版社 1998 年版。

以国营、供销商业为主体，小商小贩为辅助的市场格局。在后来一段时期内，集市几经改造设计，均因不符合当地生产生活实际而失败。改革开放后，国家政策推动了集体、个体经济的活跃，商贸市场逐渐恢复。及至20世纪90年代，社会主义市场经济日渐完善，蒲城商贸随之繁荣，各种店铺、专卖店、超市及个体商贩等，均在政策范围内自由经商，市场呈现欣欣向荣景象。

蒲城商贸形式可分为庙会、集市、商贩（行商）、店铺（坐商）四类，它们共同构成当地商贸网络。比较来看，庙会有固定日子，多是一种综合性集会，它包含商品贸易、游戏娱乐、探亲访友等多种活动。商贩则游走于城乡各地，经营少有固定场所，主动寻找顾客购买。店铺与商贩相通，但有自己固定的经营场所，等待顾客前来购买。各类集市介于商贩和店铺之间，顾客和商贩在约定好的时间地点，走到一起做买卖。旧时市场上有物物交换、实物与现金交换，许多人先卖掉自己的物品，获取报酬，再用交易的钱币买回自己需要的商品。现在人多用现金、微信、支付宝等方式进行货币支付。

第一节　尧山庙会习俗

庙会是一种综合性集会，当地许多地方都曾有过，后被集市取代。庙会一方面反映了当地人的信仰观念，另一方面给人提供了生活方便。目前，蒲城尧山庙在省内享有很高声誉，它不仅保留了五百年来传统祭祀和社火表演，也是集祭祀、交易、娱乐于一体的商贸集会，体现了传统庙会文化。尧山庙会在每年清明时节，尧山周边十一社村民及各县民众都会云集尧山地域，参加尧山圣母的送神、迎神活动，届时也有众多商贩到尧山地域进行商业贸易，其规模宏大，热闹非凡，是旧时当地庙会商贸的一个缩影。

据元代《重修尧山灵虚观记碑》记载："朋酒来餐，曰杀羊羔，其先后者，恨不得其门而入矣。山经之蹊间，介然用之，而商旅成市，凡百所须物，□之而无有也。"其"商旅成市"的记述，足见当时商贸活动规模。另有石碑记述："明天启乙丑大旱，邑侯朔汾王公，躬雩祈焉，雨果立应。遂请诸上台，负载祀典，定期春秋祭。"明代天启五年（1625），天下大旱，县令王佐在尧山附近群众拥戴下，邀请当地士绅到尧山神台祭祀祈雨。此后，官方遂允许地方百姓每年春秋举行祭祀活动，因此，每年清明节前后三天便成为尧山庙会日。当地百姓在接神、送神活动的同时，许多商贩也会提前做好准备，在尧山庙附近进行商品交易，形成了尧山庙会习俗。

红绸带子、红绳绳是尧山庙会的吉祥物。作为渭北重要文化活动，尧山庙会每年都会吸引许多信徒香客及前来旅游参观的人群。参加庙会的男女老少都会购买几根红绸带子或红绳绳，将其作为敬献尧山女神的礼物，或拴在庙宇周围的树枝上，或拴在庙宇周边的石柱上，或拴在庙宇前后的栏杆上等，以表达对尧山圣母的忠诚和崇拜。也有人将购买的红绸带子或红绳绳带回家，放在家中，保佑全家安康。在此时段，大小商家多会抓住游客心理，在道路两旁兜售各种红绸带子、红绳绳，成为尧山庙会一道风景线。周围商家也积极准备其他商品，在尧山庙会上求取商机。清明节前，商家便在尧山地域搭棚运货，建立临时商铺，为庙会商品交易做准备。许多小商贩在尧山庙周围的山岩沟壑中，摆地摊、销售各种生活小物品，充满了浓郁的商业气息。

摊贩买卖。在尧山庙会影响下，做吃食生意的多会在山上山下搭建小摊帐篷，制售各类农家饮食。农家小吃随处可见，有凉粉鱼鱼、凉甜粽子、肉夹馍、凉皮、荞面饸饹、鸡蛋醪糟、油糕、水煎包子、凉面、刺角面、油饼、花卷、稀饭等，沿路摆设，从尧山脚下直至山顶，给前来参加庙会的人提供饮食方便。也有卖香烛烧纸的，为上山祭拜者服务。在各种农家饭食中，尧山一带的挖挖凉粉备受欢迎。它用上好的绿豆粉面做成凉粉坨，平放在案板上，用铁制凉粉挖（一种挖凉粉的器具）沿凉粉坨周边轻转一圈，便可挖出白皙可口的细长凉粉。随手抓放在碗中，调上油辣子、芥末汁、香油、陈醋、食盐等调料，便成为秀色可餐的美味。在上山或下山时，人多饥渴烦热，吃一碗挖挖凉粉，既降温，又止渴，便倍觉神清气爽。

唱戏助兴。旧时尧山庙会讲究给神唱戏，以此表达对尧山圣母的敬重。过去曾集资在尧山庙大殿前东南场地，修建了戏楼（现在还有戏楼遗址，在台阶下东南角）。每年庙会都会唱戏三天，既娱神，又娱人。各戏班给神唱戏都很认真，戏班如果唱不好，便被认为是对神的不忠诚，也会被周围的人看不起。戏班唱戏都是人们耳熟能详的剧目，如《苏武牧羊》《辕门斩子》《走南阳》《五典坡》《福禄寿》等折子戏。在唱戏过程中，戏迷如果感觉哪折戏唱得好，哪个演员的水平高，便主动给演员肩膀上披一条七尺红绸被面子，表示对其唱功的称赞，俗称"捧场"。除此之外，个别有钱人家为了还愿，还会专门请戏班为尧山圣母唱戏，表达自己对神灵的谢意。听当地人讲，主社有一年还在大殿前西南临时搭建一座戏台，出高价请两家戏班唱对台戏，增加庙会的热闹氛围。事实上，戏班在编排演唱上，都会为庙会献艺助兴，亮出各家唱功实力，在满足百姓戏瘾的同时，也宣传了自己。

娱乐活动。在尧山庙会举办过程中，夹杂有许多商业娱乐活动。有经济头脑的生意人，都会借山上任何一块小地方摆摊设点，倒卖小物品。如让游人买竹制或铁丝制小套圈，套取地上一定距离处的小物品，如果套中，物品归游人，如果套不中，钱就白花。有耍把戏的，给猴子穿上小花衣服，敲锣招来游客，让猴子表演，挣些零碎钱。有打气枪的，游客买好橡皮子弹，射击一定距离处的氢气球，以此为乐。有在地上摆放几张桌子，放置陶制素色的各种动物、人物塑像，并配制一定色彩的水墨和彩笔，卖给小孩涂色。凡此都是娱乐性的，增加了庙会的热闹氛围和消费气息。

其他买卖。较大贸易的常在尧山下宽阔地方进行，有卖药材的、卖夏收农具的、卖日常生活用品的、卖各种小吃的、卖服饰的、卖瓜果蔬菜的等，不一而足，如集市一样，但比集市更热闹，商品更丰富，人流更多。外地商贩到来，增加了商品的品种和数量，扩大了尧山庙会影响。在此期间，也会夹杂许多不法商贩，用不正当手段赢取利益。如卖膏药的、卖虎骨酒的，多会夸大其药与酒的作用，卖饰品的多说玉石货真价实。也有游手好闲者，借庙会设置各种小型玩耍杂艺，赚取不法钱财，常给庙会造成不良影响。

送神迎神。尧山庙会期间的主要活动是送神迎神。尧山圣母以祈雨和求子灵验而闻名。其中，求子还花是尧山庙会一个古老习俗，尧山庙碑上有多处求子记录，当地民间有"谁是从尧山爷那里求来的"各种说法。为敬谢尧山圣母，尧山庙周围村民组成十一社，每年清明都有送神、接神习俗。在此时段，有盛大的祭祀活动，伴有规模宏大的社火，连续三五天，它是人神同乐的见证。

与尧山庙会中严格规范的祭祀仪式和极具地方特色的社火比较，商业贸易也是尧山庙会的重要部分，它不是尧山庙会的文化中心，却体现了尧山庙会集商贸、娱乐、信仰于一体的兼容性，反映了当地人的生活观念和文化精神。

第二节 集市习俗

集市是各种商贩与顾客定点定时聚会交易的市场。县域内各集市的日期相互岔开，便于商贸交易。过去县城、兴镇、永丰、孙家庄、焦家庄是五日一集市，县城是农历每月逢二逢七，兴镇每月逢四逢八，永丰每月逢一逢六，都有集市。还有十日一集市的，荆姚每月逢五，党睦每月逢八等。也有半月一集市的，蔡邓每月初一、十五，东党每月初三、十七等。后来各地根据市场需要，还不断调整集市时间，方便群众。集市之外，许多地方还举办庙会或古会。① 截至目前，各乡镇至少都设有一个或一个以上集市，其时间、地点固定，相邻乡镇间在时间上交错，方便各类商贩流动交易，形成稳定的集市习俗。

集市上有固定店铺交易，其商品多在店内摆设，供顾客挑选。也有搭棚摆摊的赶集商贩，其商品多在临时搭建帐篷下交易。现在集市商贸由政府统一规划，集中管理，在不同区域分置不同商品市场，有蔬菜市场、牲畜市场、布匹市场、服饰市场等。集市商业种类繁多，人流动量大，常见有理发的、照相的、镶牙的、医疗的、弹花的、修配的、卖布的，有卖图书的、文具的、五金的、杂货的、机电的、油漆的、药材的，也有卖蔬菜的、干果的、煤炭的、鞭炮的，各种饮食的，也有旅店、誊写、打印、复印交易的，等等。其经营方式有独立买卖的，也有合伙经营的。店铺经营相对稳定，购买商品如出现质量或其他问题，可随时拿来调换，跟集摆摊

---

① 蒲城县传统古会曾被取消，1984年恢复，共有28家古会。据县志记载，城关镇农具药材会在三月二十八日，兴镇腊八会在十二月八日，荆姚农具会在三月二十八日，陈庄年货会在十二月二十日，党睦年货会在十二月二十四日，党睦林吉年货会在十二月二十三日，党睦庙合村木材会在二月四日，孝通木材会在二月十五日，孝通年货会在十二月二十五日，孝通樊家村牲畜会在三月十五日，孝通秦家村年货会在十二月二十一日，东陈郭庄古会在十二月二十三日，东陈钟家寨古会在七月初五日，椿林保南村古会在十月初五，高阳古会在二月二十五日，大孔年货会在十二月二十一日，椿林保南洼年货会在十二月十九日，孙镇南原头古会在小满日，孙镇老城年货会在十二月二十二日，孙镇黄寨古会在四月二十四日，孙镇焦庄古会在三月三日，永丰镇古会在三月十日，平路庙马家年货会在十二月二十七日，蔡邓庆兴村古会在四月八日，蔡邓南店古会在四月二十日，罕井古会在正月二十五日，罕井武仪年货会在十二月十九日，兴镇化木寨农具会在四月八日。以上时间均以农历日期为准。

的则比较灵活，如购买商品出现问题，就很难调换。

当地人将到集市上进行买卖称作"赶集""上会"或"到街里去"，或走路，或骑车，或坐车，或一人独行，或几人结伴。老人妇女多相伴而行，路上可以说说笑笑，轻松自由，年轻人则独来独往的多，主要赶时间。集市交易商品与当地日常生产生活有密切关系，还随季节变化而有所变化，且有明显的季节性特征。如在夏收前，集市交易的大宗货物是麦镰、权把、铁叉、木锨、扫帚、簸箕、口袋等夏收农具。秋季播种前，集市交易上会增加耙子、麦耧、糖条、铁锨、耕犁等秋收秋种农具。秋收也是牲口交易旺季，人们多在此时段更换买卖牲畜，方便第二年使用。等到春节前，各种布匹、衣服、鞭炮、煤炭、陶瓷制品、访亲走友的新年礼品等便陆续上市，成为街道上亮丽的风景。夏收秋收后，各种时令农副产品也会随季节顺时进入市场，粮、油、棉、菜、果等都是交易的主要商品。

集市交易的选择余地比较大，可货比三家，挑选物美价廉的商品。买者和卖者有讨价还价的习俗，通常是语言交流，卖家要价高，强调货物质量好，买卖公平，买家还低价，不断指出商品的不足或瑕疵，最后以双方认为合适的价位达成买卖。集市上也有因语言交流不畅而吵架的，但总体比较少，在大庭广众之下，大家都怕丢脸，顾客多是这家买不了，再到别家买。商品交易有"买卖不成仁义在"的说法，多数人都能和颜悦色交流和买卖。除口头语言交流外，还有一些特殊交易语言，属于行业内部密语。如当地人在买卖牲畜时，防止牲畜看到自己被买卖，买卖双方便会在袖口内或帽子下用摸指方式讨价还价。其规律是，一伸拇指，二伸无名指与小指，三伸无名指、小指和中指，四伸小指、无名指、中指和食指，五则全伸，六伸拇指与小指，七伸拇指、食指与中指促成一捏，八伸拇指与食指，九出食指作钩状，十出一拳。这些语言有专业属性，许多人弄不清。牲畜市上还有专门沟通买卖双方需要的人，俗称"经纪"。卖者只需告诉自己想要的价钱，买者只需告诉自己想出的价位，需要什么样的牲畜即可，经纪便从中牵线，协调双方需要，达成买卖。现在市场上牲畜交易非常少，各地集市也很少设牲畜买卖区域，其交易密语日渐少用。另外，还有一些交易出于保密目的，常用行业"黑话"讨价还价，沟通交易信息，等等。

集市上的个体商贩整体手勤脚快，态度和蔼，服务热情，多能与人方便，尽量达成商品交易。他们资金少，周转快，经营灵活，重视集市竞争，多能增加市场活力。但"无商不奸"的说法普遍流行，也有商贩在利益驱动下，在集市上哄抬物价，做出缺斤短两，以假充真，以次充好，欺行霸市的不合理事情，从而造成市场不和谐。另外，过去在许多集市经营中还有一些所谓的"规矩"，即集市养活一名地痞，向其缴纳一定数目钱物，算作商贸保护费。其人终日游荡在自己的"地盘"上，维护集市秩序，不准小偷在这里"做活计"。现在各地集市经营都比较规范，国家机构统一管理，商家缴纳一定税钱，只要合法经营，公平交易便可得到地方政府保护。

第三节　商贩习俗

商贩，也称"行商""做小生意的"，他们多自带商品，走村串巷，用吆喝①和"代声"②招揽顾客交易。其交换方式有以物易物的，有以货币买卖的，前者如收破烂的、换油换米的，后者如蔬菜、小吃食买卖。旧时小商贩，多用牛车、马车、骡车等方式交通运输，后来有了自行车、三轮车、拖拉机、四轮车、小型汽车、大卡车、小型电动车等运输工具，有卖豆腐的、卖瓜果的，有收小麦的、收玉米的等，收购和出售的商贩在各地都很普遍。旧时骑自行车收鸡蛋，现在开三轮车卖鸡蛋，买卖发生了新变。旧时买电器，如买洗衣机、电视、电脑等，要到专门商店购买，自己找人搬回家。现在是货比三家，自己看好，商家送货上门安装好，并提供后续质保服务，服务意识有了很大提高。时过境迁，现在各地有专门收购废旧电视、洗衣机、电脑、电冰箱及各种废旧家具的，交售后由专业人员分类集中处理等。商贩的经营范围随时代发展而不断增减，经营方式不断变化，其商贸意识也不断更新，对地方经济社会发展有着重要作用。

旧时商贩招揽顾客靠嗓子吆喝。如卖豆腐的清早出门，进村便吆喝，

---

① 行商的"吆喝"在古代就有记载。南宋吴牧《梦粱录》卷二十"乐妓"条就记录，"今街市与宅院，往往效京师叫声，以市井诸色歌叫卖物之声，采合宫商成其词也"。清代光绪年间，署名为"闲园鞠农"的人编写《一岁货声》，记录了北京市场上叫卖的各种词句和声音。如七月卖枣就唱："枣儿来，糖的疙瘩喽，尝一个再买来。"

② 行商的"代声"，主要是通过器物音响代替吆喝声，不同行商有各不相同的代声。如清代道光年间笔记《韵鹤轩杂著》记载："百工杂技，荷上街，每持器作声，各为记号。……卖油者所鸣小锣，曰'厨房晓'，卖食者所敲小木棒，曰'击馋'，卖闺房杂货者所摇，曰'唤娇娘'，卖耍杂货者所持，曰'引孩儿'。"各种代声比较稳定，表识性比较清晰，方便招揽顾客。

"换豆腐"或"卖豆腐",用拉长音,反复吆喝,传播信息。顾客听到便会准备白豆或现金,适时出门交易。卖各种新鲜蔬菜的,也在早晨出门吆喝叫卖,或吆喝各种蔬菜名字,如"卖西红柿、黄瓜、豆角、茄子、辣椒、胡萝卜",等等,顺村道反复循环,进行买卖。有些菜农用半天时间卖完自己携带的蔬菜,随后回家做其他活计,他们算不上专门的商贩,但也进行商贸交易。专门的商贩便不必如此,他们从早到晚都在吆喝,从一个村游走到下一个村,出售或收购,进行商贸交易。最常见的是收废品,一直吆喝"收破烂",或吆喝"收废铜、烂铁、酒瓶子、旧书旧报旧本子、旧家电旧家具"等,直到天色变晚,才将收购物品送至废品收购站,明天又重新开始。另有卖油的、卖醋的、卖酱油的、换米的等,都有固定的吆喝声,在流动中方便民众买卖需要。现在多数商贩都提前录制好吆喝声,用喇叭循环播放,更加便捷。

还有许多手工艺者,常在不同村落做生意,也属行商。他们多在村中选定合适地方,摆摊做生意,赚取材料费或手工费。如爆米花的,俗称"憋苞谷花",① 选定合适地方,招揽顾客消费。现在多是先制好爆米花,然后外出叫卖。卖棉花糖的,进村便会找一避风地方,打起棉花糖架子,脚踩手摇,吆喝"棉花糖",边做边卖,将做好的棉花糖插在棉花架上,计数出售。卖冰糖葫芦的,常骑一自行车或电动车,后面和前面都插一麦秸草编成的小草柱,上面插满沾着糖稀的冰糖葫芦,看起来很漂亮,边走边卖,按串收费。另有换油、换米、换面的,多用三轮车或小型汽车,走村叫卖,或用粮食交换,或用现金买卖。卖西瓜的,常切开一个西瓜,招呼顾客先尝后买,或用小麦换瓜,或用货币买卖。卖豆腐脑的,过去用挑担走街串巷,后来用自行车,现在多用小三轮,车中架一小火炉,上面放置调豆腐脑的汤汁,旁边有一存放豆腐脑的铁锅,外面用棉布包裹。另有煮熟的黄豆以及香菜、醋、蒜水、红辣椒等其他调料,按份出售。还有收

---

① 旧时在当地普遍流行,也很受欢迎。其操作是将玉米、黄豆等谷物放入爆米筒中,将其放在炭火炉上,一手拉风箱,催动炉火,一手持爆米筒柄均匀摇动,待爆米筒内温度升高、气压增大到一定程度,米粒便会逐渐变软,米粒内大部分水分就变为水蒸气。因爆米筒内温度高,水蒸气压力大,变软的米粒膨胀,但米粒内外压强平衡,在爆米筒内不会炸开。等爆米花熟透,爆米师傅便将爆米筒从炉上取下,放置在放出爆米花的铁笼口(用铁丝网成,形如一米长的铁网口袋)。一脚踩稳爆米筒,一手抓紧爆米筒手柄,一手用铁筒卡住爆米筒盖,用手扳动筒耳,打开盖子,便发出"嘭"的一声巨响,筒盖被强大气流掀开,筒内气体迅速膨胀,压强很快降低,玉米粒内外压强突变,玉米粒内高压水蒸气急剧膨胀,瞬间将玉米粒爆成米花。

头发的，收药材的，都走街串巷，按价吆喝收购。旧时还有走村换瓮的、换盆的、换瓮盖等，流行"轻车避重车，炭车避瓮车"的说法，现在都已消失。

第四节　店铺习俗

店铺，俗称"坐商"。旧时习惯称门面大的为"店""庄""行""栈"，门面小的为"铺""铺子""小卖部"等，现在也这样叫。总体看，叫"庄"的多是批发兼零售的大商店。"庄"有流动的，随季节变化而到处找生意，也有固定地方。如当地瓜果成熟季节，便有许多商贩在瓜果种植密集的村庄或附近街道"扎庄"，集中收购，收购结束，随之撤掉。庄有大庄和小庄的区分，主要是经营规模的差异。"店"或"铺"多是零售各种商品，有规模较大多人经营的、也有小本经营的夫妻店。"行"都有自己固定的房舍或场地，如油行、醋行、米行、粮行、木料行等，多集中进行专门交易。"栈"在过去多是有房舍的店铺，客人可吃住，可商谈买卖，现在叫"栈"的也有，有复古的感觉。随时代发展，还出现过"某某供销社""某某合作社""某某公司""某某连锁店"等，很有时代特征。现在流行的各种"专卖店"，多是品牌经营，重视商业品牌、商品质量和售后服务等，而各地出现的"超市"，则集各种商品于一体，多连锁经营，方便顾客消费。

一　一般店铺习俗

店名。店铺都要"起店号"，俗称"写招牌"，过去和现在一样，比较讲究。如"某某五金店"，常写在门楣上，或制成字号牌匾，竖在门侧。有些做的高大有气势，俗称"冲天招牌"，有些做得精巧醒目，根据经营商品和需要，制作不同样式招牌。认为招牌一旦挂出，便不可轻易拿下，如果去掉招牌，就意味着倒号、倒店，有"倒牌子"的说法。商家创立一个招牌需要很长时间，才能获得社会信誉，在某种程度上，招牌就是信誉。店老板都很讲究店牌字号，多用吉祥仁义词语。如县城"天顺楼"羊肉馆，许家庄"玉女牌""秦女牌"土织布，很有文化韵味。有些店铺还会在两边墙上写店铺商德，如"货真价实，童叟无欺"或"信义值千金，公平行万里"等，标明店铺经营信誉等。

幌子。店铺一般都有自己的商家招幌，俗称"幌子"。有用商品实物做幌子，如寿木店在店门口放一具寿木样品，纸扎店在店门口放置一大花圈，羊肉馆会在店门口挂一头杀好的全羊。有用放大的商品模型作幌子，如修配眼镜的在店门口用塑料做一副大型眼镜，鞋店在店门口做一副鞋的模型。有用文字作幌子的，如酒店、药店、当铺，多会在店门口写一个"酒"字、"药"字、"当"字。有用文字和商品图案合起来作幌子的，如衣服专卖店会将文字和明星着装的图案作为广告，五金专卖店会将重要商品用文字和图案作为标识。现在许多店铺用灯具亮光构制图形作幌子，大酒店、澡堂、理发店等多用闪烁醒目的灯光招揽顾客，等等。旧时有木刻的、镀金的、图画的，现在增加了更多现代元素，如灯光、色彩、线条、音响等，目的都是招揽顾客消费。

选址、开业。店铺选址一般都请懂行的人看地方，根据店铺经营商品，选择合适地方。如经营饮食的，多选在人流量大的地方；经营文具的，多选在距离学校近的地方；经营瓜果蔬菜的，多选在赶集人密集的路边；经营各式花炮的，多放在集市外人流不太集中的地方，等等。选址主要以商品能够被更好消费为目的。商家开业是喜庆大事，都要看日子。① 选好"黄道吉日"，才能"开门大吉"。开张当天，老板和店员都起大早，打开店门，用香烛敬神，祈祷生意兴隆，无有灾祸。开张时的店铺多装修一新（店铺若从别人手中接过，也要适当装修，以示区别，重新开始），张灯结彩，门口列放亲朋好友的贺喜花篮，大门两边张贴"生意兴隆通四海，财源茂盛达三江"等吉祥对联。招牌上扎大红绸布，墙上贴红纸书写的各种吉祥语。亲朋好友多会携带各种花炮与贺礼前进祝贺。老板和店员除应酬亲朋好友外，还设宴招待前来贺喜的人。开业当天，店铺销售货物多物美价廉，有些服务类店铺还会免费为顾客服务一天，办理各种优惠消费券等，以此延揽顾客。

店主、店员。大的店铺多有各种人员，其分工不同，共同在店铺工作。店主旧时称"掌柜的"，现在叫"老板"。店员，旧时称"伙计""营业员"，现在叫"服务员"。服务员分工不同，协助老板经营。店铺人员多是雇员，按月付资，也有按销售额做浮动奖励的，如服装销售、电器

---

① 如果一时找不到合适吉日，店铺又必须开张，多会先贴一张"先行交易，择日开张"告白，以示店铺对开张的重视。

销售等，多用"工资+奖金"的方式，鼓励员工，多劳多得，年底还适当奖励，以激励雇员积极工作，过去与现在都一样。店铺若是合股经营，便会有几个店主，但股钱和工钱要分明，有"要想朋友好，银钱不打搅""亲兄弟，明算账"的说法。旧时大店铺多有三个掌柜，大掌柜负责全面经营管理，二掌柜专门办理批发，三掌柜专营零售，和店员一起做买卖。管理账务的人都是掌柜最信任的人。店员分工明确，搞采购的称作"跑外面"，经常在外地做大笔采购的称作"庄客"或"坐庄的"。在柜台前做买卖的叫"柜台"老板。这些人都是"生意精"，熟悉各种商品价格和市场销售情况。店铺还有打杂人员，负责店铺日常服务等。开大店铺的都有自己的经营规程和工作规定，在人事分工和买卖经营上比较灵活。店老板会根据雇员能力大小，调整人员。过去人员调整多在年节前，谁将被辞退，一般会在酒席上受到特别尊重，老板常通过酒席礼节暗示被辞退人员，这也是比较含蓄的辞退法。现在多实行公司经营，有明确岗位设置和职责分工，工作程序清晰，谁要被辞退，老板都会提前告知，以便被辞退的人提前找工作。

学徒。过去和现在都有在店铺学做生意的人，俗称"学徒"或"学徒娃"。旧时学徒往往是三年期满，相互间立有合同文书，也有比较自由的，常根据情况自决去留。学徒合格后可升为店铺同事，也有离开店铺自行经营的。学徒一般是朋友介绍，或专门拜师学艺的。学徒多没有报酬，管吃住。现在也有，比过去宽松很多，学成之后便可以自行离开。

节假日。店铺都有休息时间和节假日。小店铺腊月三十日关门，正月初五敬财神后开张。大店铺在正月十五后开张，比较讲究。现在市场发达，许多店铺经年不关门，或仅在大年初一停业一天。多数酒店，常年开张，员工轮班休息。旧时的腊月多是店铺收账时间，核算一年经营效益，放假前清算各种费用。等到腊月三十日，店家便用红纸将账簿、笔、墨、砚封存，等"破五"祭财神后再启用。现在也一样，腊月是清算账目的重要时段，店家力争将所有外账收回，在放假前足额给员工发放工资和奖金，并做好下一年度经营计划。

敬财神。商家都重视"敬财神"，一般商家都设有专门的"财神堂"，即便小商店，也会摆放财神。旧时大商铺多在店铺内合适位置摆设香案，供奉文财神或武财神，有些还供奉福禄寿喜财五路财神像。从年三十到正月初五晚，财神像前有昼夜不熄的"长香"。认为正月初五是财神生日，许多人还在正月初四为财神"暖寿",到正月初五,每天都在财神像前献贡品,祈求生意兴隆,财源广进。

另外,店铺日常经营都有一套约定俗成的讲究。如每日开张时,第一位上门的顾客要尽量交易成功,以图全天买卖顺利。顾客进店,售货员要礼貌周全,及时照应,先陪顾客看,再相机询问顾客需要。买卖过程中,店员先拿中等货,根据顾客需要,再拿上等货,防止顾客要不起而受窘。顾客出门,店员送至前柜。对特殊顾客,货员前来提货时,掌柜多陪送出门,直到对方上车方可退回。逢年过节,各地商家都会对重要客户送节日礼品,表示祝贺。

二 常见店铺

饭店。大的称"酒店",小的称"饭铺",过去现在都有,经营中有些名称差异。旧时店小二对不同客人有不同称呼,富家子弟称作"相公",小官吏称作"客官",军人称作"官长",秀才称作"官人",年长者称作"大爷",平民称作"大哥"等,各种礼貌称呼全凭店小二眼力。现在男性称"先生",女性称"女士",孩子称"小朋友",并用"您好"搭话,沟通用餐信息。旧时店小二都眼勤、手勤、腿勤、嘴勤,头脑灵活,动作利索,能眼观六路,耳听八方,手快心细,遇事不慌,照顾好顾客。店小二有时还要知晓当地风土人情和地理知识,能随机回答客人提出的常识问题。现在多是服务员,分工明确,有很好的服务意识,但不一定知晓太多地方文史知识。旧时饭店中有专门跑堂的伙计,多身穿对襟衣裳,腰围蓝色围裙,见客人进店,便会笑脸相迎,高声叫堂,让老板和厨房有所准备,并及时为客人安排好座位,抹好桌子,倒好茶水,介绍特色菜肴,请客人点菜。客人每点一道菜,跑堂便向后堂高喊一道菜名,提醒厨师配菜炒菜,将客人口味喜好一并交代。现在服务员讲究职业装。服饰差异体现了分工,有前台负责接待的,有厅堂端饭端菜的,有服务饭桌的,职责明确。因此,旧时饭店老板十分重视跑堂伙计人选,多选脑袋灵光,手脚利索的勤快人。认为饭店生意的好坏,既有厨师手艺的高低,也有服务人员的工作热情和服务态度,有"来的都是客,全凭一张嘴。相逢开口笑,照顾最周全"和"笑迎四方客"等说法。现在饭店选服务员也有相似要求,需要经过专门培训,才可进入工作序列。

当铺。俗称"典当行"。旧时开当铺的多和官府或地方上有势力的人有密切关系，否则开不了当铺。现在很少见当铺。据老人讲，当铺门前常写一个大"当"字，挂一个"当"字幌子。在大门与柜台中间设一道木墙，保护当铺的私密和安全。店门后有柜台，整体较高，柜台外面有栅栏，典当物要双手高举，才可递给收货员。根据当物档期，可分大当、大押和小押。大当是三年以上，大押是一年到两年，小押是一年以下。各种金银首饰，玉器家私等贵重物品都可典当，物品由老板定价，双方认定画押后，当铺收物给钱。当物须按期赎回，逾期不赎，当铺便可自行拍卖，所获款项归当铺所有。每个当铺都有自己特殊的当票，作为双方典押凭证。为防有人冒领，当铺老板多将当票做成"鬼画符"的样子，其暗藏玄机，一般人很难辨识，图盖当铺印章。一般当铺盈利的方法是"九出十三归"，即价值十元当物，当客只能拿九元，赎回时需付十三元，即当铺是一个放高利贷的地方，有"要想富，开当铺"的说法。现在当铺很少见，若经济紧张，便可典押有价值物品，取得现金，更多人则通过政府信贷取得资金，渡过难关。

中药铺。俗称"药铺""中药铺子"。各乡镇都有大小不一的中药铺，其经营方式大同小异。旧时中药铺多集收药材、贩卖、坐诊、开方子、炮制药于一体，每个药铺都有自己的特色，重视自己的招牌，讲究仁义道德和社会信誉，有明确的戒牌和店规，重视药材炮制过程中的精益求精。药铺布局多是前店后坊，后面是药材加工作坊，前面摆设曲尺柜台，柜台后有存放药材的百眼厨、瓷瓶、锡壶等，另有戥子称、铜杵筒、杵药铁船、切药小铡刀、切药凳等加工药材器具。柜台外放一椅一桌，另有长凳，方便顾客看病休息。店主自己多是中医师，坐堂就诊，为顾客开方抓药。进店当学徒一般须有人举荐，按规矩行"拜师礼"。学徒一般学做三年，很辛苦，从早上开门到晚上关门，都需在店里做好各种杂务。平时住店不能随便回家，读药书，辨药材，练包药等基本功，练就识药、调剂和炮制药的好本领。每到端午，各药店多会熏燃苍术、白芷，让香气萦绕店前。碰见酷暑季节，药店还适时向地方乡亲赠送药茶、藿香等避暑汤药，平时也免费为顾客煎药。现在药店多经营中西药，有专门的药材买卖渠道，雇用一定数量服务人员，请医师坐堂诊断、开方抓药等。

肉店。俗称"肉铺"，各乡镇街道都有。其基本设施是一个柳木墩，用作剁肉。一张粗腿厚板长桌，用作放肉。一把大杆秤，一把小杆秤，卖肉称重。一把大砍刀，砍肉和骨头，一把小薄刀，剔除杀猪时没有刮净的猪毛。肉桌旁有木头支起的肉架，肉架上用肉钩悬挂大小不同肋条肉、猪头、猪肚肠、猪后腿等，供顾客选择。顾客需要哪块，卖主便用刀剁取，剁好称好，用麻绳捆好，顾客付账即走。现在也大致如此，多用磅秤，另有绞肉机，刀具等更多服务器具，各有不同用处，方便顾客需要，其服务更周全。

馍店。俗称"馍铺"。馍店多是小本生意，各乡镇都有大小不同馍铺。旧时馍店多为夫妻店，忙时雇一两个帮手。店面多是一间屋，蒸馍器具在里面集中摆放。在店门口用砖砌一大灶火，灶口向外，方便招风旺火。灶上安两口大锅，每个锅上叠放十多层蒸笼。灶台内侧靠墙放置一块大案板，案板上摆放各类蒸馍工具。案板旁放置面缸、水缸、面袋等。另一侧靠墙也放置一块案板，摆放准备上笼的生馍和备用的蒸笼，旁边放置装熟馍的袋子或馍盆。蒸馍辛苦，要提前一天和好酵面，第二天早起生火烧水，要和面、揣面、揉面、搓条、刀切、温馍、上笼、蒸馍、端馍、凉馍、拾馍等，在顾客买馍前将馍蒸好，计数卖或论重量卖。过去用风箱，后来有风葫芦，现在多用天然气蒸馍，用发酵粉代替酵面。过去是人工操作，现在有专门的蒸馍机器，一锅可蒸二十多笼，省了很多辛苦。但发酵粉蒸出的馍不如酵面蒸出的味道好、耐存储。

布店。过去现在都有，专门经营各种布匹买卖的。旧时大布店常有经理一名，伙计两名，再有一两个学徒，普通布店仅有店主和一名伙计，其经营多是白布、花布和一些较高等的绸缎。卖布器具有剪刀和尺子，店主常根据顾客买布用途，替顾客计算好尺寸，不浪费，用剪刀剪开小口，用双手撕开叠好。因此，当地人将买布称作"扯布"。布店忌讳携家眷留宿，忌讳代客支借作保，也不能抽烟，晚上要关好店门不外出等。

茶馆。旧时多在路边摆设，煎茶出售，供来往路人歇脚解渴。往往是一座凉棚，几条板凳，几张茶桌，几副茶具，开水泡茶即可。后发展为街道上比较讲究的茶楼、茶馆，用作人们闲暇时的聊天场所，或作为品茶谈生意的地方。现在茶馆是过去茶馆的延续，成为集娱乐、游戏、品茶于一体的经营性门面。

其他店铺。酱菜店，专门经营各种腌制蔬菜的店铺。旧时四季蔬菜种植不均衡，冬季缺蔬菜，春秋蔬菜吃不退，便有专门经营腌制蔬菜①的商家，大蒜、萝卜、豆角、洋姜、辣椒等，均可以成为腌制对象。杂货店，专门经营各种日常生产生活用品，多代销其他地方杂货，如簸箕、草帽、扇子、菜篮、绳索等小物件，店铺内货物堆放整体杂乱，经营品种多，价格实惠，是普通人家经常光顾的地方。文具店，出售各种文具用品，如铅笔、油笔、钢笔、毛笔、砚台、文具盒、尺子、本子、订书机、复写纸、牛皮纸及体育用品等，常在学校附近选址。棺材店，俗称"寿木店"，专门经营各种棺木的商店，常根据木质差异和做工繁简而有不同价位，认为棺木越重，雕花越多越细，便越贵重，相反则价位低廉。纸花店，俗称"纸扎店"，专门经营各种花圈、烧纸、冥币等丧葬用品。包子店、菜铺子、印章店等，无所不有，构成了当地丰富多彩的商业世界。

随时代发展，社会分工越来越精细，商业发展越来越充分，各种商业经营相互交织，相关商业习俗也相互影响，体现了商业发展的时代性、区域性特征。各种商业活动既是当地人生产生活的重要内容，也是当地社会文化的重要组成部分，其所包蕴的生活观念和文化精神已广泛渗透在人们的日常生活与精神世界中。

---

① 其过程是，将蔬菜清洗干净，放置在陶瓷罐、瓮、坛等器具里，用盐腌制，吃时用干净筷子夹取。这些腌制蔬菜是自然发酵，没有添加剂，多含有乳酸菌，可帮助消化，调节肠胃功能，是当地人重要的调味品。

第七章

人生礼俗

人一生中的生理状态和能够承担的社会责任都会发生多次重大变化，它通过一定生活仪式而转换人的社会角色。日子的恒常性和连续性必然会与人生变化的客观性发生矛盾。每个社会都会设计自己的文化来调整这一矛盾关系，让平常的日子积累从量变转化为阶段性的质变，并设计诸多阶段性的转折点仪式，以表征某一人生阶段的结束和新一阶段人生的开始。

蒲城人重视人生礼俗，设计了一套与之相应的生活礼仪，以之表征人生过程中的身份转换。这些人生礼仪是民间文化传承的重要组成部分，也是协调个人与社会关系的重要方式。蒲城人重视的人生礼俗包括生育礼俗、成年礼俗、婚嫁礼俗、寿诞礼俗、丧葬礼俗等，诸种礼俗都体现了"求生避死"的生存观念。

第一节 生育礼俗

生育是人类传宗接代和自身繁衍的重要方式，受到人们的普遍重视，它从怀孕、分娩、满月、百日、周岁及完灯，有一系列生活习俗。它寄托着人们对新生命的良好愿望，也遗留有封建迷信和男尊女卑的旧意识。

祈子。当地人重视传宗接代观念，有"不孝有三，无后为大"的说法。如果妇女婚后长时间不育，公婆，俗称"阿家"，就会和媳妇到娘娘庙祈子求孙。旧时当地都建有娘娘庙，里面供奉送子娘娘。送子娘娘怀抱婴儿，其神像下侧，有一尊男子站像，背一褡裢，里面装满小泥娃。据老人说，他是送子娘娘属下的送子哥，听从娘娘命令，专管给祈子的妇女送孩子。神龛上摆放许多裸体男女小泥人。每年庙会时段，已婚育龄妇女都会到娘娘庙烧香许愿，一是求子，二是祈求娘娘能保佑子女健康成长。农历每月初一、十五，也有许多妇女到庙里焚香祈嗣。她们献上祭品，并祷告默念祈子歌："娘娘婆，送子哥，祈求神灵给一个。不要刺花坐轿的，但要骑马戴帽的；要给个做官的，不要胡诞摸牌的。"随后从神龛上取一个泥塑童子揣入怀中，寓意自己已祈得意中之子，并从供桌上取一枚枣吃下，意为早孕早生。祈子妇女将祈得泥童收藏在家中炕席后不易被人发现的地方，在旁边配制一只泥老虎，以守护所祈之子。以后若怀孕，便认为是送子娘娘的恩赐，还要焚香还愿，答谢神灵。现在人重视科学生育，很少相信送子娘娘显灵送子。

怀孕。俗称"有喜""有身子"，是家中喜事，家里其他人会在日后的日子中对其格外照顾。同时，当地人也将怀孕妇女称作"四眼人""双身人"，有很多禁忌，如不能参加婚礼，更不能进入新郎新娘洞房，否则新婚夫妇日后会经常发生口角矛盾，也不利于新娘日后生育。不能参加葬礼，不能看望久病之人，不能进入祠堂和庙堂等，在这些场合之中，她们被看作"不吉祥"的人。在饮食方面，不能吃兔肉，吃兔肉会生下豁嘴孩子；不能吃狗肉，狗肉会将腹中孩子化掉；不能吃生姜，会生出多指头孩子，也不能吃奇形怪状的东西，怕生出孩子像所食东西一样。人们一般抱着"宁可信其有，不可信其无"的态度，大多遵循这些生活习俗。

胎儿性别预测及引导。当地有"男左女右"的胎儿性别辨识观念，认为孕妇跨门槛时先迈左脚则生男，先迈右脚则生女。有"酸儿辣女"的说法，认为孕妇怀孕期间喜欢食酸性食物则生男孩，喜欢食辛辣食物则生女孩。有根据孕妇梦境预测，如果经常梦见动物则生男孩，梦见花草植物则生女孩。也有用相反梦境预测，梦见男孩则生女孩，梦见女孩则生男孩等。虽不足信，但许多人还喜欢用此预测未来孩子性别。当地人认为在孕妇房中贴上男孩图像则能引导胎儿向男孩转向，相反也是。

坐月子。过去妇女多在家里生产，产房在产妇的卧室，卫生条件不太讲究，无论冬夏，都会把门窗关严实，防止产妇因风吹而得产褥热，俗称"月子病"。因此，人们认为妇女分娩的地方是污秽之地，生产时的衣物是"不干净的"，带有"晦气"。如果家中有红白事，或重病之人，产妇就不能在家中分娩，须在外面租房生产，或移至与家庭相隔离的柴房中生产。忌讳妇女在娘家分娩，认为这样会使娘家穷困破落，还会给娘家人带来灾祸。忌讳产妇分娩时娘家妈在场，忌讳未婚女子进入产房。产妇生产时，常请有经验的接生妇女充任接生婆，在炕前放一大盆，上架一木凳，产妇坐在上面生产，俗称"临盆"。接生工具简单，一把用火烧消毒的剪刀即可。产妇生产后，通常喝红糖水恢复体力。生产后会在"产房"呆一个来月，俗称"坐月子""坐月里"。现在孕妇到了预产期，都会提前送到医院安全分娩，顺产三天即可出院，剖腹产五天即可出院，比过去卫生安全。

辟邪。产妇生产未满月，严禁外人随便进入"月子"房间，认为外人进入产房会给婴儿带来邪祟，影响婴儿健康。旧时讲究用火辟邪，如来客进门时，须在门外呼唤主人，在门口点一堆火，让客人从火上跨过再进门。与婴儿血统很近的家人，如孩子的父亲，出门尽量不要晚归，如果晚归，进门前可抽一支烟或进灶房点一下火，用明火将外面邪祟祛除，才能进月子房间。月子房外都会用一小段红绳子作标志，告知外人家中有新生婴儿，避免陌生人带来风寒邪气而影响婴儿安宁。有时还会在月子房门外撒白石灰消毒。现在人讲究比较少，但也很注意，都会在合适时间看望月子中的母子。

报喜。婴儿降生被称作"添喜"，女婿须提礼品亲自到岳父母家报喜，告知母子生产情况等，方便岳父母适时前来探望。过去认为生男孩是添丁添口，生女孩是添口未添丁，现在生男生女，都称作添人口，同等待遇。

送汤。岳父母接到喜报后，一般会将提前准备好的鸡蛋、红糖、挂面等营养品以及婴儿需用的尿布、尿垫、婴儿衣帽等，适时带去看望月子中的母子，俗称"送汤""看月里"。

做满月。婴儿出生不到一个月，多是10天或20天，母子一切平安后，主家都要设宴招待亲朋好友的祝贺，俗称"满月酒"。在给孩子做满月时，娘舅家的礼物最丰厚，有小孩被褥、裹肚、鞋帽和各种花馍等，亲朋好友带来的礼品则比较简单，有挂面、鸡蛋、布料和小孩衣帽等。坐月子期间，左邻右舍也会带鸡蛋、挂面、红糖、布料等，看望月子中的母子，主家会给来客带回"干渣馍"，以示回礼。孩子满月时，会给婴儿剃头，这是孩子出生的第一次理发，俗称"剃满月头"，剃下的胎毛一般不扔掉，用红布包好，将其缝制在婴儿枕头里，或压在孩子睡觉的床头，据说这样孩子夜里睡觉就比较安宁，不哭闹。现在多是在医院剃头，随之洗澡，安全卫生。

熬满月。产妇出月后，便和婴儿一起到娘家小住一段时间，俗称"熬满月"，也称"挪窝"。到娘家时，讲究母子随身携带一大蒸馍，俗称"奶干粮"。熬完满月回家时，娘家人也用手帕包一个蒸馍，让孩子带回家，也称"奶干粮"。

认干亲。也称"认干大""认干妈"。孩子满月当天,将孩子抱到户外,认为孩子出门碰见的第一个人,便是与孩子有缘的人,就是孩子的"干大"或"干妈",俗称"撞亲",有"撞露水干亲"的说法。不管那人是否同意,都要接受孩子随身携带的馄饨,也要送孩子一件物品,并要问清干亲姓名和住址,随后带孩子和礼品正式登门认亲。如果遇见未婚的,一般先叫叔叔阿姨,等婚后再称干大干妈。有时是两家人相约为亲家,等儿女出生例行认亲手续。认干亲时,人们多选择夫妻和顺、多儿多女的"全命人",如此便可为孩子日后成长增加一层安全保障。认干亲后,两家便会以亲戚关系在节日或红白事中相互来往。

过百天。婴儿出生一百天,俗称"过百天"。当地人一般吃了满月酒就不再过百天,如果没有过满月,就会过百天,也是请客庆贺。但多不重视,主要是娘家舅前来庆贺。在这一时段,讲究挂长命锁,穿百家衣等,祝愿婴儿健康吉祥。

抓周。婴儿满一岁时,俗称"过周岁"。人们多会让孩子抓周,将孩子放置在炕上或大桌子上,周边放些玩具、吃食、钢笔、铅笔、书籍、算盘等,大人不做诱导,让孩子随意抓取。人们会从孩子先抓取的东西预测孩子未来的职业,如先抓钢笔,便认为孩子将来聪明好学,先抓食品,认为孩子将来有吃有喝,先抓玩具,认为孩子将来贪玩长大没有出息,等等。现在孩子周岁时,多是给孩子摄影留念。

可以看到,当地人重视生育习俗,在此过程中的许多讲究都带有生命的祝愿,希望孩子能顺利生产,健康成长,一家人在物质上和精神上都付出很多辛苦,等孩子周岁后,生活就进入日常状态。

第二节 成长礼俗

旧时社会讲究男冠女笄①的成年礼俗,它流行于上层社会,标志孩童时代结束。近代以来,古代的冠礼和笄礼并没有普遍流行,而被整合到婚

---

① 古代的"男冠女笄"习俗,普遍流行于士阶层,男子年龄在 20 岁时、女子年龄在 15 岁时,即可婚嫁。《礼记·曲礼上》记载:"人生十年曰幼,学;二十曰弱,冠。""女子许嫁,笄而字。"《礼记·内则》记载,女子"十有五岁而笄"。先秦至汉代,人君之冠礼较早的在 12 岁,较迟的在 22 岁。(见陈戍国《秦汉礼制研究》,湖南教育出版社 1993 年版,第 237 页。)事实上,古代冠礼在近代并不流行,它在很早就衰落了。

姻礼俗中。孩童的成年礼俗通过其他习俗形式得到转换，如当地人用完灯、开锁、还愿、理发等方式，标志孩童进入成年。

取小名。旧时和现在一样，孩子出生时多有小名，取小名的大致思路是好养，有"丑孩鬼不要"的说法。认为人名越贱越容易养活，多数人喜欢用卑贱事物给孩子取小名，如猫娃、狗娃、猪娃、羊娃、铁蛋、柱子等，也有人会在小名中寄托自己的心愿，如平平、安安、康康等。如果一家生养孩子多，如有几个男孩子的，常称作，大猫、二猫、三猫等，依次类推。认为女孩子命大，多用妮子、丫头、丑女等做小名。女子小名只在娘家使用，出嫁后，婆家便以姓氏或族内亲属称谓。等长大进入社会交往后，除父母亲属外，一般人多用正式名字，即户口本或身份证上名字，很少再用小名。

送灯和完灯。从孩子出生到12周岁，当地人讲究送灯习俗，娘家舅每年正月须给孩子送灯，祝福孩子健康顺利长大。第二年开始的以后各年，送灯均称作"添灯"，有"外甥打灯笼——照旧（舅）"的说法。送灯讲究连续性，在孩子12周岁之前，不能中断，若有空缺，俗称"空灯"，如此会对娘家不利。认为只有娘家断后，才会出现空灯。等孩子长到12岁周岁，还要举行"完灯"仪式，这是娘家舅最后一次送灯，寓意孩子已经成为半个成年人，以后不再送灯，孩子可自行成长。其贺礼是花灯（现在多用手电筒）一盏，给孩子照亮前程，各式花馍及生活用品、学习用具等，其他亲戚也备礼相送。孩子父母会准备糖果，设宴招待前来祝贺完灯的亲戚，宴请亲朋好友。

还愿。如果孩子成长时期曾许愿求神佛保佑的人家，在孩子12周岁时，还要感谢神佛庇佑，举行孩子终于成人的还愿仪式。还愿多在孩子12岁生日时进行，这一天家里张灯结彩、设宴款待亲友，备办丰盛的祭品，带孩子到曾许愿的神庙、娘娘庙、关公庙或土地庙等，祭祀献供。现在科学昌明，已很少有人求神佛庇佑，也少有孩子还愿礼俗。

剪百岁毛。过去有人家为了男孩好养，多会在其脑后留一撮头发不剃，俗称"百岁毛"。随时间推移便会越长越长，最后被梳理成一条小辫，等孩子12周岁时再剪去。现在也能看到有男孩脑后的小长辫。

去饰物或开锁。过去为保全孩童生命，多会在服饰上用心，在童鞋上、围嘴上用虎形、狮形等饰物驱邪，或给孩子戴项圈、戴锁，寓意圈住、套住、锁住孩子的生命，不让鬼神引走或夺走。其项圈多为银质，多为男孩置办，俗称"狗圈"，认为狗命贱，戴上狗圈就可获得狗一样的生命力。其锁子俗称"长命锁"，有银锁、铜锁、铁锁和线锁，认为长命锁套在孩子脖子上，就会根基永固，吉祥长命。金属质料的长命锁，多是银锁、铜锁、铁锁，其正面常镌刻"长命富贵""长命百岁"等字样，背面镌刻麒麟图案或老虎、龙、寿等。铜锁多是百家铜打制，铁锁多是破旧木头或废弃钉子打制，认为如此制成的长命锁有驱邪效果，长命锁一直戴到12周岁再除去。线锁较少，用红线或五色线结成锁状，只戴一次，一年加一个结，12周岁时除去，以示成人。现在也有很多人给孩子带长命锁。

冠礼取字和笄礼上头。旧时男子有行冠礼取字讲究，女子有笄礼上头习俗，寓意他们告别孩童时代，将以新的"符号"方式进入社会生活。男子取字，人们多找有功名、地位、身份的人为孩子取字，认为这样才能取好名字，给孩子以后生活带来好运气。女子上头，也要找"全命人"完成，这样才能带给孩子未来生活好运。现在已没有"取字"和"上头"习俗，孩子出生后，便取名在当地公安机关上户口，即为一生使用的名字。

在实际生活中，过去"男冠女笄"的人生礼俗在现代社会中已然消失，但其冠礼、笄礼的内在精神却没有消失，日常生活中的开锁、还愿、完灯、剪百岁毛等习俗依然是现代人生礼仪的重要内容，它们是孩童进入成年阶段，逐步走向婚姻的重要过渡，也是人生身份转换的重要标志。

第三节　婚姻礼俗

婚姻礼俗是人类文明社会的重要标志之一，也是个人合法进入社会再生产的基本程序。中国人重视婚姻，它是生命横向扩展势力和家庭纵向传宗接代的结合点，也是不同血缘关系相互交错的连接点，是人生的"终身大事"，在日常生活中具有绝对重要性，历来备受重视。

蒲城人重视人生的婚嫁礼俗，从目前婚嫁习俗看，开放的社会心态和多元的文化交流，过去婚姻习俗已逐渐简化，一些西方婚姻因素也日渐融入生活，许多婚姻活动是传统中国文化与西方新文化因素的结合，它们推动了传统中国婚姻礼俗的现代变革。当地婚姻礼俗主要包括订婚礼俗、结婚礼俗和回门礼俗三大环节，各地相近或相同，用一系列连续的仪式构成一个完整的有机体，体现了独具特色的地方婚姻文化。

一 订婚礼俗

旧时当地人婚前有一个比较复杂的信息沟通过程，媒人是沟通男女两家信息的重要桥梁，其程序包括提亲、相亲、合婚、看屋里、订婚和传帖等几部分，它们共同构成订婚礼俗。现在社会多是男女当事人之间自由恋爱，两人谈妥后，再添加形式上的媒人。

提亲。俗语有"天上无云不下雨，地上无媒不成亲"的说法，媒人在婚姻中具有重要作用。媒人多是由专门的媒婆或热心的亲朋好友，前者多是一些脚勤嘴巧的妇女，她们多热衷于此，消息灵通，经常主动为别人牵线搭桥，事成之后一般可以得到比较丰厚的谢礼，俗称"谢媒礼"。这笔钱一般由男方家支付，如果是男到女家，则由女方家支付，在成亲前一天，连同送给媒人的鸡、鞋、袜、布料等一起送至媒人家。媒人第二天还要引导接亲，俗称"圆媒"或"启媒"。谢媒钱多少多会视主家经济情况决定，无论多少，均用红纸包好，俗称"红包"或"封封"。现在有人专门给人介绍对象，明码标价，并以此谋生，其中已少了过去人与人之间的许多温情。后者是那些在男女两家都可以说上话的人，或当地较有面子的人，他们受人之托，或主动帮忙，充任媒人角色。这类媒人属于义务性的，并不需要回报，仅是想促成一桩婚事，别无他求。媒人功能多是介绍两家基本情况，传递消息，沟通协调双方矛盾，平息男女双方的分歧，担保双方能尽量达成婚姻形式，因此，媒人也称"大媒人"，有"保媒"的功能。

相亲。经媒人说合后，男方或女方多会提出"看一看"的想法。媒人会带男方到女方家或是女方父母到男方家，进行访问"相亲"，俗称"看相"。媒人在沟通双方家长后，统一安排见面时间和地点，俗称"明见"，比较正式。有的在家里，有的在特定场合等。如果男方到女方家，一般要带些礼物，不在多少，重在心意；女方到男方家也如此。如果男方被女方父母留下款待，或女方父母到男方家愿意接受男方家的款待，一般认为已得到女方父母认可。若女方家迟迟不备饭菜，或女方父母不愿接受男方家的款待，则说明这门婚事即将告吹。当地还有一种称作"暗见"的相亲方式，即由媒人说好地点时间，男女当事人都以有标志性的服饰或道具作为相亲标志，若两人认为还可以，男方家就可以正式提出相亲；若彼此感觉不合适，相亲事情就此作罢，以后不再提起。相亲时当事人会相互窥视对方形貌举止,接人待物等是否得体合适,俗称"看对相"。另外,当地人将女方家到男方家的"拜访"称作"看当",以区别于男方到女方家的"看亲"。现在相亲比较简单,男女双方事先沟通好,了解彼此家庭基本情况,如果没有特别要求,彼此都会将其对象先带入家中拜见父母,然后约定时间地点,让双方父母见面。

合婚。男方若有意于女方,女方也有意于结亲,男方便托媒人到女方家拿取写有女方名字和出生日期的庚帖,并请阴阳先生掐算生辰八字,审看男女双方属相是否相配。女方家也会索要男方的名字和生辰,请阴阳先生做同样事情,然后将推算结果相互通报,叫作"合婚"。一般包括,男女生肖是否"犯冲";所属阴阳五行是否相生相克;所属月份之间是否利于结合等。现在许多家庭比较注意男女双方年龄、学历、经济、相貌、家庭等,也会找懂的人看一看属相、生日等。

看屋里。在具备订婚条件下,旧时男女两家还有"看屋里"习俗,即男女两家约定时间地点,宴请男女当事人的直系血亲来男方家看屋里。一是考察男方家的家境情况,核实是否如媒人所说的样子,目的是为女儿找一门好人家;二是看人,主要通过了解接触,看男方家的人品和父母长辈在村里的乡风,媒人介绍的长相和为人是否可靠。现在人多看重对方家的人品、工作、父母、经济等是否较好,也是为子女日后婚姻稳定考虑。因此,看屋里在当地婚姻礼俗中很重要,酒席办得最好,到了真正结婚时的酒席则会大打折扣。

订婚。旧时称作"换帖子",当地叫"定亲"或"许亲"。帖子有专用印刷品,上面多印有喜庆图案,双方将婚约写在上面,通过媒人传给对方作为订婚凭证。传帖分两步,第一次叫"起帖",是男方向女方家求婚,女方家回帖同意这门婚事;第二次叫"礼帖",或叫"大帖""龙凤帖"。男方的帖子上印有龙图案,女方的帖子上印有凤图案,上面书写男女双方姓名、籍贯、出生年月和保媒人等基本信息,即为正式婚约,大致相当于现在的"结婚证"。

传帖。旧时两家订婚"传帖"要选择吉日进行,分别邀请亲朋好友参加,设宴款待,当地称作"定亲饭",目的是在更大范围内确认男女双方婚约关系。传帖程序是:男方家备好酒席,宴请媒人和所有客人,在酒席上说明情况,请大家届时前来祝贺。酒席结束后,选择某一合适日子,由媒人和当事人带帖子,帮忙人拿"定亲礼",俗称"聘礼",到女方家正式定亲。聘礼中有给女方家父亲一支脉直系血亲的礼品，特别要给女方父母和祖父母备一份厚礼。男方送给女方家的聘礼主要是布料、棉花、服饰、金银首饰等，聘礼为双数，有时候还会将各种东西加在一起凑成十件，寓意婚姻"十全十美"。女方家用酒席宴请重要亲戚，写好回帖，由媒人带回传给男方家。聘礼下定后，女方家也有一定回礼给男方家，一般是一套衣服、一双鞋、袜子、一条腰带，旧时还有文房四宝，也为双数。也要给男方父母和祖父母备一份礼品。不同礼品有不同讲究，如"衣服"寓意将为你做好穿戴；"腰带"寓意将你从此拴住，等等。而"棉花""布料"则有"连亲布，染亲花"的说法，用做结婚时的被子和褥子等。至此，男女双方的订婚礼俗即告完成。

二 结婚礼俗

当地过去的结婚礼俗大致可分为送日子、催嫁妆与送嫁妆、新房布置和铺床、暖床（压床）、吃酒席、迎亲、拜天地、入洞房、坐席、抢食、坐帐、闹洞房、吃食、并头、成妇礼等，每一个习俗中又包含各自不同的小内容，内涵多是夫妻恩爱、白头偕老；婆媳和睦，早生贵子；子孙满堂，生活富裕等，现在结婚则相对简单了许多。

送日子。婚期选择多会请算命先生推算黄道吉日，男方拟定婚期，让女方家选择确定。男方"择期"后"送日子"给女方家，其程序通常由男方委托媒人到女方家讨取对方结婚日子的基本条件，如果女方家同意近期举办婚事，就会开出女方生辰帖子，并将必要条件告知男方家。男方家会根据这一帖子，找人算出某年某月某日为行礼大吉时间。男方家一般会给女方家提供两个可选择的日子，上半月一个，下半月一个，以便女方家选择其中一个，能够避开女方的经期。当地认为农历六月和腊月都不适合结婚成亲，大约是因为天气太热或太冷。时间确定后，男方家便用红纸书写好日子，俗称"日辰吉章"，也叫"喜书"，送往女方家，俗称"送日子"。

催嫁妆和送嫁妆。过去这一习俗多在婚前一天，男方家由专人到女方家催要嫁妆，防止当天人事杂乱而使嫁妆散落丢失。男方家也带去"催妆礼"，主要是带肋条的大肉，俗称"离娘肉"，寓意母女骨肉分离。肋条须双数，在市场上，屠夫一刀砍下肋条肉，认为肉的斤两可以预见未婚媳妇婚后是否贤良孝顺，家庭是否美满等。一副完整莲菜，俗称"莲

（联）礼"，谐音于"藕断丝连"，寓意女子虽然在形式上离开娘家，但与娘家还有千丝万缕的联系，会经常走动。另有两条好烟，两瓶好酒，也有将烟换作点心的。这些礼品都用红纸或红绳或包裹缠绕，一并带去。礼品先用来祭奠女方家的祖先，随后分给女方家主要亲戚。女方家收了"催嫁礼"，就往男方家送嫁妆，主要是女儿出嫁时的陪嫁礼物，礼物有差异。旧时家境差的，可能仅箱子一个，或柜子一个，甚至是包袱一个，家境好的可能会有家庭生活所需一切器物，其范围通常是厅房家具、日常生活用品、床上用品和便溺洁具等。嫁妆上都会贴上一个"囍"字或扎上红布、红线，以示吉祥如意。陪嫁品中都有一对"长明灯"，谐音"长命灯"，寓意它能为一对新人照亮人生前方道路。在枕头上插一副红色筷子，寓意快（筷）生贵子。在鞋里放麸子，谐音"福"字，寓意女儿会脚踩福地，过幸福生活。在送去的被子四角缝上生花生、红枣，并撒一点盐，谐音于"缘"字等，寓意早生贵子。女方送嫁妆时要派自家子弟亲自押送，媒人陪送，男方家或是车拉，或是人抬，不一而足。女方通常是出嫁女子的哥哥或弟弟、侄子等直系血亲，随嫁妆一起到男方家，俗称"压箱弟（底）"。压箱兄弟多在娘家选一个聪明伶俐孩子充当，寓意新娘过门时，会把娘家家族中生儿育女、家族兴旺的家风和能力带到夫家。现在婚姻中的"催嫁妆"和"送嫁妆"已融合在结婚当天进行，多是各种车辆拉送，娘家男性子弟都可以是"压箱子"的。

新房布置和铺床。结婚前，男方家要将院子打扫干净，婚房粉刷一新，将窗户玻璃擦洗干净，贴上吉祥图案，多是龙凤呈祥、牡丹蝴蝶、喜鹊梅花和各种大小不一的"囍"字等。室内安放婚床（过去是火炕），放一张桌子（多是带抽屉的条形桌子），两把椅子，并有洗漱用具等基本生活用品。桌子上放有灯烛（现在是台灯）、镜子一类东西，新房挂一副绣有吉祥图案的新门帘等。另外，新房铺床很讲究，多在女方嫁妆送到后进行，由"全福"人完成，即父母双全、子女都有的妇女铺床。其铺床叠被的，或是兄弟妯娌，或是伯父伯母，或是姊妹连襟等，但都讲究父母双全，子女众多者为上，忌讳单亲或有凶事的人参加。男方家人和女方送嫁妆的人一起动手，将床打扫干净，此时还伴有很多吉祥语和一些象征性仪式，有"左铺右铺，一定全铺（福）""上拉下扯，才会平展""铺薄铺厚，总有富有""这边扫、那边扫，姑娘小伙满炕跑""你推我推，小伙姑娘一大堆"等各种俗语夹杂其中，用来祝福一对新人未来的美好生活。

床铺好后，会在床上撒莲子、花生、红枣和糖果，并叫一群小孩随意抢抓、嬉耍和玩闹，俗称"抓子"。其小孩多是自家兄弟姐妹的孩子，尽量避免单丁和独女。当天晚上还有"压床"习俗，压床人由新郎、未婚男子和第二天迎亲抓鸡的小孩。如果小孩晚上在床上睡觉撒尿，则预示当年新郎新娘有贵子降临。现在也讲究新房布置，铺床、压床，新房一晚上灯火通明，许多人会一起玩耍嬉戏，直至第二天娶亲。

吃喜酒。在正式迎亲前，男女双方的亲戚都会送贺礼，主家则会设宴款待，俗称"吃喜酒"。女方家在出嫁前几天，左邻右舍、亲朋好友会来贺喜，如送衣服、布料等，俗称"填花粉"或"添箱子"，给钱的称作"压柜钱"，村中人多是送鸡蛋，俗称"送喜蛋"，并讨要主家的喜酒和喜糖等，主家摆办酒席，宴请亲友。新娘的母亲或长辈女亲戚为出嫁的女儿"上头"和"开脸"。"上头"是改变头发样式，旧时是将头发盘成发髻、插上笄，寓意女儿即将出嫁。"开脸"俗称"开面"，用细丝线绞去脸上汗毛，并修剪眉毛，剪齐鬓角，佩戴一定饰物等。这些事也由全福人完成。女儿与其要好姊妹吃一顿饭，坐席时多被安顿在首位，俗称"姊妹席"。现在多是出嫁当天，提前到理发店将头发盘好，妆画好回家，等待新郎迎娶。

上喜坟。男方家在娶亲的先一天要到坟地祭祖，俗称"上喜坟"。告知祖先家中后代某人结婚，婚娶谁家女子，在某日举行婚礼等，宴请先人喝喜酒，用喜钱，并保佑新郎新娘百事和顺，早生贵子等。在家中摆放供桌祭祀，点红烛、焚清香，燃烧红纸包的冥钱等，请求祖先庇佑。女方家也有相类似的习俗。另外，男方家结婚当天要张灯结彩，在大门、厅堂、新房等地方贴喜联，"囍"字，将亲朋好友送来的喜账列写在显要地方，喜账用红纸题款，抬头多是：某某大人令郎花烛之喜；账心多写：天作之合、龙凤呈祥等字样；落款写：某某恭贺。当天左邻右舍和亲朋好友都会在男方家吃"流水席"。新郎坐席时在上位，由兄弟朋友相陪，俗称"兄弟席"。现在吃流水席已不太讲究座次，兄弟席也比较自由，喜账也多用礼簿代替。

迎亲人员。男方家叫"娶媳妇"，女方家叫"嫁闺女"或"嫁女子""打发女子"等。迎娶新娘比较讲究，由男方家组成迎亲队伍，陪新郎到女方家迎娶新娘。迎亲队伍的主要人员有，新郎、抓鸡娃、陪客、媒人、拿聘礼的人、炮手和抢亲人员等，男女都有，男性居多，各人分工不同。

新郎是中心，穿戴一新，多是婚前专门制作的婚礼服饰，从内到外是崭新一套，寓意新人新婚。脚穿舅父家带来的新鞋，身披红色被面，胸前带新郎胸花等。抓鸡的俗称"抓鸡娃"，多由自己的小弟或侄子充当，以父母双全、聪明伶俐者为先。抓鸡娃要新装披红，一是要带一只大公鸡，俗称"带路鸡"，到女方家需拍打公鸡"起鸣"带路；二是要拿一面镜子，俗称"照镜"，谐音"找径"，帮助新娘找好回家的路，带新娘找到称心如意的新郎；三是带上新郎送给新娘的信物，并带回新娘给新郎的信物，作为印证；四是要在饭桌上率先拿下第一个馒头，带回新郎家放在新房门簪上，寓意带回新娘家的粮仓；五是将新郎带给新娘的胸花戴在新娘胸前，寓意为哥哥或叔叔找到新娘，并留下了形式上的印记。陪客由新郎的姐夫或表兄等大龄男性担任，他们要熟悉当地婚嫁习俗，陪伴和保护新郎，将"离娘钱"亲手交给新娘母亲。媒人负责沟通协调双方结婚过程中需要及时解决的问题，推动迎亲仪式快速进行。聘礼是"四样彩礼"，即离娘肉、莲菜、香烟和白酒，男方家称"送彩礼"，女方家称"接彩礼"，常由男方家的接亲人携带，在媒人引领下，与女方家接彩礼的人对接，女方家会用红包交换彩礼，是为辛苦费。炮手从男方家出门即燃放鞭炮，并在迎亲路上不同地点燃放，到女方家门口则要燃放长串鞭炮，在回家路上也鞭炮燃放。抢亲队伍负责保护新郎安全和身上东西不被女方家嬉闹的人抢去等。迎亲队伍人数是偶数，列队娶亲，以示整齐有礼貌。

迎亲。迎亲队伍讲究"实心"娶亲，不"空心"求亲，出发前要简单吃饭。新郎披红跪拜祖先，告知娶亲队伍将要出发，希望祖先庇佑。出门时，炮手鸣放花炮，俗称"鸣炮开路"，驱逐各种不祥。新郎、新郎姐夫或兄长和抓鸡娃同坐一辆车，俗称"花车"；媒人和拿彩礼的人同坐一辆车；其他人自由组合，组成娶亲队伍。炮手一路上间断性鸣放鞭炮，直到女方家村口，还要鸣放长串鞭炮，示意娶亲队伍已到村口。条件允许时，女方家多会用锣鼓队或唢呐队迎接娶亲队伍，并在女方家门口着意表演，以示热情。新郎在进女方家大门和新娘房门时，会被拦门索要红包，被女方家亲戚和邻里"百般刁难"后方可进门，增加娶亲热闹氛围。新郎向女方家祖先牌位上香，行跪拜礼，新郎的胸花、披红、鞋等随身物品则会被女方家亲戚或邻里抢走，需用红包或喜糖赎回，不能落下一件，否则新郎和娶亲队伍会被视为无能。新娘的舅舅为新郎披红，以示接纳。媒人带人将聘礼移交给女方家，敬献于祖先牌位前。在过去，聘礼放在男方家带来的"莳萝"中,聘礼被取走后,女方家会在莳萝里放置相应礼物,寓意亲戚认亲。新娘花轿或花车出发前,由村中两名男子提前抬莳萝出发,寓意"探路"送信。抬莳萝的人要按花车路线行走,不能走斜道,一直到新郎家村口,将其交给新郎家的人。新郎的姐夫或兄长将"离娘钱"交给新娘母亲,多是 1001 元,寓意新娘是千里挑一,并说祝福语。新娘房门叫开后,抓鸡娃会被媒人带到新娘面前,抓鸡娃用手拍打带来的公鸡,有"鸡鸣万户开"的说法,并送上胸花和信物,留下公鸡。新娘送给抓鸡娃一件礼物。吃饭时,抓鸡娃带走饭桌上第一个馒头,寓意为新娘带上粮仓,将其放置在新房门簪上。为戏弄新郎,新娘家亲戚多会给新郎做一份包有辣椒粉或盐的荷包蛋,新郎须吃完,以示诚心。新娘在炕上褪去旧鞋,放在娘家,换上新鞋,沿炕前铺好的红布走上花车,有"土能生万物,地可产黄金"的说法,女儿出嫁,不能带走娘家地上一点土,否则就会带走娘家种庄稼的运气。

送亲。女儿出嫁时,娘家会选两个已婚妇女陪伴,俗称"扶女的",多由新娘的嫂子或已婚姊妹充当,帮女儿完成婚礼习俗。她们须是全福人,熟悉婚姻习俗,引导女儿参与婚姻礼仪。新娘上车后,女方家燃放鞭炮,寓意起轿出发,所有亲戚随后被安排上车。炮车在最前面开路,常在迎亲路上十字口、拐弯处、村口、路口、井边、寺庙边、水池边等地燃放爆竹,驱除路上不祥,求得平安。后面车辆坐新娘的兄弟子侄,俗称"压轿的"。新娘父母在路上抛撒过路纸钱,敬献各路神仙,为女儿买下日后回家的路。后面是花车,即新郎和新娘坐着的车,左邻右舍会用绳子、板凳、车子等物挡在路中间讨要喜糖,用吉祥话为新娘送行。新娘途中不下车,直到新郎家门口。旧时娶亲用花轿,若遇过河、下坡、上坡歇息时,抬花轿的人和抬嫁妆的便向女方家讨要喜钱,取得吉祥。现在也有如此习俗,多将花车临时停靠在娶亲路边,讨要"加油费"。新娘出门后,娘家人多会向门外泼一瓢水,有"嫁出去的女儿,泼出去的水"的说法,寓意女儿出嫁后,便不能再干涉娘家家事。

当地人的迎亲路线多用大回环,讲究回时不走来时路,寓意人生不走回头路,暗含婚姻长久圆满。旧时迎亲队伍随身携带红毡或红布,除供新娘上下轿踩踏外,在经过井台、庙宇、石磨、沟边时,还用红布遮住轿口,防止鬼祟妖邪滋扰。如果两家迎亲队伍相遇,双方新娘还要互换东西,如针线、手帕等,据说是为了消灾,或预先知道,就提前绕开。若碰见丧事，要尽量避开，认为逝者出丧的路上会投胎托生，新娘出嫁也是一次"新生"，容易被逝者"附身"而带来灾难。若碰见逝者三年"换服"的红事，则是好事，认为人去世三年后，就转为祥和、慈善，会给新娘新郎带来福气和好运。

村口迎亲。花车到男方家村口时，新郎家用锣鼓队迎亲，在村口献桌上放置酒和凉拼盘，敬请新娘的父亲饮酒三杯。花车和送亲队伍随锣鼓队缓行到新郎家门口。门口燃放鞭炮，新郎的嫂子或表姐向人群抛洒糖果和四个夹着豆腐和大肉的馒头（预先用手巾包裹好，否则落地而不能食用），众人会在捡拾糖果和馒头中热闹起来。新郎的父亲在花车前点燃一小堆柴火，用燃着的甘草绕花车一圈，俗称"燎轿"，可以辟邪消灾。新郎的母亲在车前给新娘"下轿钱"，给扶女的红包。扶女的下车后，新娘由新郎领下车，跨过小火堆，既可以驱除邪祟，也能预兆日后生活红火。过去人还用两只麻袋交换的方式，供新娘行走到新房，俗称"传代（袋）"，寓意新娘进入夫家传宗接代。现在是新郎将新娘直接抱入新房。新娘进门时被左邻右舍堵在门口，讨要喜礼，一番闹腾后进入新房。亲戚也到新房中参观。新郎的妹妹或侄女用清水为新娘净脸，洗去一路尘土。新娘的兄弟给新房挂一副新门帘。

拜天地。俗称"拜堂"。旧时在厅堂或院子中间进行，在供桌上摆放天地君亲师和祖宗牌位，另有香蜡纸、斗米、杆秤。新郎、新娘由主事司仪，也称"乡奉"唱礼，行跪拜礼，即拜天地、拜父母和夫妻对拜。其位置以女东男西，男子面向东方，女子面向西方；或男左女右，以示男尊女卑。跪拜祖宗，磕四个头；跪拜父母，磕三个头；夫妻对拜只鞠躬。现在用"鞠躬礼"代替了"磕头礼"，没有过去复杂，只给父母鞠躬，夫妻喝交杯酒即可。

坐酒席。在婚礼仪式举行过程中，双方宾客被安排到合适座位上准备吃饭，俗称"吃酒席"。① 坐席位置以新娘新郎的舅舅为上，坐首席最尊贵位置，其他人相对自由，多按照辈分或年龄安排。宴饮之间，男女双方

---

① 由于各家经济条件不一，亲朋好友不同，饭菜质量也不尽相同，但都尽心尽力做好，以飨众人口味，免得给别人留下话柄，即使家庭条件差的，也多向好的方面靠拢。过去请厨师上门主厨，邀请左邻右舍帮忙，有看客的、端盘的、提馍的、倒茶的、切菜的、收礼的等，一应俱全。坐席讲究主席和客席分开坐，新亲戚和老亲戚分开坐，先是老亲戚，后是新亲戚，最后是本村贺喜的人，俗称"流水席"。

的家长要逐桌逐人敬酒，以示谢意。婚礼仪式后，新娘换妆和新郎一起向参加婚礼的亲戚朋友敬酒，由亲到疏，由长到幼，以此类推。敬酒时会收到亲戚朋友的红包、手巾等。敬酒数量多是一杯到三杯，直到结束。结婚酒席菜谱比较讲究，多按本地席面设置，体现本地饮食特色，其席面顺序是：先是九碟干果，后是七盘喝酒凉菜，再是四品四盘的热菜热汤，最后是七盘或五盘主食菜，主食是圆馍，称作"包子"。热菜有鱼、虾、鸡、红苕甜饭、蜜汁咕噜等特色食品。旧时用八仙桌，现在是圆桌。每张桌子有专人照看，以备客人不时之需，专人端盘、倒水、提馍等，构成一个完整的宴席流程。酒席中，有人会向新客人说吉祥有趣的话，以热闹气氛并讨要喜礼。若碰见叫花子凑热闹，主家要客气款待，施舍积德。现在酒席多是专门餐车，专人做饭菜，十人一桌，省却了主家许多麻烦。

抓食礼。当地过去在敬酒过程中有一个"抓食"习俗，① 在拜天地的供桌前放一只木斗，里面放入若干煮熟的饺子，端盘的高举木斗，新郎、新娘用力弹跳，抓取斗中饺子，以抓到的完整饺子计数，共抓三次。人们根据抓到饺子的数量，预测夫妻以后日子能否过得红火。现在这一习俗已经消失，也很少有人再提抓食习俗。

入洞房。过去男女拜天地后，新郎拿"长命富贵灯"，与新娘共牵红绸，进入洞房，或由孩童持灯引入洞房。洞房门口贴喜联，窗户等地方贴大红喜字，屋内红烛通宵不息，俗称"长明（命）灯"。现在用电灯代替。进入洞房后，新郎新娘即以夫妻相处，有挑盖头、喝交杯酒、撒帐和坐帐习俗。新郎用秤杆挑起新娘的盖头，② 是新郎、新娘第一次正式见面的仪式。喝交杯酒是古代"合卺"③ 礼俗的变体，认为喝了交杯酒，夫妻就是一条心。撒帐是坐帐准备，由"全福妇女"在床上撒入五谷果实，伴有撒帐歌，"一把栗子一把枣，小的跟着大的跑""一撒金，二撒银，

---

① 抓食是男女双方配合，体现了当地男抢女藏的习俗，有"男人是个耙耙，女人是个盒盒，不怕耙耙没有齿，就怕盒盒没有底""男主外，女主内"的说法。寓意男女双方勤谨过日子，计算着过好日子。

② 秤杆上有七颗吉星，农村老秤是一斤十六两，用排列十六颗星表示，分别是南斗六星和北斗七星，外加福禄寿三星，共十六星，用秤杆挑盖头，寓意吉星高照。

③ "合卺"是分瓢而饮，虽是分瓢，实属一个，有"入了一个门，就是一家人"的说法。近世叫"合卺酒"，现在叫"交杯酒""交心酒""合欢酒"等。或将两个酒杯用红线拴在一起，新郎新娘同饮，或让他们各饮半杯，交换酒杯，饮完另外半杯，或胳膊相互交错，饮完自己的一杯酒。

三撒聚宝盆，四撒吉祥如意，五撒五谷丰登，六撒子孙满堂，七撒人生多福，八撒富贵满堂，九撒如意人生，十撒幸福美满"等，多是人生祝福词。撒帐后，夫妻坐在床沿或炕沿上，将手交互对压，表示已经同房同床，即为坐帐。过去还有上头、结发，夫妻背对背坐在一只木斗上，一位"全福妇女"用木梳将新娘头发搭在新郎头上梳理，俗称"并头"，上头时唱祝福歌，将新娘头发绾起盘好，俗称"结发"，有"结发夫妻"的说法，寓意"明媒正娶"。另有换鞋习俗，有"换新鞋，走新路，就新范，行新道"的说法，讲究新娘以后为人做事要有规矩，接受婆家约束。现在这些习俗多已消失，或分散在婚礼仪式和闹新房习俗中。

闹新房。在新婚三天内，亲朋好友、乡邻宾客不分大小、辈分高低，都可到新房中逗闹新郎新娘，俗称"闹新房"，有"新婚三天无大小""不闹不发，越闹越发"等说法。闹新房可增加新婚喜庆氛围，有驱邪避恶的效果。过去还有"听房"习俗，好事人会躲在窗户下、门外静听房内动静，以之作为闹洞房取乐的材料。现在多在第一天闹洞房，听房习俗已经消失。

成妇礼。在新婚第二天，新媳妇由婆婆引领介绍，拜谒家族中的长辈和平辈。旧时行"跪拜礼"，有敬茶跪拜习俗，长辈会给一定"礼金"或"礼品"。平辈、晚辈介绍认识即可。目的是在家族中确认新娘的位置，见出"大小"和"辈分"高低，为以后生活方便。现在是引领介绍，没有跪拜礼，只在称呼上确认即可。有时新娘还要专门走访邻居，俗称"串门子"，走动村中重要邻里乡亲。现在大家整体比较熟悉，很少有串门子习俗。

起帚礼。在新婚第三天早晨，新媳妇在公婆家第一次用扫帚清扫庭院，俗称"启帚礼"，小姑子或小叔子常会将扫帚藏起来，以此戏弄嫂子。新媳妇起早扫地，表示自己勤快，地扫干净，表示自己细心。随后是新媳妇和婆婆一起熟悉灶房，显示手艺，做的好坏不重要，关键是主动，婆婆也会不时告知注意事情。饭菜做好后，亲手盛给公婆，俗称"进汤"。这些习俗多已消失，更多是新媳妇给长辈端饭，并不需要专门仪式。

三　回门礼俗

回门。新婚三天后，新郎与新娘一起回娘家，俗称"回门"，它是新郎开始以女婿身份进入女方家庭，携带一定礼品，拜见岳父母及亲戚、左邻右舍。回门习俗是新女婿融入女方家族的主要方式，也是对新女婿的重要考验。

考验。在回门期间，亲戚朋友和左邻右舍会用各种方式考验新女婿，被视为女婿进入新娘家族的必须仪式。新女婿第一次到岳父母家做客，通常坐首席，也是女婿一生中在岳父母家中受到最隆重的一次招待。最普遍的考验习俗是吃辣椒饺子，女方家有人会端来一碗饺子给新女婿，新女婿多会让给新娘，显示新女婿的知礼和对新娘的关爱。新娘吃一口，便会发现饺子馅是辣椒粉，便会推给新女婿。新女婿需将饺子吃掉，若怕辣不吃，新娘就会不高兴，娘家人也会不高兴，这是娘家人考验女婿能否和女儿同甘共苦的习俗。这时常是岳母出来解围，有"耍一耍就行了"的说法，便很快会换一碗刚出锅的热饺子。旧时邻里还趁新女婿不注意，将锅底灰抹在新女婿脸上，以逗弄玩闹。现在已经没有了。或哄骗新女婿将辈分大小认错，以获取谈资。或将新女婿的包、衣服、车子藏起来，索要礼金或糖果，等等。新女婿在被嬉闹过程中，不能发怒，即便手足无措，尴尬至极，还须满脸堆笑，否则会被认为没胸襟，"不识玩"，以后行走岳丈家就很难有好人缘，给新娘和岳父母"丢了脸"。

认亲。新女婿和新娘回门后，要到女方家族中谢婚、谢亲和认亲。由岳母带领女婿、女儿逐一拜访，俗称"谢亲"和"认亲"。在每家中象征性吃点东西，长辈会给一定"礼金"或"礼品"，以示接纳，在以后逢年过节中，都会相互走动。

接亲。旧时还有"接亲"习俗，即新婚回门，新郎新娘由娘家人接送。若当天去次日回，丈夫同去同回，若新娘在娘家住几天，丈夫或同住或先回，过段时间或由娘家人送回，或丈夫接回等。现在多是夫妻两人同去同回，或在岳父家住一晚，或当天就回来。如此，婚姻习俗即告结束，人们的生活又回归平常，常来常往。

可以看到，当地婚姻礼俗包含着"重生"观念，婚姻习俗的每一环节都渗透了祈求生活美好，生命绵延的美好祝愿，包含了对有碍生命健康向前的诸种防范，希望能求利避祸，圆满完成人生的交接与新开始。

第四节 寿诞礼俗

当地人重视生日庆祝,被视为人生中的重要日子。不同年龄有不同庆贺方式,称呼上也有区别。旧时习惯将五六十岁后的过生日称作"做寿",而之前的都叫作"过生日"。认为自己父母只要健在,无论自己岁数大小,都不能做寿。其实,做寿和过生日的意义有很大不同,过生日是父母给孩子过,意味着分享成长喜悦,包含着父母对子女的爱。做寿是儿女给老人做,意味着对长寿和健康的珍视,寄托着儿女晚辈们的孝心。

做寿。俗称"祝寿",多是儿女给父母举办的庆寿活动。旧时从60岁开始,将逢10的生日称作"寿辰"或"寿诞",儿女会在父母生日时,看望父母,给父母做寿。给80岁以上的老人做寿,称作"过大寿"。做寿有繁有简,视生活条件和寿星身份而定。常邀请亲朋好友一起庆贺,来人常带礼品有寿桃、寿联、寿面、寿幔等。隆重的还设寿堂、燃寿烛、结寿彩等。这一日,寿星着新装,坐中堂,接受亲友、晚辈的祝贺和叩拜。亲友呈献寿礼,共饮寿酒,吃寿面。经济条件好的家庭,还会为寿星唱大戏,放烟花等。寿宴结束,主家回赠亲友部分礼品,作为回礼。

献寿桃。寿桃用面粉捏成桃状,[1] 蒸熟后在桃嘴上点鲜红色素,或做各种面花点缀。献寿桃有一简单仪式,常是寿星着新装,晚辈向寿星敬献各式寿桃、寿礼等,以示祝颂。寿桃的数目是9个,1个桃象征寿者,8个桃象征八仙,寓意八仙庆寿,将其陈列于寿堂几案,9桃一盘,3盘并列。

燃寿蜡。寿蜡也称"寿烛",是祝寿时的专用蜡烛。红色,长约1尺,重约1斤,蜡面印制金色"寿"字,或"福如东海""寿比南山"字样。祝寿时放于寿堂几案蜡扦上,寿礼开始时点燃,有燃烛祝贺之意,增添欢庆氛围。

敬寿酒。因为"酒"与"久"谐音,当地常以酒祝寿,祝愿寿星身体健康,福寿绵延。寿诞用酒,不论品种、价钱,均称寿酒。寿酒先敬寿星,然后宾客共饮。

---

[1] 在神话中,西王母做寿,在瑶池设蟠桃会招待群仙,后世祝寿均用桃,蒸制面桃,用色将桃嘴染红,像桃。

吃寿面。当地庆寿必有面条，称作"寿面"，自备和亲友馈赠。因为日常饮食以面条最绵长，认为寿日吃面，寓意延年益寿。一般人生日吃面，寿星庆寿也吃面。寿面长约3尺，每束百根以上，盘成塔状，罩上红绿菜花，用作寿礼，以此敬献寿星，寿面备双份。

送寿图。当地庆祝老人寿诞，有送百寿图习俗。或在大红纸中间写一大"寿"字，在其笔画中布满100个各不相同的寿字，或在一张大红纸上用不同字体书写100个寿字，悬挂在中堂或厅房显耀位置，称作"百寿图"。另有敬献"福禄寿图"的，图中一寿星持桃伴鹿，上有飞动的蝙蝠，"鹿"与"禄"谐音，寓意官禄恒通，"蝠""福"谐音，寓意老人福泽绵延。因图中福、禄、寿有此寓意，故有此名。在画面寿星老人身后，还有童子翘首仰视蝙蝠飞来的样子，俗称"翘盼福音"。这种图多是子女、外甥等人敬献，希望父母长辈福寿万年。还有送"寿山福海图"的，图中有一大海，海中有岩石及飞动的蝙蝠。"岩石"代表"山"，"蝠"与"福"谐音，寓意为"福如东海，寿比南山"，老人过寿，家中悬挂此图较多。也有送匾额的，男性的送"星辉南极"，女性的送"瑶池桃熟"，男女双寿的送"椿萱并茂"等各式匾额。

送寿联。以祝寿为内容书写的对联，称作"寿联"，根据性别、年龄差异，寿联在措辞、用典多有区别。如男性80岁寿联："渭水一竿闲试钓，武陵千树笑行舟。"女性70岁寿联："金桂生辉老益健，萱草长春庆古稀。"也有双寿联："花放水仙夫妻偕老，图呈王母庚鹭双辉。"凡此都有讲究，其他地方大致相同。

当地男性过寿有"庆九不庆十"的讲究，其意是60岁寿辰在59岁做，70岁寿辰在69岁做，依此类推，大约与古代"满招损"观念有关。女性过寿则满打满算，在满60周岁、70周岁时做寿。另外，许多老人常在73岁和84岁做寿，有"七十三、八十四，阎王不叫自己去"的说法，认为这两年是人生的"门槛"，要特别重视，唯有隆重庆祝，才能帮老人顺利度过。

另有"本命年"的说法，认为人无论大小，凡本人属相的一年都是"本命年"，本年内要带红，防止邪祟侵袭，俗称"过门槛"。而39岁、49岁也被认为是人生暗门槛，不知道原因，认为人生在经过这两个年头时要特别注意安全。本命年讲究穿红背心、系红腰带、穿红内裤等，以此祛除邪祟，求得吉祥。对老人要经过的门槛，则更需注意，多通过做寿衣、做棺木、修筑墓地等方式，冲去本命年的晦气，求得平安。

第五节　丧葬礼俗

死亡是人生沉重悲苦意识的渊源，也是人生最深刻的问题之一，一种成熟的文化必定是善待死亡的文化。中国传统丧葬仪式表现为"隆丧厚葬，香火永继"。在丧葬过程中，人们遵循"事死如事生"的原则，在自然生命死亡的事实面前，人们设置了神主牌位和香火祭祀，将生命死亡虚构成生命形式转换的文化现象，以此实现生命自我超越。

蒲城人重视丧葬礼仪，有大操大办的习俗，尽力将其办得体面，不被人"笑话"。近代以来，蒲城丧葬礼俗可大致分为治丧习俗、寿终停丧、成服发丧、安葬习俗和服丧尽孝等，每一部分又可分为若干小环节，每个环节又有自己的逻辑顺序、礼仪形式和文化意蕴。它们环环相扣，步步相连，形成一个完整的丧葬文化系统。其丧葬礼俗，既有对生前后事的种种准备，也对身后诸事的合理安排，它用一套完整的丧葬仪式，表达生者对逝者的哀思，也用此种方式让逝者在另一世界得到安息。①

一　治丧习俗

当地治丧习俗是从准备后事开始。在父母进入老年后，家人常会根据父母身体情况，适时为他们准备"后事"，即逝者去世后的诸事安排，主要包括，预备寿衣、孝布、寿木和造墓等。

做寿衣。俗称作"老衣"，因忌讳"死"字而称作"老"，常将人去世说成人"老"了，既显出逝者的高寿，又包含生者的敬意。寿衣一般用棉布制作，多按老人爱好适当做出选择，忌讳用皮毛一类材料制作，也不选用缎料。认为人去世后要投胎托生，会有来世，如用皮毛材料做寿衣，担心逝者转世为兽，"缎"与"断"谐音，忌讳其断子绝孙，对子孙后代不利。寿衣数目取单不取双，认为单数是阴间吉利数，双数是阳间吉利数，阴阳正好相反，才符合生死规律。

---

① 家庭成员的死亡，打破了既定的组织关系，并带动一系列角色和地位的重组，在某种程度上，它隐含了社会的一种危机。经过丧葬礼仪包装后，人们惧怕死亡，但又能坦然面对和迎接死亡的到来，有时，生活中的丧事可能会转变为生活的一种喜事。

做孝布。孝布多用家织白布制作，主要用于服丧期间使用。根据血缘关系远近，人们将孝布裁成七尺、五尺和三尺，并制作许多白色孝帽，发给前来参加葬礼的人。认为儿子、媳妇、女儿、女婿及侄子、侄媳妇为近亲，用七尺孝布，孙子一辈用五尺，稍远一点用三尺。曾孙一辈多戴红布条或红孝帽，不用白色孝布。孝布尺寸体现了血缘关系的远近和孝子的辈分大小。

做寿木。俗称"做棺木"，"棺"与"官"和"关"谐音，寓意逝者居于生者上位。"官"类比于阳世，有管束和引导生者的优先权；"关"则寓意逝者和生者被永久隔开，不再见面。当地人也将寿木称作"寿材""棺材"，谐音于经济上的"守财"和行政上的"官才"，寓意逝者在阴间依然可以获得经济上和政治上的好前程。在寿木质料选择上，各家经济情况不同，上选柏木，次选松木等木质坚硬的材料，最差的是柳木。过去也有用苇席下葬的。当地人认为杨木、椿木、桑木等不能用作寿木材料，它们质地松软，在地下容易腐烂，而损伤父母躯体，也有谐音不祥的观念，如"桑"与"丧"字谐音而不能用。认为棺材木料越好，逝者就越能在阴间保存好躯体而长寿不老。寿木上常刻画各种图纹，多以"寿"字、八仙过海、孝子图等为最。寿木做好后，用油漆刷过保存。老人寿衣常放入寿木，以示存寄。

选墓地。造墓要请阴阳先生看墓地风水，为逝者选墓地如同活人选庄基地一样，以背山面水，视野开阔、没有阻挡的地方为好，避免墓地处于低洼或危崖、河边等不安全地带。认为逝者所居之地会影响子孙后代的香火接替、人生幸福、事业发展等。当地人选择墓地都非常谨慎，常将阴阳先生领到不同参选地方，比较衡量，选好墓地才造墓。许多地方都有公坟，阴阳先生只选造墓地点即可。属于自家坟地的，仍会请阴阳先生选准墓穴方位，才会营造。

造墓。坟墓俗称"阴宅"。当地墓室属"庭院式"结构，父母同墓，分开独墓的少。墓穴为居室化标准，在竖挖的长方体"墓庭"内，掏制出比棺木大的"墓穴"，寄放棺木及其他丧葬用品。墓穴要结实、耐用。经济好的人用青砖箍好墓穴，或用青石修筑墓穴。现在多用砖箍成窑洞状墓穴。墓门有横批和对联。墓庭深七尺，有时还根据逝者死因而有所改变。认为凡属凶死者，如溺水、凶杀、刑狱等，多用深墓，不入祖坟，另起较差墓地埋葬。凡寿终正寝者，或年寿高者，多用浅墓，埋入祖坟。逝者墓穴一般在上一辈逝者墓穴脚下,依此类推,同一辈分,东边居上,西边居下。墓穴造成后,孝子要备好香烛、纸钱和酒食等,到先祖墓前祭奠,以此告之,并送工匠每人红被面一条,以示谢意。随后用砖封好墓穴,以备后用。造墓于祖坟的,直到坟地再无法开穴造墓,家里则请阴阳先生,重看风水,另选新坟地。

当地人做寿木和造墓时间多选在父母过"门槛"的一年里,或父母久病不好的时间段,认为这样做,可以用寿木或造墓驱除父母在这一年中的"晦"气,增加他们的阳寿。因此,做寿木和造墓一般被认为是家中喜事,在寿木和造墓完工时,儿女都要请客送礼,重谢木工和泥瓦工。

二 寿终停丧

寿终停丧,指逝者生命临终前后的各种习俗,主要包括,设铺板、净身、更衣、含殓、请神开路、设灵烧纸、置丧盆、挂门幡等。

置铺板。人去世之时,家里要为其备好"铺板",铺一条干净床单,逝者咽气着装后,将逝者从床上或炕上移到铺板,随之在铺板前放置献桌,准备祭品。

净身更衣。当地习俗认为,逝者绝气前,男性要理发,女性要梳头,要"净身",即用湿毛巾将逝者身体擦抹一遍。男性由村中男性长者完成,女性由女儿或媳妇擦净,穿上寿衣,也称"老时衣",抬上铺板,放置平整,意味逝者准备"起身"。认为人去世不能放置在阳世人间的炕上或床上。着装上,男性戴帽、穿衣裤,有些有披风。女性不戴帽,用一块白手帕裹头即可,下身一件裙子,其余和男性一样。逝者的鞋在最后穿,类于阳世人的着装顺序。认为逝者一旦穿鞋,其魂魄就会离身,只留一具没有魂魄的躯体。因此,逝者穿鞋后,还要用红线捆住双脚,防止其提前离家,成为游魂。

含殓。逝者去世后,在逝者嘴里放置"口含钱",俗称"含殓"。① 认为逝者"含钱",到阴间才不挨饿。含殓时,子女在场,有"亲视含殓"的说法。逝者左手提一粮食布袋,内放七小块馒头,右手拿一双筷子,脖子上挂一钱袋,里面放点真钱,供路上盘缠。若时在冬天,在逝者身上盖一条棉被,在夏天,则在逝者身上盖一块白布,脸上盖一白

---

① "含"礼时间在逝者绝气前,换好衣服后,所含以金玉为主,也称"饭含"。

色手帕。夏天还用葱或姜塞住逝者口鼻，耳中塞棉球，掩盖天热产生的秽气。

请神开路。逝者放置铺板后，逝者的儿子便在门口，面向西方，跪拜磕头，烧掉纸车马和冥币，请神开路。常见说词是，"顺来（想象中的车马司机，多用吉利名字），你一路驾车，要稳当，将我父亲（或母亲）顺当平安送到西天府邸"，寓意孝子已为逝者备好车马，买通道路，准备好西去的物质条件。这是阳世孝道的体现。

设灵、烧纸、置丧盆。在逝者铺板前摆设灵桌，放置一尊香炉、四个果盘、四碗白面、点两根白蜡，点燃油碗中棉条，俗称"引魂灯"。① 摆放停当后，这里就是孝子"守灵"和来客"吊唁"场地。随后烧"倒头纸"，所有孝男孝女披麻戴孝，上香跪拜，在"丧盆"里烧纸，并痛哭"招魂"，将逝者魂魄呼唤回来。逝者下葬前，每天早晚烧纸，早晨天不亮烧纸，称作"天明纸"，傍晚天没黑烧纸，称作"倒头纸"。烧纸时，孝子都要跪拜、焚香、磕头、恸哭、招魂。纸灰存在丧盆中，直至出殡，连同献桌上的白面一起倒入丧盆，在村口处摔碎。

从烧第一次"倒头纸"起，灵桌上香火不断，直到逝者下葬，寓意逝者子孙繁荣。下葬时，将灵桌上长明灯放到墓穴中的棺木上。认为人死进入阴间，那里黑暗无光，长明灯能为亡魂照路。灵桌前放置麦草，供祭奠人跪拜，寓意逝者此处"落草"，如阳世一样，直到逝者入殓，将灵桌前麦草打扫收起，俗称"扫灵"。麦草随后用作逝者下葬后"引魂"。

挂门幡。逝者去世后，主家便在门前挂出用白纸剪好的幡旗，俗称"招魂幡"，它是家里丧事向外公示的标志，也是为逝者招魂的旗帜。逝者下葬时，逝者的外甥会拿此幡旗到坟地，将其插上坟头。

三 成服发丧

寿终停丧后，接下来是成服、报庙、发丧、守灵、祭吊、设灵堂、送魂入殓等环节。

报庙发丧。报庙主要是向阴间诸神通告逝者死讯。孝子披麻戴孝，旧时多在土地庙、城隍庙处焚香烧纸，现在多在村中路口烧纸，祭告各路阴间官员，传递死讯，称作"报庙"。"发丧"是向逝者亲属、朋友等人报

---

① "引魂灯"也称"长明灯"或"引路灯"，其点燃后不再熄灭，直至下葬，放入墓穴中。

丧。人去世后，由丧主发丧，父亲去世，先报家族，母亲去世，先报舅父，由逝者家属到亲戚家报告死讯。现在村中有专门的报丧人，俗称"打孝帖（音 dǎ xiāo tiē）"，将所有需要通告的人名记下，专门报丧。报庙后，再报丧，主要内容是逝者去世的原因、时间和下葬日子。如果逝者是女性，娘家人会在第一时间送来祭品，作为逝者路上粮食。

　　成服。逝者绝气后，主家将准备好的布匹拿出，制成孝布、孝帽等，分发给孝子和前来参加葬礼的人。孝子第一次在逝者灵前上香、烧纸后，即为"成服"。三年后通过"脱服"仪式，才算"服"完，是为"守孝"三年的形式标志。

　　守灵。成服后，逝者的子孙披麻戴孝，跪拜在灵桌右侧麦草上，看守逝者的尸体和献桌上的香火，直至出殡，俗称"守灵"。① 逝者出殡前，孝子照顾逝者，仍像生前一样，清晨洗面，一日三餐，白天献祭后，在灵前吃饭，须将祭祀饭菜吃完，不留剩饭，以示对逝者孝道。

　　祭吊。俗称"吊唁"。亲友闻知逝者音讯后，会在逝者下葬前祭灵。祭吊不论辈分和年龄，均以"死者为大"上香祭拜。孝子跪拜回谢。女孝子在来客吊唁时陪哭还礼，男孝子只跪拜，不陪哭。若无血缘关系，更多是焚香鞠躬。

　　设灵堂。逝者去世后，主家会设置灵堂，整体恢宏，前面悬挂幔帐，后面停放棺木。逝者为男性的用"跨鹤归去"、女性的用"驾返瑶池"字样，表达对逝者的哀思。在"送魂入殓"前，将逝者铺板前献桌上的所有器物移至灵堂，在中间放置逝者牌位，两旁放置和逝者同辈，且已去世的兄弟或妯娌的牌位。灵堂两侧摆放各式纸扎和陪葬品，如童男童女、金银斗、摇钱树、聚宝盆及亲朋好友的挽联、挽幛、花圈等。

　　送魂入殓。将逝者从铺板移入棺木前，先将子侄为逝者准备的褥子层层铺好，从下向上，按门户亲疏、年龄大小，从小到大排列，随后孝子将逝者抬入棺木。在棺木中，逝者头枕特制的"凹"形空心枕，上面多绘日月、山川、花卉等图案，脚凳一"山"形垫，寓意头枕日月，脚蹬南山。逝者放平整后，儿媳和女儿整理逝者衣服，去掉衣服上金属饰物，防日久而掉进逝者体内，影响逝者转生后的健康。随后为逝者盖好由侄女、甥女、孙女制作的被子，从下向上，按门户亲疏，由小到大排列。认为逝

---

① 孝子需照看好引魂灯和香火，不断添油，焚香，使灵前香火不断，寓意子孙香火绵绵。

者铺盖子女的被褥，便能享受骨肉之情的温暖，还要刺瞎被褥饰物上的人或动物的眼睛，防止它们泄露逝者轮回的秘密。整理铺盖后，去掉逝者脸上盖布，解开脚上红线，寓意逝者将要离开家庭，进入另一世界。

闭殓。俗称"盖棺""合棺"，是将棺盖用榫卯合严。"闭殓"前，主事人请逝者外家人或娘家人查看逝者合棺前所有铺盖、衣物等是否整理完备。闭殓时，所有孝子绕棺木三圈，俗称"绕灵"，告别逝者遗容，此后将生死两界，不再开棺。绕灵时孝子往往嚎声大哭，以示悲伤和孝道。

四 安葬礼俗

安葬习俗是对逝者尸体的最后处理，包括开墓、请灵、起灵、出殡、献戏、摔献、下葬、路祭等。

开墓。当地是土葬，讲究夫妻合葬。"开墓"是开挖已备好的墓穴，只开一边墓室，有时也请阴阳先生看时间，指定开土位置，众人开挖，俗称"开墓"。开墓时要鸣放鞭炮，敬献神灵，为逝者祈求平安。

请灵。在逝者下葬当天，孝子前往祖坟跪拜祖先，报告逝者下葬消息，请祖先庇佑照顾。女孝子将墓室打扫干净，为逝者准备好居室卫生，俗称"扫墓"。孝子还将和逝者同辈，且已去世的兄弟、妯娌牌位请到灵堂，为逝者亡魂安排人间"聚会"，使其都能享受灵堂祭拜，彼此日后也能在阴间相互照应。

起灵。俗称"出灵"，众人将棺木移出灵堂，送上"大轿"，也称"灵轿""棺罩"。在激烈奏乐中，众人将棺木安全放入棺罩，[①] 棺木出门时大头在前，即逝者出门向前，直去西天极乐世界。孝子则手持柳木丧棍，取"留""柳"谐音，痛哭不已，希望能留住逝者，俗称"哭丧"。

出殡。即将灵柩送往墓穴，出殡时间常根据逝者起身时间推算，选择吉日吉时。出殡时，众孝子在灵轿前跪拜，亲戚朋友给孝子带上其参加葬礼的物品，当地称作"搭布""挂钱"，取其谐音，一人有难，大家"牵挂"，帮孝子渡过悲伤难关。此时亲友乡邻都会聚拢过来，为逝者起事。

担汤。棺木放入灵轿后，逝者儿媳将备好的酵面罐提前送到墓地，俗称"担汤"。其场景是，儿媳的家父或兄弟肩上放置扁担，前面挂酵面

[①] 棺罩呈长方形轿体，内有放置棺木的横木，棺罩外面用帷幔装饰，多绘有吉祥如意图案，男性用龙头龙尾，女性用凤头凤尾。根据路途远近，安排8人或16人抬轿，俗称"抬重"。

罐，儿媳拉后面一扁担钩，从灵堂出发，恸哭至墓地，放下酵面罐返回。此时，儿媳手拉扁担钩，一端拖地，独自归来，路上忌讳与任何人说话，俗称"拉丧"，寓意逝者下葬归穴前，孝子已备好逝者日后饮食必需品。

献戏劝孝。灵轿在门前停放时，吹鼓手常演奏3折戏，多选劝孝、劝勤、劝耕曲目，如《三娘教子》《下河东》等，以缠绵悲伤为主，寓意逝者对生者的最后教导，也是对在场观众的劝说。现在多演奏时尚歌曲，以飨观众。

引魂幡。灵轿出殡时，逝者外甥用响炮晓谕出殡，并手持逝者铭旌，带好纸钱和鞭炮，一路领先，走向墓地。铭旌上写有逝者身份、姓名、去世年月等基本内容，也有孝子书名，是逝者在另一世界的身份证明，俗称"引魂幡"。另有抬莳萝者将逝者牌位、长明灯、献桌上的白蜡、香纸及祭品等，先行抬向墓地。其他人也将部分花圈随后带往墓地焚烧。

买路钱。出殡时，逝者外甥须不间断向路上撒纸钱并鸣放鞭炮，俗称"买路钱"，买通沿路神仙，为逝者行走平安，并敬畏诸神。

避祸。也称"避殃"，灵轿在经过村中不同人家门口时，那家人需在门口点燃柴火，寓意此处不能落草，俗信认为燃"火"可避"祸"，远离死亡。

摔献盆。出殡时，吹鼓手随路奏乐，后面紧跟孝子和灵轿。逝者娘家某一男性手持丧盆，放在孝男头上，俗称"擎（顶）盆子"，在出村第一个路口，将丧盆摔碎在提前准备好的火堆中，寓意逝者不再享用人间烟火。灵轿此时会越过孝子队伍，奔向墓地。

下葬成坟。众人将棺木放入挖好的墓道，大头在前，小头在后，将棺木推入墓穴，寓意逝者进入自己的居室。棺木旁放置逝者阴间生活用品及生前喜爱东西。在墓门内侧放置童男童女，在棺木小头上面放置长明灯，在棺木上平放逝者铭旌，并合理放置其他物品。随后用石板或砖封好墓门，鸣炮填埋。其间，人们会将逝者生前物品及酵面罐扔进墓道。孝子将哭丧棍和花圈插在坟头，在坟前墓穴口方向垒一献台，俗称"献门"，放置祭品，前置逝者牌位，并将其他挽联、花圈、纸扎等全部焚烧。人们磕头、烧香、恸哭至纸扎烧尽，孝子奠酒三杯，寓意逝者开始享受人间烟火献祭。

服（扶）孝。成坟后，孝子将孝布缠起，俗称"缠头服孝"，谐音于"扶孝"，讲究孝子节哀顺变，逝者也已从生活中的人转为祭祀中的灵。当地服孝时间为三年，此时段都称"服孝"。

五　服丧礼俗

服丧习俗包括：路祭、送灵、引魂、种五谷、七斋、出殃、百日祭、周年祭和脱服等。

路祭。逝者下葬结束，在回来路上进行。认为丧葬活动会惊动各路神仙，逝者入土后，孝子沿途拜谢，感谢诸神暗中协助。在家中去掉逝者牌位上黑纱，寓意逝者已位居神位，享受人间香火。

送灵。在吹鼓手的奏鸣中，孝子将逝者下葬前请来的其他同辈逝者兄弟或妯娌牌位倒扣在木盘中送回"原处"。

引魂。俗称"打怕怕"，从逝者下葬第一天晚上起，连续三个晚上，用逝者灵前麦草将其灵魂引回家中。第一天晚上，在坟墓四周点火；第二天晚上，在丧葬路上间距性点火；第三天晚上，在先天晚上点火地方再连续点三四堆火，最后一堆火点至家中门后，即将逝者灵魂已引回家。引魂时，路上不能回头、不能说话，以免惊吓逝者灵魂。认为逝者虽已离开人世，但依然是家中一员，能享受家人献祭，否则就成为孤魂野鬼。

种五谷和圆坟。在逝者下葬第二天早晨日出前进行。孝子在坟头撒播五谷，俗称"种五谷"，寓意为逝者播种生活粮食。此日是逝者下葬后第一个早晨，须在坟前烧纸将其唤醒，以免耽搁生活饮食，随后献祭。在此过程中，孝子不说话、不啼哭，自带铁锨，修整先天堆成的坟墓，俗称"圆坟"。俗信认为，坟墓成型后便不能随便动土，只在每年清明修复。圆坟属阴间建筑，须在日出前完成，以免冲撞阳间诸神。若坟头谷物日后能发芽生长，则寓意逝者在阴间可五谷丰登，衣食无忧，对生者也是一个好兆头。

七斋。俗称"做七"。认为人有三魂七魄，做七要将逝者魂魄收起而不至魂魄飞散，不能转世投生。做七从逝者去世当日算起，以农历为准，每七天祭奠一次。做七当日，逝者子女负责香火饭食，当日适当时间（不能太早，不能太晚，按照逝者生前饮食习惯）在坟地献祭，并在牌位前跪拜，俗称"引路送饭"。其中，"头七""三七""五七""七七"（俗称"五十"）比较看重，孝子都去坟地，二七、四七、六七属偶数，相对简单。七七也叫"断七""尽七""五十"，随后即到百日纸，周年纸、二周年纸和三周年祭祀等。

插旗。"做七"时与农历中的"七""八"相遇，逝者女儿先一天须在去坟地的路上"插旗"。旗帜用白纸糊成，小三角形，上面剪有相同花纹，间距性插到坟头，并在坟墓周围插旗，防止逝者魂魄迷散，还须抛洒纸钱，买通沿途诸神，引导逝者亡魂顺利归来。认为逝者做七中碰到的"七""八"越多，其生前罪孽就越重，子孙越要谨慎小心，努力为逝者赎罪，以免逝者在阴间遭受惩罚，或转世不顺。相反，逝者会在较短时间内转投一个好人家。

出殃。人们根据逝者去世时间，可以推算逝者回家时间。俗信认为，人去世后，魂魄会在四十九天之内回家一次，探视自己生前生活的地方，在牌位前忏悔生前罪孽，俗称"出殃"。随后不再回来。当地"出殃"有两种，一是逝者下葬时用一只公鸡将"殃"带走，在墓地放走或杀死公鸡，忌讳带"殃"鸡进入别家而"殃"及他人。二是算出逝者出"殃"时间，家人适时外出躲"殃"，出"殃"后再回来。进屋之前，先将一串鞭炮丢进屋内，响完后进屋，方才安全。

百日祭和周年祭。在逝者去世一百天、一周年、两周年和三周年时举行。"百日祭"要焚烧所有纸扎，收起逝者牌位，祭祀时穿孝服，戴孝帽，仪式简单，没有特别讲究。周年如是，重在"烧"字，俗称"烧百日纸""烧周年纸"。

换服。在逝者去世三周年时举行，亲朋好友会各带礼品、纸扎、香蜡等，一起到坟前烧纸祭奠。随后所有人除去孝服、孝帽，换上红色常服，寓意"服孝"终结，俗称"换服""脱服""除孝"，并在归来的路岔口、井水旁、水渠边拜谢诸神，寓意孝子守孝结束，家庭生活转向常态，以后只在清明或重大节日中祭祀。至此，所有丧葬礼仪全部结束。

可以认为，丧葬礼俗是当地人生诸种"观念"的集中体现，它包含了许多古老观念。如灵魂不死观念，认为人的肉体和灵魂可分合，肉体可死，灵魂不死。鬼怪观念，认为人的灵魂有善有恶，能行善也能行恶，各种妖魔鬼怪，都可用一定手段提防。儒家孝道观念，认为人对父母有生养死葬义务，事死如事生，如此才可绵延香火。来世观念，认为人去世后可投胎转世。阴间观念，认为人去世后会进入阴间世界。风水观念、福荫观念，认为逝者陵墓的选择，起身和下葬的时间，都会影响子孙后代生活，等等。这些观念杂存于人们的观念世界中，流行于日常生活，是当地民间生活和精神信仰的重要组成部分，丧葬活动便是这些观念的一次集中显现。

第八章

岁时节日习俗

节日是对日常生活状态的打破，显示不同于日常生活的独特存在，它意味着从一个凡俗的世界进入一个新奇的世界。它在每隔一段时间的同一时刻重复进行，每次内容大体相同，但又有所变化，"只有在变迁和重返过程中它才具有它的存在"。① 中国的传统节日就是不同时间的节点，其本源内涵即是天地时气交合的节律。中国人重视时令与节气，有"时义大矣哉"的说法。中国的节令也称"节气"，二十四节令②既是中国农耕文明的智慧结晶，也是中国人生产生活的重要依据。这些节令均匀划分了一年的自然时间，其岁时节日交错分布在春夏秋冬四季中，内蕴了中国人最基本的生活观念，是对天地、自然、祖先、鬼神、生殖等各种存在的畏惧和敬仰，它构成中国传统文化的重要部分。

蒲城的岁时节日习俗与全国其他地方大同小异，这些节日习俗反映了当地人的生活习惯、道德风尚、精神信仰，而与其相关的神话、传说、谚语等，也表现了当地人的文化创造与精神传承。如在春节、清明节、端午节、中秋节、七夕节、重阳节等传统节日习俗中，一些与其他地方不同的习俗内容，从另一角度反映了当地人的生活观念。

---

① [德] 伽达默尔：《真理与方法》（上卷），洪汉鼎译，上海译文出版社 1999 年版，第 160 页。

② "二十四节气"起源于我国黄河流域，是民间传统节令。古人根据太阳在黄道上的位置（黄经）变化和地面气候演变次序，将全年划分为二十四个段落，每段约半月，将其分在 12 个月中。春秋时期，人们用"土圭"（亦称"圭表"）测日影，测立了春分、秋分、夏至、冬至四个节气。后在农业生产实践基础上逐渐充实改善，至秦汉时期，二十四节气已完全确立，是我国农事活动的重要依据。二十四节气包括立春、惊蛰、清明、立夏、芒种、小暑、立秋、白露、寒露、立冬、大雪、小寒 12 个节气，以及雨水、春分、谷雨、小满、夏至、大暑、处暑、秋分、霜降、小雪、冬至、大寒 12 个中气，统称二十四节气。《周礼·春官·大史》记载："正岁年以序事。"贾公彦疏："一年之内有二十四节气……皆节气在前，中气在后。节气一名朔气。朔气在晦，则后月闰；中气在朔，则前月闰。"

第一节　春季节日习俗

立春是春天开始，在公历每年 2 月 4 日或 5 日，在农历春节前后一段时间，当地人认为春节后就算进入春季时段。此间的节日民俗主要是和春节相关的习俗，如打春牛、带春鸡、吊春穗、龙抬头及元宵节、清明节等。

春节。俗称"新年"①，在农历正月初一日，当地从腊月二十三日起一直到正月十五日元宵节。其习俗活动内容丰富，基本习俗是节前置办年货、制作新衣、洒扫庭院、祭灶、祭祖、贴春联、挂年画等。过节期间，人们守岁、吃团圆饭、发压岁钱、拜年、放爆竹、吃饺子、走亲访友、吃元宵等。许多地方有社火、扭秧歌、玩花灯等，表示除旧布新、送穷迎富、驱邪避瘟等，希望在新的一年里五谷丰登，吉祥如意。

除夕，俗称"年三十""大年夜"。② 在农历十二月最后一天晚上。"除"是旧岁至此而除。从这一日午饭后，人们就开始打扫院庭与屋子，张贴对联、方斗、年画、窗花，挂灯笼，准备桌案等，家家户户张灯结彩，准备过年。等到傍晚时分，将祖宗牌位摆好，鸣放鞭炮，烧香祭祖。开始包饺子，准备大年初一的美味佳肴。除夕之夜，人们围在一起看春晚，通宵不寐，或戏耍，或叙旧，或畅谈来年景象，或谈异地见闻等，全家人一起"守岁"过除夕。

---

① "春节"流行于全国各地。旧时从过小年（腊月二十三日或二十四日）一直到元宵节（正月十五日）都属新年范围。春节起源，一说是源于原始社会"腊祭"，一年农事完毕，为感谢神的恩赐而举行庆贺活动。甲骨文、金文中的"年"字是果实丰收，谷穗成熟形象。一说是尧舜时期便有此俗，但称呼不同。《尔雅·释天》记载："夏曰岁，商曰祀，周曰年，唐虞曰载。"古时所说春节，意为春天时序，曾指二十四节气中的"立春"，有时泛指整个春季。至汉武帝时，邓平、落下闳等人创立"太初历"，明确规定夏历正月初一为岁首。《史记》《汉书》均称正月初一为"四始"，即岁之始、月之始、日之始、时之始，和"三朝"，即岁之朝、月之朝、日之朝，朝也是始之意。将其定为夏历新年。辛亥革命后，我国采用公历纪年，以公历元月一日为元旦，以夏历正月初一为春节。

② "除夕"与周朝岁终举行驱傩之俗相通。《周礼·夏官》记载："方相氏……率百隶而时傩，以索室驱疫。""除夕"一词最早见于东汉应劭《风俗通义》卷八"桃人苇茭、画虎"，"常以腊除夕饰桃人，垂苇茭、画虎于门，皆追效前事，冀以御凶也"。意为驱邪求福。唐代称为"除夜"。王建有《宫词》："金吾除夜进傩名，画袴朱衣四队。"等到宋代，度岁已成年终大事。后世相沿，其内容逐年丰富，遂至今日。

守岁，与"除夕"相重。① 守岁在祭祖后到天明一段时间，有"一夜连两岁，五更分二年"的说法。在此期间，大人小孩尽情欢乐，直至天明。晋代有"守岁"之说。唐代杜甫《杜位宅守岁》曰："守岁阿咸家，椒盘已颂花。"宋代守岁已普遍流行，直至现在。日本、泰国、越南也有守岁习俗。

放鞭炮。② 孩童在年关将近之时都间断性燃放鞭炮，等到年底傍晚，用燃放鞭炮的方式迎接天地诸神，此后在不同时段都会鸣放鞭炮，直至春节结束。在除夕12点前后，全县大街小巷、各家各户都会在同一时段燃放鞭炮，寓意辞旧迎新，求福祈祥，随后断断续续，直至天明，成为一道靓丽风景。传说古人燃放爆竹，意在驱赶"年"这个怪兽，求得人间平安。

吃饺子。在大年初一早晨食用先天晚上包好的饺子。煮食前先在不同位置给天地诸神和家中祖先敬献，上香、跪拜、磕头，求得一年平安健康，祖宗庇佑。然后将祭祀的饺子投放锅中，一家人打捞分食，以示与祖宗共度佳节。许多人家会在饺子中包入硬币或麸皮，认为谁吃到包有硬币或麸皮的饺子，谁今年就会发财有福气。

拜年③。拜年是当地人春节活动的重要内容，其拜年可以分为五类。一是焚香、跪拜，向天地诸神拜年。二是敬献祖宗，向逝去的祖先磕头拜年。三是按辈分大小，晚辈给长辈磕头拜年，平辈间相互说"新年好"拜年。四是出门向家族中逝去的祖先和健在的长辈拜年。五是从正月初二开始，亲戚、朋友之间相互拜年，从主要到次要，主要有舅家、岳丈家、姑家、姨家等。朋友间拜年比较随意。在此期间，人们都盛装进行，相互问好，彼此致意，祝愿新年快乐、身体健康、阖家幸福、工作顺意等。听

---

① "守岁"风俗出现在晋时，有分岁、守岁之说。清代翟灏《通俗编》卷三引晋周处《风土记》中"除夕"，"夜祭先竣事，才动聚饮，祝颂而散，谓之'分岁'"；又"至除夕达旦不眠，谓之'守岁'"。

② 花炮是蒲城特产。相传唐代孙思邈在县城西南卤泊滩一带，用硫黄和火硝炼丹，发明了火药。当地也就较早制出了爆竹。古代爆竹是用火烧竹而发出竹爆声。纸发明后，便用纸筒装火药制作爆竹。经过不断改进，成为今天的鞭炮。

③ 传说古代有一种怪兽叫作"年"。每逢腊月除夕，要挨家挨户吃人。人们只好躲在家中，将肉食放在门口，让"年"吃去。等到大年初一，人们出门相互道贺，自己没有被"年"吃掉。如此，拜年习俗便传了下来。等到宋代，士大夫拜年费时间，便用名帖相互道贺，后演变为今天贺年片。明代文徵明有《拜年》诗："不求见面惟通谒，名纸朝来满敝庐。我亦随人投数纸，世情嫌简不嫌虚。"

老人说，过去鸡打鸣后，人们先到土地庙和城隍庙争上第一炷香，[①] 求得村落一年平安。现在许多村子还组织给村中老人拜年，发放慰问品，祝老人身体健康，福寿延年。

新年礼品。拜年携带相应礼品，过去比较讲究，如到舅家、姑家、姨家，都是四样礼品，有烟、酒、点心和馍（用作礼品的花馍）。女婿到岳丈家拜年的礼品比较丰厚，多在四样以上，烟、酒、点心、花馍等是必备之物。还要向岳丈的本家拜年，礼品相对轻些，但必不可少。亲戚接受礼品后都有回礼，过去回礼多是几个圆馍，表示不空受礼物。朋友间拜年比较简单，没有太多讲究，多是给对方孩子压岁钱即可。

压岁钱。也称"押岁钱"，因"岁"与"祟"谐音，"压岁"即"压祟"，也称"押祟钱"，多是长辈给未成年的晚辈。在除夕年夜饭后，长辈便向晚辈分赠钱币，过去多用红线将铜钱穿成串，挂在孩子胸前，能压邪驱鬼。[②] 挂钱数目与孩子年岁相同，又称"带岁钱"，因在守岁之夜，也称"守岁钱"。现在多是长辈给孩子新纸币，数目不局限于孩子年岁，每个人根据自己心意馈赠即可。孩子到亲戚朋友家，都会得到长辈馈赠的压岁钱。

破五。在正月初五日，俗称"打穷鬼"。在日出前，人们从院庭后面燃放鞭炮到门口，认为如此，便可将家中一切不祥和穷困去除干净。讲究从初一到初五，农民不动土，商肆不开市，妇女不动刀剪等，否则会遭祸殃。过了初五日，人们便可下地干活，逐渐进入劳作状态。因此，"破五"即要破除从初一到初五日的特殊生活状态，而进入日常生活状态。

人七。在正月初七日，此日讲究不出远门，或出门须在日落前归来。有"人七不出门"的说法。人七日有吃面条和"吃人魂"[③] 习俗。认为

[①] 人们认为土地爷是"一村之长"，管理着人们耕种的土地。城隍爷管理全村人的"生"和"死"。因此，这两位神仙须烧香上供。

[②] 清朝富察敦崇《燕京岁时记》记载："以彩绳穿钱，编作龙形，置于床角，谓之压岁钱。尊长之赐小儿者，亦谓之压岁钱。"

[③] "人七"源于古代占卜。古人相信天人感应，认为岁后第七日是人日，看这一日天气好坏，占卜这一年灾祥。传说淮南王刘安得道升天日便将家中鸡狗一起带上天，将人排在六畜后，即有人七。汉代东方朔《占书》记载，岁后八日，一日鸡，二日犬，三日猪，四日羊，五日牛，六日马，七日人，八日谷。这种排列顺序，一说按人类驯服六畜次序，一说按它们和人关系远近。认为其日若晴，所主宰之物育，若阴则有灾。汉魏后，人日逐渐从单一占卜活动转为包括庆祝、祭祀等活动在内节日。南北朝时，每逢人日，人们便用七种菜作羹，用彩墨剪作人形等，贴于屏风、床帐等地方，又制作各种小物件，相互馈赠，祈福避祸。据说这一天，人们忌食鸡，官府不能处决犯人。

吃面条便可将人拴住，求得人生平安。吃人魂在晚上进行，先在院庭向诸神敬献馄饨馍，家中几口人便献祭几个，随后每人吃掉一个，若果不能吃完，也要将"馍嘴"吃掉，寓意守住自己魂魄。

送灯、完灯。当地流行"送灯""完灯"，每年正月，有外家给外孙送灯笼的习俗，俗称"送灯"，年年如此，直到孩子12岁"完灯"，有"外甥打灯笼——照旧（舅）"的歇后语。也有孩子干大（妈）给孩子送灯的讲究。送灯须用双数，附带相应的花馍和礼物。"完灯"习俗在孩子12周岁这一年，是外家给孩子的最后一次送灯，俗称"完灯"，意味着孩子已半成人，以后外家不再送灯，孩子正月十五日也不再打灯笼。在完灯时日，亲朋好友多会送灯送礼祝贺，主家会设宴款待，家长带孩子向长辈敬酒致谢。这一习俗持续到现在，比以往更隆重。

躲十五。娘家人在正月十五日前给出嫁第一年的女儿送灯，俗称"追灯"。女儿随后回娘家，时间不迟于正月十四日，俗称"躲十五"，正月十六日再归来。现在已很少有人讲究。

元宵节。也称"元宵"，① 在每年正月十五日，旧时称作"上元节""灯火节"。其主要习俗是挑灯笼、吃元宵、挂花灯、耍社火和祭祖先。过去的灯笼多是竹篾与纸组合，形状各异，如宫灯、莲花灯、羊灯、鱼灯等，不拘一格，内点蜡烛，比较麻烦，容易着火。现在灯笼多是塑料制作，内置电灯泡，形状比旧时多，有各类动物、植物、火箭、人物等现代元素，具备自动功能，可进行各式动作表演、音乐播放、色彩变化等，美观时尚。孩子从正月十四日晚开始挑灯串巷，相互吆喝，在村中聚集游转玩耍，直到正月十六日。将正月十六日的挑灯称作"碰灯"或"烘灯"，灯笼在相互碰撞中燃着，寓意明年不挑今年的旧灯笼，认为不如此，孩子的外家人就会害"红眼病"。这一日，家家户户也会将门口悬挂的灯笼取下，意味新年已经结束。吃元宵，也称"吃汤圆"，用糯米粉做成的圆形食品，里面包裹各种馅子，有芝麻、红豆、杏仁等，寓意阖家团圆，幸福

---

① "元宵节"是一年之中第一个月圆之夜，人们经夜张灯、供人观赏，也叫"灯节"。一说是东汉永平年（58—75）间，明帝提倡佛教，要求上元之夜在宫廷、寺院等地方"燃灯表佛"，并令士族庶民挂灯，此后相沿成俗，为民间盛大节日。一说始于西汉。唐代徐坚《初学记》记载："《史记·乐书》曰汉家祀太一，以昏时祠到明，今人正月望日，夜游观灯，是其遗事。"

如意。许多街道还组织挂花灯①、猜灯谜活动，县城中心广场每年都有灯展，除传统花灯外，内容与形式也与时俱进，有浓郁的时代特色，如酥梨状、苹果状、各种新模型等，五颜六色，很有规模。晚上燃放各式花炮，光彩夺目，绚烂至极。许多单位、商场、企业等会组织灯谜活动。另有各地组织的元宵节社火，许多村镇都会组织社火表演比赛，人们敲锣打鼓、踩高跷、耍狮子、扭秧歌等，很热闹。这一日，祭祖是必不可少的部分，人们燃放鞭炮，焚香、献祭、吃饺子，随后将祖先牌位收拾起来，意味春节已经结束。此后，当地还有"正月二十三，老驴老马歇一天"和"初一、十五、二十三，老驴老马歇三天"的说法，寓意牲畜和人一样，有专门休息日。

打春、戴春鸡、吊春穗。当地人习惯将"立春"叫"打春"。家中长辈或用碎布缝制彩色小布公鸡，或用彩色布条做成麦穗状，将其佩戴在孩子外套衣服袖子上部，寓意孩子新春吉（鸡）祥。还将做成的麦穗挂在牲畜耳朵上或脖子上，据说如此牲畜就一年不生病，祈得来年风调雨顺，人畜平安。打春之后，人们便准备春耕春种。

打春牛。② 过去有"鞭打春牛"③的习俗，现在已经没有了。人们将卧养一冬的耕牛拉出牛圈，用鞭子轻打几下，再转几圈，帮助牛活动下筋骨，有"一打风调雨顺，二打国泰民安，三打五谷丰登"的吉祥语。过去讲究的地方，有专门的打春牛活动，春牛用竹篾作骨架，用红纸或黑纸糊好，形似真牛，上面图画四时八节，三百六十日，十二时辰等，在公共场所祭祀，由村长或有声望的人扶犁执鞭打春牛，寓意春耕开始。随后由村民代表作扶犁耕地状，有"春打六九头，手举鞭条打春牛"的说法。现在

---

① 元宵节点花灯习俗始于汉代。汉明帝提倡佛法，每年正月十五晚，要求点灯，自己到寺院张灯祭神，表示对神的敬意。唐代，长安灯市发展迅速，要求奉先县（今蒲城县）到京城燃放烟火，增加热闹氛围。烟花艺人将本地烟花与京城花灯联姻，创造了蒲城独一无二的杆火。

② 传说隋炀帝在扬州时，其生日和"立春"相逢，百官前来祝寿。炀帝心中高兴便下旨，即日起，耕牛歇息百日。百官问其因。炀帝说，寡人属牛，生日之时，怎能不让耕牛歇息百日呢？当年百姓粮食骤降。第二年，百姓不顾皇帝旨意，拉牛春耕，但牛已歇懒，人们便用鞭子将其懒劲打掉，即为"打春牛"的来历。

③ 传说上古时，牛被驯服，主供食用和饮奶，后发展为拉车和战争。汉代后，广泛用于耕田。在印刷品出现前，立春时节，人们多在皇宫前塑一牛和一芒神雕像，芒神执鞭赶牛，叫作"春牛图"，表示春天到，春耕始。随后，春牛图便普及各州县。为让农民知道立春时日，便将芒神放于牛的不同位置。年前立春，芒神在牛前。近年立春，芒神在牛旁。年后立春，芒神在牛后。印刷品出现后，人们便把《春牛图》印在历书上，方便人们使用。

农田耕种已机械化，耕牛已很少使用，也没有"打春牛"的开耕仪式。

龙抬头。当地有"二月二，龙抬头"①的说法。人们普遍理发，俗称"揭盖头"，意味新的一年开始。还有吃棋子疙瘩、吃炒豆习俗，大约"惊蛰"前后，家家户户都会炒黄豆、炒棋子疙瘩（小面团，如小孩指头大小）食用。据说食用黄豆和棋子疙瘩时会发出香脆声响，百虫就会苏醒。②过去还有游城习俗，大致相当于现在的"踏青"。早饭后，人们盛装出行，从四周爬上蒲城老城头，观赏县城内外春回大地景象。20 世纪 50 年代，因城市发展，政府先在城墙上开口，后将城墙全部拆除，这一习俗随之消失。

清明节。③是古代寒食节、清明节和上巳节的混合，主要习俗是上坟祭祖和踏青春游。上坟祭祖以户为单位，或以家族为单位进行，讲究"尽思亲之敬"。孝子孝孙（旧时是男性，现在有女性参加）带上白面、绿面、烧纸、面汤、白幡旗、纸钱、压坟纸等祭品，在坟地祭祖。古诗有"纸灰化作白蝴蝶，血泪染成红杜鹃"的描述。人们在坟头献祭食、押压坟纸，插白幡旗，在纸灰上绕圈浇汤等，寓意子孙后继有人。用铁锨修补坟墓漏水塌陷地方。县西许多地方如荆姚、苏坊、兴镇一带，有在坟地燃放鞭炮的习俗。祭祀结束，人们折取柏枝，插在家中大门上，将压坟纸剪成"门"状，贴在门上，留一点上坟的面条与压坟纸一起黏合，摔贴在灶房高墙上，称作"蝎子上墙"。如有闲暇，人们还走出户外，带孩子放风筝、戴柳帽，

---

① "二月二"在唐代有记载，踏青、挑菜等活动已出现。明代有撒灰引龙习俗，称作"龙抬头"。明代沈榜《宛署杂记》记载："宛人呼二月二日为龙抬头。乡民用灰自门外委蛇布入宅厨，旋绕水缸，呼为引龙回。"

② 传说吃炒豆习俗源于武则天称帝，玉帝发怒，命令四海龙王不下雨。管理天河的白龙看人间干旱，便私自降雨。后被玉帝变作白马打入下界。白马随唐僧取经有功，被召回天宫。后白龙又私自降雨，复被玉帝打下天界，并下旨意，白龙要回天宫，除非金豆开花。人们知情后，便在二月二日将黄灿灿的玉米炒开花，献给玉帝，说是金豆开花。白龙便抬头回到天宫。此后，人们在二月二日清晨便抬头望天，纪念白龙抬头。

③ "清明节"流行于全国各地。清明节前一至二日是寒食节，有禁用烟火，只食先期做好熟食。因两节相距近，寒食节与清明节合为一个节日。等到唐宋时期，清明节增加了插柳、植树、踏青、扫墓习俗。《旧唐书·玄宗纪》记载，开元二十年（公元 372 年），"五月癸卯寒食上墓，宜编入五礼，永为恒式"。到宋代，朝廷规定，"寒食"至"清明"三日，各地均祭扫陵墓，以示对逝者悼念。是日"官员士庶，具出郭省坟，以尽思时之敬"。清明正值暮春三月，人们便将扫墓和郊游结合，有了"踏青节"之名。唐代"踏青"尤盛。宋代张择端《清明上河图》就描绘了当时东京（今河南开封）清明节人们出郭扫墓踏青及归来的场景。今清明节有祭祖、扫墓、植树、踏青、祭扫先烈等活动。

有"清明不带柳,死后变黄狗"的说法。① 过去一些文人雅士多上县城南原(紫荆原)踏青观景,饮酒作诗,有"南原春晴"的胜景。有诗记曰:"梨花风起正清明,游子寻春半出城。日暮笙歌收拾去,万株杨柳属流莺。"② 这一时段,城乡街道多有高架秋千,孩童和大人均可参加游戏,过去荡秋千须给绑秋千架的人送一颗熟鸡蛋,以示感谢。许多人还会到尧山庙祭奠尧山圣母,祈福求子,参加尧山庙会。新中国成立后,各单位、机关团体和学校还组织到永丰镇烈士陵园祭祀先烈等。

庙会。过去各地多有庙会,只有县城北边的尧山庙会一直在清明节前后,持续五六天,而其他地方的庙会多已消失。如过去县城东岳庙院落宽大,每年三月廿八日前后,都有盛大的药材交流会。各地药商带来各种药材,如宁夏的枸杞、东北的虎骨、人参,东南沿海的海龙、海马,青海的虫草,四川的贝母、草乌,甘肃的当归,西藏的藏红花等,各地有名的中成药多汇聚于此,成为当地庙会一大亮点。而各种农具,如镰刀、扫帚、绳索、犁、耧、耙、耱、木锨、壅班、麦荑、簸箕、口袋等,也一应俱全。各种牲畜,如牛、马、骡、驴等也进入市场。许多卖小吃的如油糕、凉粉、包子、肉夹馍、饸饹等摊贩,多在路边摆摊。卖布匹、卖鞋袜、卖五金等,都会聚集在此进行交易。交流会期间,有唱大戏的、民间说唱小调的,各种文化娱乐活动也会聚集表演。其他各地也多有专门的贸易集会,只是规模小,商品种类少。现在物资商品流通渠道多,已少有盛大庙会。

第二节 夏季节日习俗

立夏是夏天开始,在公历每年 5 月 5 日或 6 日,此间民俗主要有看麦

---

① 清明节从寒食节中派生。相传春秋时晋献公妃子骊姬想让君王传位给自己儿子,便设计杀害太子申生。公子重耳以守边防秦为名,逃离晋国都城,到蒲城洛河一带。蒲城蔡邓一带缺少食物,跟随其出逃的介子推便将自己腿上肉割下,以飨重耳。重耳成为国君后,忘记封赏介子推,介子推便隐居山林。重耳派人请介子推出来做官,介子推拒不出来。重耳用火烧山林,想逼介子推出来。等火熄灭后,发现介子推怀抱一棵柳树,洞口有一封血书:"割肉奉君尽丹心,但愿主公长清明"。为纪念介子推,重耳令全国在这一日不生火,并将这一日定为"寒食节",其后一天定为"清明节"。第二年,重耳祭祀介子推,发现其他树木均被烧化,唯有介子推所抱的柳树复活发芽,便将此柳树封为"清明柳",并折柳条纪念,便有了戴柳条帽习俗。

② 现在也有人写诗赞美"南原春晴",如:"丽日踏芳紫荆原,皑云惊叹景象鲜。千村楼房胜瑶台,万顷桃梨染枝端。碧禾弄姿诱哧鸣,银渠牵黄润庄田。铁龙赞功东风劲,烟囱擎笔书蓝天。"

黄、三伏天、端午节、六月六和七月七等。

看麦黄。在麦子快要成熟时，出嫁的女儿要回娘家探望，和女婿携带礼品，到娘家看夏收准备情况，有"麦梢黄，女看娘；卸了拨枷，娘看冤家"的说法。夏忙之后，父母则要回看女儿家的收成情况，俗称"看忙罢"，携带降暑物品，关心女儿家的收成和身体劳累情况。现在不很讲究，已被日常间的来往代替。

三伏天。根据日历，夏至后第三个庚日入伏，俗称"初伏"，第四个庚日为"中伏"，立秋后第一个庚日为"末伏"，每伏十天，中伏一般二十天，这段时间是一年中最热时段，当地人称"三伏天"，有"入伏入冷里，交九交热里"的说法，多数人有歇晌习俗，饮食中多用绿豆汤、西瓜解暑。

端午节。[①] 也叫"端午""端阳节"，在农历五月初五，有插艾草、吃粽子、油糕、绿豆糕等习俗。其场景是娘家给出嫁女儿送粽子、油糕、绿豆糕等降暑食品。若是新婚头一年，娘家人还给出嫁女儿送竹门帘、凉席、蚊帐、风扇等生活用品，俗称"送时节"。现在多是晚辈节前给长辈送礼品。送粽子习俗据说和屈原有关。唐代文秀有《端午》诗："节分端午自谁言，万古传闻为屈原。堪笑楚江空渺渺，不能洗得忠臣冤。"但闻一多在《端午考》中认为端午起源和屈原无关，[②] 认为屈原投江前，划龙舟习俗在吴越一带就广泛存在，人们通过祭祀图腾龙，避免水旱灾害。在端午时段，人们会馈赠绿豆糕，插艾草，小孩佩戴"香包"。香包用碎布片缝合，里面装中草药，如樟脑、丁香、甘松等，做成猪、狗、鸡、兔

---

① "端午"一词始载于《天平御览》卷三十一引晋周处《风土记》曰："仲夏端五。端，初也。"指五月第一个五日。古代"五"与"午"通用，遂转为"端午"。端午节以应对气候节令变化为基础，逐渐发展形成人们能够认同的节日文化。这一时段天气炎热，求避暑、驱蚊虫、防瘟疫是人们日常生活的重要任务。人们多因地制宜创造各种能够维护和关爱生命的生活物品，如粽子调和阴阳，绿豆糕降温消暑，插艾草防蚊虫，喝雄黄酒避瘟疫，妇女回娘家是对生命之源的感谢等。端午节重在关爱生命，重视卫生与健康，是一个表达亲情、进行社交的重要节日。

② 闻一多在《端午考》中认为，端午是古代持龙图腾崇拜民族的祭祖活动日。认为"端午"由来有七种说法，一是源起于三代的兰浴。二是起于春秋越国勾践操练水军。三是纪念介子推。四是纪念屈原。五是纪念伍子胥。六是纪念曹娥。七是祭"地腊"。（潘倩菲主编：《实用中国风俗词典》，上海辞书出版社 2013 年版，第 24 页。）南朝梁吴均《续齐谐记》中记载，楚大夫屈原遭谗不用，五月五日便投汨罗江死，楚人哀之，每至此日，以竹筒贮米投水祭之，并命舟楫拯之。后来，前者演变为吃粽子，后者演变为赛舟。因为屈原精神及诗词影响，秦汉以后，屈原一说遂由楚地传播到全国，为大部分地区所公认，相沿至今。

等形状，下面吊一绺彩色细线，常悬挂在纽扣上，可开脑醒神，防蚊虫叮咬等。过去还饮雄黄酒，中药店会给小孩额头、屁股等部位涂抹，后因雄黄药酒对人有副作用，现在已很少有人再饮雄黄酒，也不给孩子涂抹。

六月六。有"六月六，晒衣服"的说法。当地春末夏初，雨水渐多，空气潮湿，衣物容易生霉，招惹虫子而蚀坏衣物。认为六月初六是一年中太阳光最毒辣的一天，暴晒衣物、布匹等，可杀虫消毒。过去还有"六月六，接姑姑"的习俗，是娘家人将出嫁的女儿接回家住一段时间，母女说交心话，并祝愿夫妻和睦如意，① 也称"迎女节"。现在交通便捷，手机方便，随时都可回娘家，就很少有人提"六月六，接姑姑"的习俗。

第三节　秋季节日习俗

立秋是秋季开始，在公历每年8月7日或8日，此间主要民俗节日有乞巧节、中秋节、祭孔（教师节）、重阳节等。

乞巧节。② 也叫"七夕节"，在农历七月七日，不太讲究，现在有人将其称作中国的"情人节"。唐代柳宗元有《乞巧文》。在当日晚上，各家各户多在院庭献祭时令瓜果，多是西瓜、青枣等，过去还有"巧芽"（是女孩提前用豆子发好的豆苗），发乞巧心愿，随后食用献祭瓜果。其情景在夜晚时分，家人团坐，纳凉观星，若有流星划过，便认为是牛郎织女已经相遇。听老人说，过去不少人家很看重乞巧节，在门前设摆香案，

---

① 相传晋文公宰相狐偃的生日是六月六日，因其精明强干，人们向其表示钦佩，狐偃遂变得骄傲残暴，引发了朝臣的不满。亲家翁赵衰因劝说狐偃被当众羞辱。赵衰的儿子要为父报仇，决定在六月六日杀死狐偃。狐偃女儿将这一信息提前告知父亲。狐偃在外督办粮草时，亲眼目睹了百姓生活，自觉惭愧，便在六月六日当天，接回女儿女婿，敬为上座，表达自己的悔过之心，并消除前嫌，获得女儿女婿的原谅。于此便有了"六月六，接姑姑"的习俗。

② "乞巧节"也叫"七夕"，有牛郎织女在天河相会，民间妇女乞求智巧传说。《夏小正》记载："七月，初昏，织女正向东。"汉代出现描写牛郎织女故事的诗文。《古诗十九首》曰："迢迢牵牛星，皎皎河汉女，纤纤擢素手，札扎弄机杼。终日不成章，泣涕零如雨。河汉清且浅，相去复几许。盈盈一水间，脉脉不得语。"《淮南子》有"乌鸦填河成桥而渡织女"的传说。民间有七夕看织女星和穿针、曝衣习俗。等到晋代，有向牛郎织女星祈福的活动，为后来"乞巧"活动萌芽。宋陈元靓在《岁时广记》中转引周处《风土记》中内容，"七月七日，其夜洒扫庭除，露施几筵，设酒脯时果，散香粉于筵上，祈请河鼓（牵牛）、织女"。并说如天空有奕奕白气或光耀五色，即是二星相会征兆。人们便可拜乞富、乞寿、乞子，三年可得。南朝梁任昉《述异记》中已出现了较完整的牛郎织女故事。后世相沿用之，增添了诸多民间色彩，各地虽有差异，但大致相同。

遥祭牛郎织女鹊桥相会，并在桌后用衣物装扮女像，女孩在桌前闭目祈祷，祈求织女手艺。母亲也在一旁祈念，"巧姑娘娘你吃瓜，教得我娃手巧会扎花。巧姑娘娘你吃枣，教得我娃手巧会做袄"。其间伴有铙钹摩挲声，女孩做纺线状、犁地状、收割状等，有表演性质。当地人还有检视乞巧心愿能否实现的方法，在桌面放清水一碗，随手将摘取的枣叶投掷其中，依光见影，若影子漂亮则心愿可实现，相反则难以实现。当地人认为在夜深人静时，人们在葡萄架下可以听见牛郎织女间的悄悄话。

中秋节。也叫"团圆节"，① 在农历八月十五日，认为这一夜的月亮是一年中的最圆时段，有赏月和吃月饼②习俗。月饼既是祭月的供品，也是馈赠亲友的礼品，是全家人欢度节日的食品，寓意全家人团团圆圆。据明人沈榜在《宛署杂记·民风》中记载，有"八月馈月饼"条目，其注释曰："士庶家俱以是月造面饼相遗，大小不等，呼为月饼。市肆至以果为馅，巧名异状，有一饼值九百钱者。"在明清时代，月饼先做祭品，后做食品，并逐渐被赋予团圆之意。近世以来，月饼逐渐演变为中秋节象征物。月饼因用料、调味和形状差异，形成多种风格和品种。当地人是晚辈在节前送长辈，表达祝福之意。晚上望月、吃月饼、讲月宫传说，③ 表达对幸福美好团圆生活的向往，并对远在他乡亲人遥送祝福。

祭孔。蒲城文庙是当地读书人的圣庙，过去有祭孔习俗，每年农历八月二十七日会在文庙举行祭孔活动，表达当地人尊师重教传统。认为只有

---

① "中秋节"流行于全国各地，因是日恰逢三秋之半，故名"中秋"。周代，每逢中秋夜便要举行迎寒和祭月活动。汉代已粗具雏形，其时在立秋日。晋代有中秋赏月，但未成俗。唐代中秋赏月、玩月颇为盛行。北宋时始定八月十五日为中秋节。南宋梦元老《东京梦华录》记载："中秋夜，贵家结饰台榭，民间争占酒楼玩月。"月饼也被列为节日佳品。苏东坡诗："小饼如嚼月，中有酥如怡（饴）。"南宋更为普遍。南宋吴自牧《梦粱录·中秋》记载："八月十五中秋节……王孙公子，富家巨室，莫不登危楼，临轩玩月……至如铺席之家，亦登小小月台，安排家宴，团圆子女，以酬佳节。虽陋巷贫窭之人，解衣市酒，勉强迎欢，不肯虚度。此夜天街买卖，直至五鼓，玩月游人，婆娑于市，至晓不绝。"明清以来，赏月活动长盛不衰，民间赏月、吃月饼、吃团圆饭等活动相沿不绝。

② 月饼在中国流传悠久。商朝末期，为纪念闻太师，人们做了"太师饼"。唐代有用"红菱饼"招待新科进士的习俗。宋朝在中秋节有类似月饼的蒸制食品，叫作"玩月羹"。苏东坡有"小饼如嚼月，中有酥和饴"诗句。明代田汝成在《西湖游览志余》载："八月十五日谓之中秋，民间以月饼相送，取团圆之意。"从此，月饼一名便固定下来，取团圆、丰收之意。

③ 传说后羿妻子嫦娥偷吃了长生不老的仙丹，奔向月亮。天神吴刚因触犯天条，被罚到月宫砍伐桂树。唐代李隆基在梦中漫游广寒宫，梦醒写了《霓裳羽衣曲》。元代刘伯温在月饼中传递反元信息等。

秀才以上学衔的儒生，才可从棂星门内泮池桥上通过，称作"身游泮水"。然后进入大成殿，以隆重仪式祭祀居于正位的孔子、居于配位的曾子、颜子、子思、孟子及十二哲。后因批判旧文化运动，文庙祭孔逐渐消解。现在的教师节是对这一习俗的传承和改造。

重阳节。也叫"重九节"，① 在农历九月九日。古人将一、三、五、七、九称作阳数，二、四、六、八称作阴数，九月九日是两阳重会，故称"重阳"。当地习俗主要是登高、送花糕、赏菊花和插茱萸。过去登高是登蒲城城墙、登南北塔、登尧山、桥陵、泰陵等，主要是朋友相聚，放松心情。送花糕，也称"送曲连"（是当地的一种花馍）。一般是娘家给出嫁的女儿送，特别是新婚头一年，送全幅花糕12个，称作"全礼"，平时是半幅花糕，称作"半礼"。花糕是面制圆形条状，从底部到顶部，由大到小，层层累积，"糕"与"高"谐音，寓意生活步步高升。花糕分开蒸熟，随后逐次拼接，对花糕进行装饰。花糕每年都送，送双数不送单数，送全礼时，婆家人一般回一半，送半礼则不用回。除大型花糕外，还会伴送若干小型花糕及其他礼品。也有赏菊习俗，过去多是文人墨客相聚一起，赏菊、吟诗、喝酒。现在县城每年重阳节前后都会在广场和街道两旁摆放菊花，有红、白、黄、紫等各种颜色，供人观赏。当地也有插茱萸②习俗，各家多在门口插艾草，用来辟邪、防蚊虫等。

第四节　冬季节日习俗

立冬是冬季开始，在公历每年11月7日或8日，此间的民俗活动主要有烧寒衣、冬至、腊八、小年及春节前的准备等。

---

① "重阳节"也叫"菊花节""登高节"，各地流行。《易经》曰："以阳爻为九。"九为阳数，两九相重，故为"重九"，日月并阳，两阳相重，故名"重阳"。《西京杂记》记载了汉代佩戴茱萸、食蓬饵、饮菊花酒的习俗。唐代黄巢有《菊花》诗："待到来年九月八，我花开后百花杀。冲天香阵透长安，满城尽带黄金甲。"有人认为重阳登高源于西汉长安登高台游玩的习俗。民间普遍认为与"恒景避难"说有关。南朝梁吴均在《续齐谐记》中记载：东汉汝南（今河南一带）人恒景拜仙人费长房为师。费长房对恒景说，某年九月九日有大灾难，家人缝囊盛茱萸系于臂上，登山饮菊花酒，可消灾。恒景如言，举家登山，果然平安无事。夕还，见鸡犬牛羊全部暴死。此后，人们每年逢九月九日便登高、野宴、佩茱萸、饮菊花酒、以求避灾免祸。历代相沿，遂成习俗。

② 茱萸，也称艾子，是常绿小乔木，香气浓郁，有驱虫除湿，逐风邪，治寒热，消积食，利五脏等功能。

烧寒衣。在农历十月初一，主要是祭祖、送寒衣。认为进入"十冬腊月"，人们普遍穿棉衣，为安慰阴间已故亲人，便用彩纸裁剪各式衣裤，在里面放置少许棉花。这天晚上，家家户户在坟地为过世祖先烧寒衣和纸钱，供祖先阴间使用，如果在外地，则在户外大路的十字路口，找一合适地方烧掉，认为这是儿女孝道的体现，也可安慰在世老人。

冬至。有"冬至大似年"的说法，认为冬至阳气始升，是白天开始增长的转折点，值得庆贺，有吃饺子习俗。认为此日吃饺子，手脚在冬日便不会受冻。冬至后，人们开始数九，认为九是阳数和数中最大者，有"数九消寒"的说法，从冬至次日数起，每九天为一时段，共九个时段，它与夏季的"伏"相对。当地也流行《九九歌》，即："一九二九不舒手，三九四九冰上走，五九和六九，河边看杨柳，七九河冻开，八九燕子来，九九加一九，耕牛遍地走，不怕天气冷，只害肚子饥。"

元旦。也称"元日"，① 在公历1月1日，由于人们重视春节，元旦在当地与日常生活无太多差异，多是单位放假，朋友聚会，人们互赠贺卡，恭祝新年快乐，万事如意。

五豆饭。在腊月初五，当地人常用大豆、黄豆、豌豆、绿豆、豇豆等五种豆子熬粥，俗称"五豆饭"，寓意秋收冬藏，五谷丰登。据《玄中记》记载，传说颛顼有三个儿子，死后变为饿鬼，专门惊吓小孩，但他们害怕赤豆，人们便在腊月初五煮食赤豆，以之驱鬼。

腊八节。也叫"腊八节"，② 在农历十二月初八，当地人用大米、小

---

① "元旦"，原指夏历正月初一，为一年第一天，现指阳历1月1日。《书·舜典》记载："月正元日，舜格于文祖。"月正即正月，元日即正月初一。因历法不同，历代岁首日期不尽一致。夏朝为正月初一，商朝为十二月初一，周朝为十一月初一。先秦时期，此月宫廷有祭祀、宴饮之仪，民间有喝春酒习俗。《诗经·豳风·七月》就记录了相关习俗。秦和汉初以十月初一为岁首。汉武帝太初元年颁布《太初历》，改夏历正月初一为岁首，后世沿用。东汉崔寔《四民月令》记载："正月之朔，是为正日。躬率妻孥，洁祀祖祢。及祀日，进酒降神毕，乃家室尊卑，无大无小，以次列于祖先之前，子妇曾孙，各上椒酒于家长，称觞举寿，欣欣如也。"南北朝时始有"元旦"之称，风俗有变。辛亥革命后，我国开始使用公历，将公历1月1日定为元旦，农历正月初一定为春节。1949年9月27日，中国人民政治协商会议第一次会议通过使用公历纪年法，即将公历1月1日正式定位"元旦"。

② "腊八"是汉族传统节日，在全国各地流行。在中国远古时期，"腊"是一种祭礼。人们常在冬月将尽之时，用捕获猎兽进行大祭，祈福求寿，避灾迎祥。因古代"猎"与"腊"两字相通，"腊祭"也叫"猎祭"，随后将每年最后一月称作"腊月"，十二月初八叫"腊日"。《礼记·月令》记载："是月也，大炊蒸。天子乃祈来年于天宗。"先秦时，"腊八"作为年节，但不一定在十二月初八日。到南北朝时，才固定在这一日，有"腊鸣鼓，春草生"的说法，即人们鸣鼓起舞，迎接新春。佛教东传后，有人认为这一天是释迦牟尼得道成佛日，为纪念此事，中国佛教徒便在每年腊月初八熬制"腊八粥"供佛。

米、红豆、豇豆等豆类,外加各种蔬菜熬成粥饭,俗称"喝腊八粥"。当地还有吃腊八面的讲究,认为天气转冷,老病弱者过冬比较困难,人们用吃长面的方式向老人祝福,愿老人能平安过冬。腊八面的臊子多用红白萝卜、白菜、豆腐、肉丁等炒制,寓意农业丰收,六畜兴旺。

祭灶王。在十二月二十三,家家户户都买灶糖祭灶王爷升天。人们在市场上不说买灶王爷,只说请灶王爷。过去祭祀时将旧灶王爷像烧掉,寓意送当值一年的灶王爷回天宫,向玉帝汇报这家一年情况。人们将灶糖涂抹在灶王爷嘴上,让其只言这家好事,有"上天言好事,回家降吉祥"的说法。认为从这一天起至正月初一日,各路神仙都上天向玉帝汇报一年事情,鬼神不管人间诸事,人间所有拆迁、搬移、外出等,便不用挑选日子,均可自由进行。

扫尘。也叫"扫屋里",① 在腊月二十三、四祭灶后,家家户户都要把房子内外彻底打扫,衣物洗涤一新,干干净净迎新年。有"廿四日扫房屋,廿七八贴花花"的说法。

办年货。进入腊月,市场要比平常热闹许多,各种农副产品、杂货、节日礼品及年画、门神、花炮、窗花、烟花、烟酒糖果等都进入市场,人们任意挑选,置办各种新年用品。另有各种游艺、杂耍场所也很繁多,各种社会习俗,竞相表演,吸引观众,营造新年氛围。

写春联。春联也称"对联""门联""对子",② 当地春节有写对联、春条和斗方"福"字(在一方块红纸上写"福"字)习俗,张贴在大门和院庭。春联内容丰富,如"岁岁平安日,年年如意春",横贴"大地皆春"等,有求财、有求福、求寿的,有评论、歌颂党的政策的,有期望祖国早日统一、繁荣昌盛的等。春条是在裁好的红纸上,如写"万象更新""春回大地""满院生辉"等吉祥语,斜贴在院庭墙上或院落大树上,

---

① 南宋吴自牧在《梦粱录》记载:"十二月尽,俗云'月穷岁尽之日'谓之除夜。士庶家不论大小家,俱洒扫门闾,去尘秽,净庭户……以祈新岁之安。"清代承此俗,延播至今。潘荣陛《帝京岁时纪胜·岁暮杂务》记载:"送灶神后,扫除祠堂舍宇。"

② "春联"普遍流行于汉族和部分少数民族地区。其源于古代桃符。五代时期,有人在桃符板上题写联语。《宋史·世家·西蜀》记载,后蜀主孟昶令学士辛寅逊题写桃符板,"昶以其非工,自命笔题云:'新年纳余庆,嘉节号长春'"。一般认为这是中国最早的春联。宋代撰写联语已成为时尚。"春联"正式命名于明太祖朱元璋。陈云瞻《簪云楼杂话》记载:"帝(明太祖)都金陵,于除夕前,忽传旨公卿士庶家,门上须加春联一副。"清朝初年,春联的思想内容与艺术形式有了很大提高。中华人民共和国成立后,春联运用范围扩大,凡遇节日、红白事、新建筑开业典礼或竣工、新厂房或店铺开业、舞台、讲台、庆祝大会等地方,均张贴对联。

给粮仓上贴"粮堆如山",给老人床头贴"寿比南山",给牲口圈上贴"六畜平安"等。斗方多单写一个"福"字,倒贴在门上或墙上,取谐音"福气到(倒)来"。每年春节前,在县城或乡镇街道,有许多书法爱好者摆摊设点,义务为人们书写对联、条幅和斗方,供顾客选择。

贴年画。贴年画可以增加新年气氛。据说年画是从古代门神演变而来。[①] 过去年画多是《聚宝盆》《福禄寿》等。新中国成立后,年画题材增多,有山水画、人物画、鸟兽画等,形式也有中堂、条幅、斗方、窗花、挂历、台画等。各家都会根据自己喜好购买年画悬挂或张贴,寓意除旧迎新。

节日习俗是一个民族文化生活的集中展示,也是一个地方人民生活观念的形式呈现。从历史看,中国经常是一个物资匮乏的社会,但它并不妨碍各种民俗生活的创造。中国人重视阴阳平衡、天人合一、顺其自然等哲学观念及重生死、重团圆的伦理观,均能在各种生活习俗中得到表达。现行的国家节日体系既反映了政府与人民,国家与社会之间的协调与统一,也是对中国传统优秀民俗的传承和弘扬,其文化内涵在相沿成习的基础上,又增添了许多新的内容,形成了具有时代和地域特色的节日习俗。

附录一　蒲城八景[②]

南原春晴。城南里许为紫荆原,春分前后,踏青者率为社饮禊饮,盖仿古蚕市、兰亭,常醉卧而吟,步熙如也。

温汤晚浴。凡水源有石硫黄,其水则温。骊山温泉四季皆暖,此值秋冬耳。温则知无伏阳,凉则知无伏阴,浴之消疴荡秽,功迈骊山。

漫泉秋月。邑西十里为漫泉源,夏则凉浪潺潺,浮波不定。惟烟消波澄时,水光月色,团团皎皎,好凭庾亮之楼,益拓袁宏之渚。

北岭积雪。岭多溪壑,甚寒,平原但有露气,则雪即盈山肃凝,迄春不消。士常冒雪嬉游,直笑子猷乘兴不遇戴安道而归也。

双塔夜影。城内两浮图,建自唐宋。昼视之,南北各千尺,突兀甚

[①] 南朝时,人们在门上贴神荼(左边)和郁垒(右边)两兄弟,因其力大无比,抓鬼怪,贴在门上可辟邪驱鬼。等到唐代,"唐太宗不豫,寝门外有鬼魅呼号",秦琼、敬德便戎装立于门外,"邪祟以息。"唐太宗不忍二人辛苦,便让画工将其像画于门上,沿袭至今,遂成门神。

[②] "蒲城八景"原载清朝康熙五年《蒲城县志》。

观。至夕隐隐茫茫，而蠢蠢为撑天两柱。古诗云：去梯无影。兹岂借月为影也。

五岭闲云。昔盛唐时，楼阁峥嵘，五彩郁然。而今寥落，无复凤骞鸾翔旧景，只依垅上闲云，任其往来卷舒于复道御碑间。邑文人多寄迹焉。

盘龙异石。实一落星也。将雨而滋，湿如柱础。里人卜水旱，取释奠而祈农。所谓陂陀尺寸间，婉转陵峦。惜无高丽盆以盛之。

尧山古柏。蒲城宜柏，而尧山柏异他植，以其根盘岩石，坚老特奇。即其时远而摧，几不知古，犹有一干参天，足备栋梁。其萌芽触石出者，疏叶嫩枝，培养护持，延至今日矣。犹古柏也。

附录二　贾曲八景[①]

射雉纹石：居人呼为"纱帽石"。贾大夫射雉至此，妻笑。相传为"停车石"，石上至今有笑纹。其南有贾大夫墓。诗曰，"疑是支机下九阁，牵牛曾此媚天孙。箭头赢得倾城笑，石上犹留巧笑痕。"

澄潭仙迹：唐金仙、玉真二公主，上人传为水神。祠前有潭，深数丈，有蛟龙而兴云雨，祷之即应。诗曰，"半亩清泉灵怪藏，兴去出雨兆农祥，从今一见仙潭迹，懒吊英皇到汉阳。"

倪桥闲步：城外港西有狮子桥，一带长堤。时值春月，莺啼蛙鼓，人多散步吟咏。诗曰："烟树楼台开锦绣，春晴莺燕胜笙箫，游人一到诗思发，不说扬州廿四桥。"

葭荻苍烟：苇田百顷，甲于诸州，远望之，葭荻参差，树木茂盛，如有云霞缭绕之状。诗曰，"清槐绿柳出云外，野寺山桥入雾中，一见蒹葭秋色远，苍苍原是旧秦风。"

南楼秋月：玄武楼原在城东南隅有，唐时相传为"一天门"，上有曲槛，下为飞檐。时值中秋，州白园红，为赏月之所。诗曰，"一天门在镇东头，画阁凌空宿斗牛，但到中秋齐赏月，风流不减庾公楼。"

双峰叠翠：漫水将出，两峰夹抱，松杉阴翳。遥望之，若有龙盘虎踞之状，紫翠欲滴之色。诗曰，"两岸玉峰蹲虎斗，一川银汉下龙门，中流三汲雷声远，疑是当年禹步痕。"

[①] 刘福谦主编：《蒲城县志》，中国人事出版社1993年版，第825—826页。

冰畦日霁：冬日凝冰，千万町。一遇晴光，皎然四射，遍地如玉合成。诗曰，"一天雪色银河冻，万顷冰华玉宇寒，但得日来光一照，明霞争射水晶盘。"

青帘映柳：镇内多佳酿，酒旗密布，与金丝垂柳，互相掩映。观之，饮兴倍豪。诗曰，"玄武楼西射石东，绿杨堆里杏花红，冲街争出青帘影，招得游人入醉中。"

第九章

民 间 艺 术

民间艺术是传统文化和社会习俗的重要组成部分，它在社会生产与生活中产生，在日常生活中传播，在约定俗成的行为中形成习惯性势力，构成了人们生活的重要内容。

蒲城许多民间艺术多已没入历史长河，或融入过去社会生活中，成为历史记忆的"活化石"。现存各种蒲城歌谣、舞蹈、美术、音乐、戏曲、雕塑、杂技及蒲城方言等，大致都可归入民间艺术，其产生与发展都与蒲城地理环境、社会生活、历史文化、精神信仰相关，它们是当地人文精神的重要体现。

第一节 民间歌谣

歌谣是民间生活与情感的形式反映，它形式简单，节奏明快，通俗易懂，便于传播，是民间喜闻乐见的一个艺术种类。当地民间歌谣历史久，题材多，有劳动歌谣、时政歌谣、生活歌谣、历史传说歌谣、儿童歌谣等，它们从不同角度反映了当地社会生活的历史变迁，记录了当地人不同时代的社会生活。现选录如下。

清代冯汝骐有《劝学歌》："劝诸生，听我歌：紧用功，莫蹉跎，白日讲贯晚温饱。衣楚楚，冠峨峨，年已十五二十多。不学奈何！不学奈何！老大伤悲，空嗟泪滂沱。诸生知也么？青春省年转个眼儿过。"

民国时期蒲城县县长杨任之编写了《放足歌》："筋裹断来肉裹烂，骨头裹折血裹干。裹的面黄肌又瘦，做个女孩真可怜。谁的女儿谁不爱，为了裹足把眼翻。"

女校校长雷云台有《缠足三字经》："妇女们，仔细听，缠足坏，说分明。不活动，血不流，流眼泪，受苦刑。"

民国时刘筌生的《四小歌》:"军人小,身手好。国家仇,有多少?少壮不努力,转眼到年老。前人土地失了去,但愿后人醒来早。莫把国仇都忘了。国民小,志气好。专制政,今世少,一事尚无成,转眼人已老。今年国会不得志,但愿明年请愿早。莫把时机错过了。学生小,读书好。新道德,明多少。少壮能几时?岁月催人老。学堂功课好,更愿明年上学早。莫把光阴空过了。男儿小,身手好。心头事,有多少?一事尚无成,白发催人老。青年已是空过去,今日定要着鞭早。莫把此生虚度了。"

民国十六年蔡邓成立农民协会,其传单内容颇有特色:"农民长年多劳碌,手上脚上是死肉。冬日严寒冷得颤,夏日天热长流汗。打下米麦面和豆,都叫官绅抢上走。官兵要来驻军收,土匪抢来劣绅抽。一年纳了几年粮,苛捐杂税永不休。农民家家破了产,扔下儿女没人管。没钱供给把书念,个个成了活瞎眼。被人欺得说不成,还说他生来骨头贱。春雷一声天睁眼,革命党人来宣传。先从农民协会起,自组农民自卫团。中国革命成功了,世界革命在目前。穿的阔衣吃好饭,住的洋楼真好看。做工纯用气和电,不用人力只照看。杀杀杀,干干干,快乐的日子在眼前。"

生活中的更多歌谣是无名氏书写,他们多是日常生活的记录、情感的体验,有着浓厚的泥土气息,反映了特定时代的社会生活。现选录如下。

《拾粪歌》:"左手提笼右拿锨,出了大门端朝南,十字路口四面瞅,哪里有粪哪里走。"

《采花小调》:"正月里来采花无花采,二月里来采花花未开。三月里桃花红似火,四月里刺玫架上开。五月里石榴玛瑙赛,六月里荷花水面开。七月里秋风吹丹桂,要采玫瑰八月来。九月里菊花人人爱。十月里松柏层层开。十一腊月无花采,雪里头冻出蜡梅花儿来。蜜蜂见花单扇翅,花见蜂蜜搂抱怀。她二者正在交情处,苍天降下濛雨来。打得那蜜蜂腾空去,打得那花蕊倒尘埃。"

《小女子》:"小女子,眼泪流,想起爹娘儿正愁。爹娘东庄喝醉了酒,把我卖在了山里头。整天听见老虎叫,看见山水不断的流。有心跟着山水走,不知何日是尽头。"

《小女婿》:"十八姑娘坐花轿,配个女婿比咱小。穿衣需要人照料,上炕还得双手吊。有心给他早上教,他在南塬摘樱桃。有心给他后晌教,他在北坡打核桃。有心给他黑来教,挨着枕头睡着了。睡到半夜拉一把,吱吱哇哇叫他妈。婆婆听见说了话:'打的我娃犯啥法?你要绫罗给你买，你要丝线给你拿。一百银元买来你，为的伺候爹和妈。甭嫌我娃年纪小，再过五年就十八。核桃枣儿抓两把，哄住我家小冤家。'"

《童养媳》："把住后墙把娘瞭，看见我娘家的柳树梢。柳树梢上公鸡叫，你娃挨打谁知道？一根头发一根丝，我娘听着心疼死。一根头发一根线，我娘听见心疼烂。"

《歌唱婚姻法》："叫声二爹娘，把话听心上，女儿不是牛和马，出卖不应当。现在新政策，男女自由婚，再不是那老顽固，爱的是有钱人。男长二十岁，女儿十八春，要合乎这个条件，实行新婚姻。妇女大解放，自由找对象，自己的婚姻自己定，一生一世喜洋洋。"

《花喜鹊》："花喜鹊，站树梢，张三娶了个花姣姣。担担水，拧拧腰，可把张三疼极了。"

《爹娘和娃娃》："爹勤娘巧，娃娃穿的花花袄；爹拙娘懒，娃娃穿的麻布片。"

《哄娃歌》："太阳出来红艳艳，照到我家小院院。喇叭花儿拉蔓蔓，葡萄结得吊串串。苹果买了一篮篮，鸡蛋存了一罐罐。玩具放了一摊摊，点心糖果当饭饭。我娃真是个福蛋蛋，福蛋蛋！我娃的脸是好脸，头发长得黑油油。我娃的头是好头，三天不梳光溜溜。我娃的眼是好眼，一对大眼赛灯盏，我娃的手是好手，又白又嫩光溜溜。我娃的腿是好腿，两只小腿赛棒锤。"

《干部就怕耍嘴皮》："枪膛就怕有油泥，庄稼就怕荒草欺。懒汉就怕有活干，干部就怕耍嘴皮。"

《守着勤的没懒的》："守着勤的没懒的，跟着馋的没攒的。干部若是流汗的，群众都是实干的。"

《说白话》："说白话、道白话，月里谋娃种庄稼。蝇子踩的锅盖响，蚂蚱腿上出脓疮。膏药贴了几皮箱，还没贴到正向上。"① 又如 "一个鸡蛋两头光，有个女儿未成双。正月说媒二月嫁，三月抱个小娃娃。四月会跑又会走，五月就会叫爹妈。六月南学把书念，七月便会写文章。八月上京去赶考，九月得了状元郎。十月在朝把君奉，十一月告老还故乡。十二

---

① "白话"，当地人将无根据的荒诞话称作 "白话"。"谋（音 mú）娃"，是当地人对出生未过数月婴儿的称呼，"谋" 指刚生婴儿身上极其纤细的绒毛，当地人也将纤细的树根称作 "谋根"。

月得下紧急病,腊月三十见阎王。"

第二节 民间舞蹈

舞蹈与人类历史一样久远,它是氏族和部落不可或缺的群体活动。民间舞蹈是大众娱乐活动,与专门表演性舞蹈不同,它更随意、更自由,娱乐性更强,不受场地、人数、礼节的局限与束缚,可以充分体现人的纯真情感和内心喜悦,有更强大的生命力和创造性。当地民间舞蹈主要有八仙板、打花棍、腰鼓、秧歌等。

八仙板。其主要特点是舞者双手击板。舞者手中各用一副桑木制成的大板,板长约60公分,宽4.5公分,共4页,上端由牛皮筋连接。表演时,手抓木板下端,随节奏一张一合,相互击合,发出清脆声响。其表演场景是:八个男子,身着黄衫裤,头裹黑巾,两耳以上扎戴黄色扇形纸花,在锣鼓乐伴奏下,边敲边舞。八仙板队前,有一腰系花鼓的八仙老头,指导舞蹈动作和套路变换,前后左右反复走动,即兴表演滑稽动作,以丑角扮相逗引围观群众。

打花棍。也称"打莲花落"。花棍竹制,长约1米,两端各扎方孔铜钱数枚,棍身用彩纸缠绕,棍稍扎红缨。表演者由数人列队组合,动作以手拍、肩撞、脚踢棍稍为主,形成和谐舞蹈动作,旁边有笛子、胡琴等乐器伴奏,多奏绣荷包调等喜庆舞蹈。椿林万兴一带的打花棍在当地有名,逢年过节有表演。

秧歌舞。也称"扭秧歌",由陕北秧歌流传而来,融歌舞于一体,很有表现力。表演者自我装饰,列队集体表演。集体表演有过街秧歌、排门秧歌和大场秧歌等,其动作有甩抽扭、挥肩扭,有前进步、跳跃步、平扭步、抖肩步、斜肩步、圆场步、十字步等。其队形常是一条龙、扭麻花、龙摆尾、双牌楼、梅花灯等。乐器伴奏是打击乐和吹奏乐结合。秧歌要求步伐平稳,斗肩摇头,整齐划一。男子要粗犷豪放,女子则轻盈细腻。每至逢年过节,各地多有秧歌队和社火队一起表演。椿林万兴一带秧歌在当地最有名。

腰鼓舞。也称"打腰鼓"。新中国成立后由陕北传到蒲城。鼓为长圆形,两端小,中间粗,双面蒙皮。鼓身为红色。表演者十多人,有男有女,略加化装,用绸带将鼓系于腰间,双手执槌,按一定节奏,边敲边舞，粗犷豪放。有人能身系四五个腰鼓表演，甚是好看。

现在各地还流行广场舞，自由组织，音乐伴奏，常在自家门前或村中宽阔地带自行表演，既可以锻炼身体，活动筋骨，也可以融洽氛围，增加情感交流。目前这些民间舞蹈普遍流行，在逢年过节或村中红事时，都会自发组织表演，增添喜庆气氛。

第三节　民间美术

根据《蒲城县志》记载，当地历史上有名的画家有明代的米万钟，清代的米汉雯、王二树。王二树擅长人物画，其为当地王家画的《督仆耕作图》，形象逼真，王家孩童可辨认其中人物为某人。嘉庆年间王鋾擅长画菊。同治年间王沣厚擅长画花卉。胡光洁嗜画如命，后游览蜀中、荆楚，其所画菩萨像、吕仙像为人称道。廉瑛善画人物花鸟。苏玑擅长火笔山水。梁时敏擅长写意画，有《桃花源》《秋声赋》《依树听流泉》存留。曹孝先擅长壁画，过去白卤村关帝庙东壁的"五虎上将"是其代表作。张东白长于山水花卉，以兰为长。王滨（字泗东）长于画牡丹，时有"泗东牡丹东白兰"评语。从目前保存作品看，多是文人画品，画面内容以梅兰竹菊、隐士生活、日常耕作、历史故事为主，诸多画法技巧并没有普遍流传。

清代以前流行国画，民国后又吸取西洋画技。冯化堂毕业于北平美术专科学校，其画曾获巴黎国际绘画奖。杨子宜专攻山水画。杨廷栋擅长古装美人画。其子杨奇龙继承父亲技法，擅长工笔人物画，造型精美，形象生动，父子均为当地有名画匠。

中华人民共和国成立后，当地关帝庙后巷人李三昌（月甫）擅长画葡萄。东陈人傅恒学将国画和版画融为一体，其国画《轩辕黄帝陵园图》备受赞誉。马湖人严尚德擅长玻璃镶嵌工艺画。贾曲人王忠德（白墨）受长安画派影响深，擅长山水、人物画。

1962年，县文化馆配备专职干部负责群众美术工作，美术组通过讲座、画展和研讨交流方式辅导业余美术爱好者。从《蒲城县志》记录情况看，全县美术队伍有1000余人，先后创作作品2500余件，多次参加渭南市、陕西省举办的画展，并有百余件作品选送全国性画展获奖。其中李祝龄、孙都胜等人作品还被选送到国外展出。

现在有很多人喜欢摄影，多以地域特色为素材，多用生动的画面记录生活内容。进入新时代以来，许多摄影爱好者，用现代科技创造新的美术作品，反映地方自然景色、经济社会发展和人民生活变化等。

第四节　民间音乐

民间音乐①有音乐和器乐。当地民间音乐有民歌、鼓吹乐和锣鼓乐。锣鼓乐演奏套路多，各地都有锣鼓队，常在喜庆节日演奏，增加氛围，有尧山大鼓、百面锣鼓、梅花鼓、八仙鼓等。鼓吹乐多在婚丧喜庆和迎神祭祀场所演奏，宛转多变，表情充沛。

民歌。根据志书记述，当地流行民歌有十对花、对诗、金钩倒卷帘（孝歌）、绣荷包、采花、五更鸟、戏秋千、小放牛、送情人、劝善调、十杯酒、十炷香、孟姜女、对谜、秧歌调、妇女自由歌、棉花姑娘自唱歌等，多与当时社会生活紧密相关，也对历史故事进行演绎，内容情感丰富多彩，引人入胜。其中对诗、金钩倒卷帘还被选入《中国民歌集成》。

鼓吹乐。有行乐、坐乐两种。行乐由3—5人一起演奏，也有上百人集体表演的队伍。乐器有唢呐、喇叭、鼓、钹等，俗称"粗乐"，多在庭外或行路时演奏，声音大，气氛浓。坐乐多由5—12人组成，常带唱戏。乐器有笛、笙、弦、鼓、钹、锣、板等，俗称"细乐"，多在宴请宾客的厅堂演奏。当地鼓吹乐有常用曲目，分套曲和曲牌两种，过去常用套曲有小开门、状元祭塔、吊孝、牧羊曲、二十四孝套曲、哭长城、送情郎、绣荷包、扫地风、祭灵等百余首（套）。演奏形式由曲牌连缀，有重奏、轮奏、齐奏与合奏。改革开放后，诸多西洋管乐成为鼓吹乐的重要器乐。演奏以流行歌曲为主，时常也在逢年过节，或乡村丧葬，或喜庆时演出。

尧山大鼓。分布在县北尧山庙附近各乡镇，是击鼓与舞蹈结合的演奏，很有地方特色。演出时，击鼓者头扎红色英雄巾，腰束黄色征战袍，裹腿紧扎，如古代武士模样。大鼓周围有四至八名服饰相同者，敲大锣、大铙，配合表演，其节奏整齐，动作多变。表演形式有行路鼓和场地鼓。

---

① 民间音乐通常与宗教祭祀音乐、文人雅士音乐、宫廷音乐构成中国传统音乐。四种音乐之间有内在密切联系，但在传播范围、社会阶层及功用方面有很多区别。各种音乐之间相互交错，民间音乐是其他三种音乐的基础和来源。

行路鼓是行进中的一种表演形式，大鼓直径约1.3米、高约0.7米，过去多由两名精壮青年抬着（现在多由大车拉行）前行，一个鼓手边走边敲，两旁伴有锣鼓队配合演出。场地鼓是鼓手在铜乐伴奏下，表演各种击鼓动作和不同套路，如骑马、倒立、跌叉、虎跳等，形式多变，套路不同。表演精彩时，围观群众会随声叫好，伴以唿哨声、掌声等。

百面锣鼓。当地各村镇都有大型锣鼓乐，常由几十人组成锣鼓队伍，列队表演，缓慢前行。演奏时气势磅礴，很有声威。每逢节日喜庆，多会游街串巷演奏。过去龙阳蒲石村锣鼓队规模大，大鼓曾由100面发展到400面，在县城举办春节社火表演时，其队长百米多，宽20余米，威武雄壮，成为一时佳话。

梅花鼓。流行于党睦一带各乡村。因用五面鼓演奏，排列形状似梅花状，故名"五圆"。多在结婚时用，男方用锣鼓彩车（梅花鼓）到女方家接亲，以示隆重。演奏时，其节奏明快热烈，给人以欢庆喜悦感觉。

八仙鼓。也称"花鼓"，在县城一带流行，其鼓小而稍偏，平面系于腰间，似陕北腰鼓。表演时表演者戴头盔、扎背旗、着战袍，双手执槌击奏。其队伍一般由八面鼓、八对镲组成，伴有舞蹈动作，常在春节、元宵节或庙会时演奏。

第五节　民间雕塑

根据雕塑材料，当地民间雕塑主要有石雕、砖雕、木雕、泥塑、糖塑和面塑等几种。雕塑内容多取材日常生活，结合使用功能，选取能辟邪驱灾的吉祥物作为雕塑对象。许多民间艺人能根据材料形式随机雕刻出活灵活现的人物、动物、植物等。

石雕。过去石雕多见于农村拴马石、门墩石、上马石等，是当地最常见也最普遍的雕刻，几乎各家各户都有石雕器物。拴马石被誉为"民间华表"，人们在高低不等的方形石柱上端雕刻狮子、猴子等形状，既可以拴牲畜，也可以辟邪求吉祥。现在农村已很少有人养牲畜，拴马石多被商贩收集贩卖。长安关中民俗村就收集了很多，县文化馆也征集有拴马石二百余尊。另有各种石墩、石杵、石柱、石槽、石碑、石像等，各村都有遗留，上面一般都有雕刻，形式各异，很是美观。县北桥陵石刻有甲天下美誉，其造型精美、形体庞大、保存完整，很有特色，体现了唐代开拓进取，兼容并蓄的"盛唐气象"。

砖雕。用青砖雕成，也有青瓦雕，用作建筑装饰，其图案多为花瓶、仙鹤、狮子、梅花、牡丹、莲花、仙鹤、鹿、松柏、祥云等，有独立雕刻成图的，也有组合雕刻拼接成图的，镶嵌在建筑物间，美观的同时，也有驱邪镇宅功能。雕刻技艺以浮雕为主，线刻为辅，其立体感强，细致逼真，实用耐看。砖雕过去多在庙宇、宗祠、官邸和富户人家建筑物上看到，一般人家的建筑物仅有小部位装点，比较简单，如房屋墙头处，屋檐边等，求美观，能辟邪，常与房屋建筑中的木雕融为一体，相互补充，相得益彰。砖雕多出自民间工匠之手，现在也有，但多用机器操作，很便捷，效率也高，也用在建筑物上，美观大方。

木雕。用坚硬木质材料雕刻，如枣木、榆木、槐木等，其图案与砖雕大同小异，但使用范围广泛。如屋檐、门窗、屏风、桌椅、轿子、棺木、拐杖等，都用木制，上有木雕。也选取各种树根，根据其形状加工，雕刻成各种动物、植物形状。木雕刀法以浮雕和镂空为主，多细致精美，持久耐用。县城林则徐故居、杨虎城纪念馆保存了很多石雕、砖雕、木雕物件。许多家户的房屋建筑和门窗上也都有各种雕刻，总体比过去简单了许多。

泥塑。用黄泥土塑成。旧时各地庙宇中的神坛塑像多用泥塑。随佛教、道教衰落，泥塑每况愈下，大型泥塑很少见到。现在泥塑多是儿童玩具或工艺美术品。其形状如胖娃娃、大公鸡、泥老虎、小狗、人物等，可在上面涂色，用作小孩手艺训练品。过去县东东阳的泥塑艺人在当地很有名，其手艺多祖辈相传，其制作多用模子压制晾干，涂上白粉，后用红、绿、黄等颜色调配，泥塑的人物、动物活灵活现，逼真可爱。

面塑。也称"捏面人"。用面粉捏制，可捏成动物形状，如老鼠、兔子、公鸡、猪、刺猬、老虎、狮子等，也可捏成各种人物形状，如孙悟空、猪八戒等，或捏成各种水果形状，如寿桃。当地人在逢年过节或婚丧活动中，都会捏制各种面塑，用作馈赠亲朋好友的礼品。许多地方还在面塑上插花、着色，用作婚庆、丧葬、祝寿等。

糖塑。也称"吹糖人"，用糖稀吹捏制作，糖稀也叫"粗糖"，加热后，用口通过一根细管向糖塑中吹气，边吹边用手捏制，便可制成老鼠、兔子、石榴、苹果及各种人物形象等。吹捏成型的糖人，看起来橙黄透亮，多用一细杆粘住，便于孩童携带。现街道上也能见到走街串巷做糖塑的走贩。

第六节　民间戏曲

蒲城戏曲在唐代即有记载。金朝大定二十四年（1185），符节在城内城隍庙修建了露台、乐厅剧场。明末年间，李自成在孝通练兵，将同州梆子作为军中娱乐活动。清代乾隆年间，当地"双凤班"赴京演出。东阳崔家村人崔问余①以自己的婚姻悲剧为素材，写成《碧玉钿传奇》，是蒲城目前发现的最早剧本。光绪三十二年（1905），马湖人李桐轩在蒲城组织戏曲团体，编写剧本，宣传爱国思想。民国元年（1912），李桐轩与孙仁玉在西安成立"易俗伶学社"（现在易俗社），以"教育社会，移风易俗"为宗旨，被誉为"世界第三，中国第一"，是蒲城历史最悠久的戏曲团体。民国时期，先后成立了秦义社、维新社、竟化社、培风社、骆驼剧团、正化社、移风社等秦腔剧团。中华人民共和国成立后，除蒲城县剧团，另有众多业余剧团、自乐班、皮影社、木偶剧团等在田间地头、大街小巷演出。

蒲城秦腔。俗称"乱弹"，属梆子声腔系统，以板式表达不同情感和内容的戏曲，流行于蒲城各地，以慷慨激昂为特色。其唱腔包括二六板、慢板、二倒板、流水板、垫板、滚板、彩腔等，有欢音和苦音之分，除滚板是苦音外，其他板式多因剧情、唱词和人物性格不同而有所差异。腔调以徵调为主，有时用宫调式。常用曲牌有20多个，如点将、舞云、油葫芦等。器乐演奏的曲牌有30多个，如青天歌，杀妲己、苦相思、钻烟洞等。击打乐曲有开场锣鼓、动作锣鼓、板头锣鼓、牌子锣鼓等。文场戏的主要乐器有二弦、琵琶、四弦、胡胡、三弦及唢呐、管、笛、小铰等。武场戏的主要乐器有板、梆子、大锣、铙钹、铰子、手锣，兼奏乐器有暴鼓、堂鼓、字板、马锣、云锣、小铰子、星儿等，喇叭由后台吹奏。后排演现代戏剧，伴奏乐曲中有了铜管、提琴、洋鼓等。在现代影视普及之前，秦腔在当地流行，上了年岁的人都喜欢听，喜欢唱。各地多有自乐板，常演唱秦腔，自娱自乐，也外出表演。

蒲城迷胡。俗称"曲子""眉户"。据县志记载，清代嘉庆、道光年

---

① 崔问余，嘉庆六年（1801）进士，官至翰林院编修。

间有了雏形，以清唱形式流传，受秦腔排挤，也偶尔与秦腔同台演出，俗称"风搅雪"。咸丰、同治年间，迷胡开始广泛流传①，有"一清（曲子）二簧（汉调二簧）三秦腔，细腻不过碗碗腔"的说法。传统剧目有大小530多个，如《张连卖布》《小姑贤》《王大娘钉缸》《五更鸟》等，多反映民间生活。另有从《三国演义》《水浒》《红楼梦》中抽取内容的改编，如《古城会》《少华山》等，反映历史故事。后来的《大家喜欢》《梁秋燕》《杏花村》等则与时代生活结合紧密，通俗易懂，深受民众喜欢。

石羊道情。俗称"八仙戏"，为蒲城独有，流行于蒲城孙镇、石羊、南新、东陈庄等地。其乐曲源于唐教坊之法，后被道家用来宣讲宗教道德、法规、因果报应等。其演唱内容分两类，以真人真事为素材的称作"戏"，以虚构情节为主的称作"曲"。目前保留剧目50余个。其主题明确，格式讲究，词语对称，文字简练，成语典故多，诙谐风趣，有教育意义。曲牌有"九腔十八调"之说。"九腔"保留下的有八腔，即清引江、金钱吊葫芦、藕断丝不断、节节高、大连相、高腔、推句子和皂罗袍。"十八调"传下来的有11个，即大红袍、苦相思、哀连子、剪花、拖音、笑板、蛤蟆跳门槛、塌句子、气头子、怒板、落头子（尾声）。乐曲有九种，用于文场的有四种，弦子、胡胡（两把）和梅笛；用于武场的有五种，鱼鼓、简板、三才板、水云、云锣，有"八人共掌九样乐"之说。2002年，中央电视台在石羊村录制了《缝袍子》《秃子闹洞房》《拜寿》等传统节目，并在当年3月30日晚中央电视台7套《乡村大世界》栏目中播出。

蒲城木偶戏。俗称"肘娃娃"或"肘葫芦"，属于杖头木偶，流传在平路庙和罕井一带。木偶戏设备简陋，七八个人即可演出，有"十根椽，两张席，七紧八慢九消停"之说，将立体雕刻艺术和操纵演唱艺术融为一体，采用秦腔脸谱、服饰、音乐和演唱形式，比皮影更有表现力。演出时，操纵艺人和配唱艺人相互配合，将木偶戏中的吹胡子瞪眼、摔袖、言语、翻跟头等表现的活灵活现。

蒲城碗碗腔。俗称"灯影戏"，是皮影戏的一种。大约产生于乾隆年

---

① 咸丰、同治年（1851—1874）间，迷胡戏复起于华阴、华县、渭南、大荔、蒲城等县，后波及于全国。

间，多用碗碗腔演唱，故名"碗碗腔"。皮影用牛皮制作，用阳雕阴刻，阴阳相辅，明暗凿纹等方法组成人物和图案，然后染色，俗称"牛皮人马子"。其造型整体小巧，形象逼真，男性多浓眉大眼，女性多妩媚秀丽。最有代表性的图案是"万"字雪花型结构，色彩明快，线条优美。演出时行装简单，五人即可在"灯下敷衍千古事，影中情舞鼓乐声"。其代表性剧目有《金碗钗》《香莲佩》《春秋配》《四岔捎书》《火焰驹》《清素庵》《白玉钿》等，内容多是"奸贼害忠良，秀才招姑娘"类。过去民间演出比较多，现在许多曲目已拍成影视播放。

第七节　民间杂技

民间杂艺[①]是以杂耍性表演为主的娱乐活动，包括民间艺人的杂手艺、动物表演及各种斗戏等。其表演常在人口密集的市区、乡镇进行，也有许多杂艺走街串巷。民间杂艺多能适应社会中、下层民众欣赏口味，而观赏杂艺表演也是普通民众自我消闲的重要方式。当地民间杂技主要包括蒲城焰火、蒲城麻鞭、蒲城社火、蒲城血故事、蒲城神龙花秋千、蒲城细狗撵兔等。

一　蒲城焰火

蒲城有"中国花炮之乡"的美誉，是闻名全国的"焰火之乡"，传统花炮的重要产区。据史考证，蒲城焰火源于西周，起于隋唐，[②]盛于明清。县西兴镇过去称作兴市镇，设有旌仕坊，即花炮作坊。南边有雷坊村，专作雷子炮。据说雷坊有兄弟两人，以作炮为生，后来弟弟去了浏阳，哥哥留在蒲城，中国烟花工艺便有了"南有浏阳，北有蒲城"之说。现在雷坊一带在每年农历正月二十三还举办"火神会"，人们在这一天敬火神、放烟花、鸣爆竹。

在盛唐长安，每逢庆典及节令，都燃放奉先（蒲城）烟花，称作"宫廷焰火"。等到宋代，蒲城烟花制作技术有了大发展，火花艺人将花

---

① "杂艺"古代称"百戏""把戏"。当地人现在还将"耍猴""变魔术"等杂艺称作"耍把戏"。

② 据传唐代孙思邈在蒲城利用硫黄、硝石炼丹，著作《孙真人丹经》记录了火药配方。蒲城盛产硫黄、硝石，制作烟花爆竹就比较方便。

筒、蹲子、花灯连接，创造了样式独特的杆火。明清时代，焰火制作技术熟练，已达七类140多个品种。中华人民共和国成立后，蒲城焰火有了更大发展，发展为五彩意妍、类型多样的地盘火、低空杆火和高空礼花等三大类400余种。当地人将焰火燃放称作"放火"，过去只在元宵节、庙会期间燃放，后在重要节日也燃放。县西兴镇、甜水井还在"火神会"组织大型焰火晚会。

杆火。俗称"架子花"，属低空焰火，是当地独创的焰火形式。全架有96杆，2个老杆及2盘筐篮火，共100个，分文武两种。文有天女散花、鱼龙变化、葡萄架及戏剧中的故事人物。武有铁树开花、文武火斗、金蜂齐鸣等。燃放时将其绑在木杆上，用"码子"自动点燃。杆火中的老杆高在10米以上，是焰火中心，常用故事、图案、标语等点明晚会主题，其他杆火围绕老杆，有序燃放。另有地摊子火，也称"盘子火"，由许多星筒集中在一起，把鞭炮盘放在地面，燃放时，多种花型直射夜空，高达数十米，很是壮观。

蒲城焰火曾七进北京，受到毛泽东、周恩来、朱德等中央领导人的高度赞扬，并在全国巡回表演，还为《人生》《西安事变》《神鞭》《彭大将军》等影视做焰火配景。作为中华一绝，"蒲城焰火"曾被中央电视台拍摄，入选《中华百绝》系列片。1987年应邀赴法国巴黎表演，广受赞誉。

二 蒲城麻鞭

蒲城麻鞭一直流传于贾曲前宜安村，是当地人"打社火"开场时专用的一种长鞭。表演者头戴白毛巾，身穿对襟衣，腰扎红腰带，腿穿灯笼裤，过去多用猴型脸谱，县文化局在2003年将执鞭者改为张飞型，称作"张飞鞭"。麻鞭表演时，执鞭者与操棍者对打，讲究鞭打棍，棍打鞭，相互对招。麻鞭招式繁多，有快、准、狠、美、响、活等特点，讲究棍舞数板眼，鞭打一条线，重视声音脆响有回荡，其间一般还穿插小洪拳部分套路，很热闹。打鞭表演阵容庞大，人数众多，体现了整齐、大气的蒲城风貌。

1982年元宵节，86岁老艺人宁锡禄在县城进行了麻鞭表演，其鞭长约2.6米，重约6斤，木制鞭把，长约1米，鞭挺约1.6米，鞭鞘用生丝制成，染成红色，增加打鞭时的表演氛围。

三 蒲城社火

蒲城社火是在鼓乐基础上发展起来的民间杂艺。据县志记载，每年各乡镇多有社火比赛，县城曾在1928年正月二十三到二十五举办过社火大赛，当时各乡镇的社火精华均集于此，是蒲城历史上第一次民间杂艺大汇演。社火表演有很大兼容性，以造型艺术为主，兼及其他乐舞内容，过去人力推拉的社火表演道具，现已为拖拉机、三轮车、小型货车等车辆替代，题材突破了传统故事内容，有浓郁的时代气息。目前社火表演大致情状如下：

锣鼓开道。社火队前面多有"某某社火队"名称，后为一车拉大鼓，一人围敲。随之是相对两行大型锣鼓队，一边是腰鼓，一边是大铙，中间有一着装打扮者，手持"摇杆"，前后指挥，另有一敲小锣者，控制节奏，引导两边腰鼓和大铙。后面多有一人围敲的大鼓，前后构成一个完整表演单元，以行鼓方式缓慢前进。

高跷。高跷表演紧跟锣鼓队，构成一个新的表演单元。高跷高低不同，常排成两行，相互交错，由数人扮演同一故事内容的不同角色，如选择唐僧、孙悟空、猪八戒、沙和尚造型，或选用刘备、关羽、张飞、曹操造型等，在其腰部挂人物名字，勾勒不同历史故事，有惩恶劝善、弘扬正义、传播文化的效果。踩高跷者造型不一，各自形成一个小版块，间有一人或数人手拿道具，前后穿梭，维护高跷队伍安全。有一些踩高跷者常能做高难度惊险动作，让人惊叹不已。县东椿林的太平、太来，保南洼村一带的踩高跷比较兴盛，后来各地社火队均有这一内容。

旱船、舞狮。旱船高约2米，长约3米，船体用彩纸或彩布环绕，外用颜色图画，形似船行海中。常是三人"坐"在船中合演，前后两男子用腰系住船身，手持船桨，做划船状，带动船体前行，表演船在海中颠簸状，一女子"坐"于船内，随船只上下起伏表演。伴随锣鼓节奏，或作停滞状，或作疾行状，或作倾斜状等，间有各种行船唱词，颇受周围人的欢喜。椿林万兴和汉村一带跑旱船表演时间久，罕井白堤村的"走马""旱船"很有名。另外，有些社火队中还有舞狮版块，常由二人披狮子状服饰，相互配合杂耍，一人持绣球作前引，行进中相互戏斗，与锣鼓相伴。"狮子"或翻滚状，或站立状，或怒目状，或假寐状，或扑跃状等，不一而足。万兴、汉村一带舞狮比较久远，其他地方很少有。

芯子。有背装芯子与抬装芯子两种，过去多用坚硬木头，搭建高低不同芯子架，后用钢铁焊制芯子架，在芯子架上不同位置，用脚撑和绳子固定人物。往往是一个芯子架上由不同着装的孩子扮演不同角色，相互构成一个完整故事版块，与踩高跷相似，但比踩高跷更惊险。芯子造型是杂艺和戏剧的结合，将舞台演出与民间娱乐组合，深受群众喜爱。

耍龙。过去当地有耍龙习俗，主要用于祭祀、祈祷等。龙有黄、青、白、赤、黑五种颜色，分别代表金、木、水、火、土五行，对应不同时段。如天旱耍赤龙，主要是祈求吉祥、风调雨顺，后被引入社火表演队伍中。耍龙时的道具多是竹制龙骨架，外覆布制龙皮，龙首由各色彩布与骨架构制，形象逼真。表演时，一人手持彩色绣球，引龙前行，数人用木杆扶持龙身，随锣鼓乐器，在空中逶迤行进，其动作、音乐和舞姿相互协调，顺畅流通。民国年间，旧时火龙被淘汰，逐渐发展为彩龙，其扎制更加精致，造型丰富。现在社火表演已很少见耍龙。

跑驴。常在社火队伍后面，多由两人扮演夫妇，妇骑"驴"（将纸糊或布制的驴系在腰部），逍遥自在，夫赶"驴"，紧随其后，与小锣鼓声相伴，边走边唱，夹杂和谐有趣的跑驴动作，有浓郁的生活情调。

大头娃娃。在跑驴板块后面，常用一造型夸张的大型面具作为表演道具，或大头娃、或弥勒佛、或妖魔等，表演者将其套在头上，不时窜入人群，任意表演。

当地社火很有声威，社火队伍构成大同小异，常根据需要进行表演，是当地人喜闻乐见的民间杂艺，也是当地人日常生活观念和雄浑精神品格的重要表现方式。

四 蒲城血故事

"血故事"，也称"马故事""车故事"，是古代"血祭"[①] 风俗的现代流传。其在县西苏坊一带流行，县东永丰称作"血鹄（音 hú）"。据说县西苏坊姚古村西沟雷家，自北宋迁居于此，在清代同治年间，当地社火会长雷长庚[②]两次修族谱，勾勒血故事的传承历史，并与雷应史创立了

[①] 民间认为"血"有"震妖、祛邪"作用，常用"血"作为辟邪、祛邪重要工具。许多地方以血故事为载体，表达朴素正义理念，颂扬生活中"除暴安良"和"侠肝义胆"的人。

[②] 雷长庚，清代同治年间雷氏血故事传人。血故事相沿已有四五百年历史，雷德运是血故事社火会第十八代传人。

颇具规模的"姚公镇西沟血故事社火会",将"非正直人不传,非本族人不传"作为会训,为村中"除秽气、求平安、树正气、肃族风",将每年农历正月十五日、正月二十三日和二月二日确定为表演日。在表演之前,先要祭神,会长聚族在供奉牛王、马王、药王庙前,焚香叩拜,求槽头兴旺,吉祥平安。随后族人有序排列,会长率众到祖先坟茔春祭。然后鸣锣鼓,列仪仗,绕村一周。

表演时,表演者身涂血色,肉、肠外露,或躺于铡刀下,或刀砍脖破等,贯以民间传说、历史事件,再现真刀真枪的厮杀场面,看起来很血腥,常以"惊、险、奇"著称。血故事表演有静态造型和动态造型之分,前者是人在车上或马上静止不动,或肠子外露,或尖刀穿身,或刀劈脖颈等,后者用机关控制,人在车上或马上,经过几个回合武打后,出现刀插头顶、解锯分身、抽肠换肚、换掉头颅等。血故事造型静中有动、动中有静,给人以视觉动感。其贯穿的故事内容,主要传播朴素的正义理念。

血故事传承习俗比较严格,其"机关"奥妙只有传人才能知晓。其道具由专门铁匠制作,内设相应"机关",表演者须熟练使用,才能正常表演。鲜血配制也秘制单传,表演前才由配血传人配好端出。现在已很少有专门的血故事表演。

五 蒲城神龙花秋千

蒲城神龙花秋千是陕西非物质文化遗产之一。它诞生在县北罕井镇西南村,距今逾600年。据当地王氏族人讲,其祖上王理、王义在明廷做官时,将宫中秋千传袭回村。其后,西南村每隔二三十年在清明时节,都搭扶立神龙花秋千一次,修补家簿一次,以此怀念祖先功德、凝聚王氏族魂。

神龙花秋千搭制很讲究。先将两个相距3.3米的大碌碡竖放于宽阔场地,在碌碡中间放置一直径为12厘米的藤条圈,圈上放一直径约15厘米的扁圆形石臼,在石臼中间坑窝内放一直径约8厘米的钢球。两边有高约10米,直径约25厘米的硬木头一对,在硬木头下端横截面中间掏一小型圆坑,扶立时与藤条圈上钢球对接,放置在与碌碡等宽的平面上,并用红油纸包裹严实,将麦秸扎制的金龙缠绕在柱子上,称作"龙柱"。两根龙柱上端用长约4.5米,直径约30厘米的松木椽连接作横梁,用红油纸包裹,中间悬挂一铜钟,在龙柱外侧横梁上悬挂对联一副,称作"龙门"。

在龙柱顶端各用一根长约 8 米，用彩条纸包裹的松木椽作彩柱，彩柱上各有大中小方台形斗子，最下面大斗子四面书写"风调雨顺""国泰民安"，寓意吃穿有保障，国家人民享太平。其上中斗子贴金龙四条。最上面小斗子四边饰花，斗口插满花束，寓意五谷丰登。在彩柱顶端各固定高约 2 米龙旗一面。在距横梁约 2 米处，与横梁平行装置一松木椽，也用彩纸包裹严实，在其与横梁之间形成一长方形空间，其间装置书写有"接祖传艺""团结和好"字样的匾额，寓意活动主题，匾额周边用小彩旗装饰。在匾额正上方安置一惟妙惟肖金猴，寓意封侯拜相。整个秋千高约 20 米，宽约 3.3 米，看起来阔大俊美，高贵威武。

据说在夜半子时扶立神龙花秋千，全族男性焚香祭祖、鸣放鞭炮、唢呐高奏，一起将秋千扶立。第二天清明一大早，人们在鞭炮唢呐声中，在坟前行祭祀礼，随后绕村一周，打社火，荡秋千，持续七天，以示隆重。据说荡过秋千就可百病不侵，延年益寿。中华人民共和国成立后，先后于 1956 年、1986 年及 2008 年扶立过三次，并在 2008 年 7 月"中国·渭南首届文化旅游节"期间做了展示。

六　蒲城细狗撵兔

蒲城细狗撵兔历史久远。[①] 当地细狗是"黄瓜嘴，羊鼻梁，四蹄如蒜；腰似弓，腿似箭，耳垂尾卷"。县西荆姚一带有专门的细狗撵兔竞技场，过去每年元宵节、端午节和腊八节都有细狗撵兔比赛，县域及周边细狗爱好者，多会带细狗参加，常是人山人海，蔚为壮观。在音乐声、呼喊声中，数狗竞相追逐猎物，计时比赛，以先获猎物者为胜。比赛结束，进行隆重的颁奖仪式，授予某狗奖牌，并给养狗者一定奖励。2003 年中央 7 套的《致富经》和 2007 年中央 10 套的《百科探秘》，都对蒲城细狗撵兔做了积极报道。

七　马戏团

当地人将杂技或马戏表演称为"耍把戏"。他们常游街串巷，以此为

[①] 《史记·李斯列传》记载："牵黄犬俱出上蔡东门，逐狡兔。"汉代，蒲城属皇室上林苑一部分，司马相如《上林赋》有"兔园夹池水"记述。作为皇家狩猎地，唐太祖李渊、唐太宗李世民都有在蒲城伏龙塬和尧山狩猎的记录。其狩猎娱乐活动在民间流传，形成当地细狗撵兔习俗。

业,带给群众快乐的同时,也赢取一定经济收入。中华人民共和国成立后,蒲城多地都有杂技团。如1960年,龙阳公社店子村成立杂技团,多在农闲时演出。1979年,贾曲公社三义村成立马戏团,有魔术、杂技、马术、硬气功等,经常外出巡演。1980年,孙镇赵庄成立马戏团。1984年,椿林白家原成立以家庭成员为主的马戏团,有惊险马术、高空悬技、气功和魔术杂技等。1984年,罕井镇成立动物杂技魔术团,有美女蛇舞、人头搬家、二鬼摔跤、蟒蛇缠身、汽车压身、鹦鹉学舌、猴子登车、蛇穿鼻孔等。过去人们娱乐活动少,马戏团有一定市场,现在经济发达,县域内已很少有马戏团表演。

第八节　其他传统手工艺

另外,当地还有剪纸、刺绣、花灯及布制品等各种手工艺品,它们多取材于生活,用手工技巧,制作各种生活用品,有鲜明的地方特色和浓郁的生活气息,反映了当地人的生活观念和审美创造。

一　刺绣

刺绣以实用美观为主,用黄、红、绿、蓝、橙五色线相互交织,绣成生活实用物品,有枕套、信插、片夹、裹肚、童鞋、荷包、香囊等。过去有不少人将刺绣品拿在市场上交易,补贴生活。刺绣品上的花卉、飞禽、山水、走兽、风景、戏剧人物等,是农家妇女常用素材,经过其精心设计制作,就有了"吉祥"含义。如枕套上的"鸳鸯戏水""莲花贵子""喜上眉梢"等,人们用鸳鸯、水、莲花、喜鹊等图案组合,经过处理,就创造了生活的期待和美好的祝福。传统刺绣针法有扎法、挂法两种。扎法俗称"面绣",如绣石榴、绣荷花,须把石榴、荷花轮廓以内的面积全部刺绣出来,摸起来厚实丰满。挂法俗称"线绣",如绣寿桃、绣仙鹤,只需绣出桃、仙鹤轮廓即可,看起来空灵疏通,清秀自然。也有人将扎法、挂法结合,显得别致。现在还有刺绣,但手工制作已经很少,多是机器制作,批量生产交易。

二　布制品

传统布制品多用农家土布,各家都能制作,有布枕头、香包、印花布、百家衣、床单、被罩等各式生活用品，手工制作比较多，现在多用机器制作，很精美。如布枕头是最常见也最常用的布制品，枕头两边和上面多绣各种图案，有花鸟虫鱼、山水人物、各色花卉等，既有实用价值，又有艺术欣赏价值。香包是端午节孩童佩戴的饰品，多仿照各种昆虫、蔬菜等形状，内置香料，佩戴可避免虫蚊叮咬。早先的印花布是将各色图案印制在土布上，常见有门帘、围裙、被罩、床单等，现在工艺已有很大改进。随现代科技发展，许多布料在纺织过程中就已印制各色花样，人们可根据自己喜好选择。百家衣多用各色碎布拼接而成，构成的各种图案，别有一番情趣。

三 花灯

花灯俗称"灯彩"，是当地传统工艺美术品之一。旧时有提灯、挂灯、走马灯等，其制作精美、图案美观、色彩多样。现在市面上流行的各种花灯在形状、色彩、样式等方面均有很多变化，其制作质料也由过去的纸、玻璃转为塑料、彩纸等，在每年春节、元宵节前后都有出售。

提灯。过去有，现在已经很少见到。提灯框架多用竹条、铁丝和手竿等连接而成，内置烛火底座，外面用各色花纸封制，其形状不同，花色不一，常见有兔灯、鱼灯、青蛙灯、马灯等。过去用作日常生活的夜间照亮。现在多用手电筒或矿灯代替。

挂灯。过去现在都有。过去挂灯框架用木条、细竹条、铁丝等连接而成，内置烛火底座，外面多用丝绸做罩，用红色或金黄色丝穗装饰，形体较大，多在盛大节日时段，悬挂门前，显得典雅厚重，华丽富贵。现在一般人家多用大红灯笼，里面选用灯泡，常在春节期间悬挂，看起来漂亮、典雅，增加了节日氛围。

走马灯。过去和现在都有。过去走马灯框架如提灯，外用透明纸张封制，内置底座放置蜡烛，罩内常绘嫦娥奔月、孙悟空追打白骨精、猪八戒背媳妇等图案，利用烛火热力回流，使内罩的人马图形转动，俗称"走马灯"。现在多用塑料制作，内置灯泡，在音乐声中，流光溢彩，非常漂亮。

四 剪纸

民间剪纸比较普遍，其素材多取自历史故事和日常生活，如人物、山水、鸟兽、花卉、虫鱼等。作品以窗花居多，常根据粘贴位置，剪制不同纸花。如春节剪"吉庆有余"，孩子满月剪"麒麟送子""莲生贵子"，婚嫁时剪"孔雀开屏""凤凰戏牡丹"，老人过寿剪"老寿星""猴子献寿桃"等。其刀法细腻，风格独特，寓意深刻，风采各异。

当地窗花剪纸还可分烟格剪纸、单色剪纸和染色剪纸。烟格剪纸形状是正方形，将其贴在窗户最上一行方格里，有流通空气和增加采光作用。单色剪纸和染色剪纸的形状多样，前者用一种色纸剪成，后者先用白纸剪成，后根据图案在不同部位涂色，先贴在白纸上，后贴到窗子上。窗花内容也不断变化，如"葵花向太阳""红心套忠字"，后来有了"人勤春早""春到农家"等，体现了明显的时代特征。现在已很少有人剪窗花。

五　蒲城麦秸画

麦秸画因其制作材料是麦秸而得名。据说其工艺源于隋唐，兴盛于两宋，流行于明清，是中国独有的民间手工艺品。当地麦秸画的制作方法比较复杂，先将麦秆用药水浸泡，经过熏、蒸、染、剖开、铺平等方法对麦秆处理。后通过剪、贴、描绘、烫、打磨、编号、上板、临摹、组合等30多道工序，最后才能制作出古朴大方、形神兼备的麦秸画。

目前制作成熟的麦秸画有六大系列，即山水画、人物画、花鸟画、动物画、历史名画和佛教画等上千品种。苏坊曾有六位农村姑娘用当地麦秆，花费半年时间，制作了一幅长26米，高1.5米的《清明上河图》，被上海大世界基尼斯总部评为世界最长麦草剪贴工艺画。

第九节　蒲城方言

蒲城地面相对平整，交通便捷，方言流变转换比较普遍，但也形成了相对稳定的方言俚语，呈现了当地独特的语言表达习惯。根据《蒲城县志》对当地语言统计，认为蒲城方言是现代汉语北方官话中原方言关中片区的一个地点方言，它保留了古汉语的尖音，主要是入派阴平、阳平，将古汉语清声母入声及次浊声母读作阳平调，把全浊声母入声读作阳平调，个别入声字读作上声和去声调等。单音节名词可重叠为AA式，有"小称"效果，儿化后还有"爱称"作用。

一 语音

当地方言声母25个，包括零声母。基本韵母40个，儿化韵母35个。单字调4个，轻声在外。方言的连续变调主要是两字组合后发生变调，其规律主要是，两阴平字连读，前字变成阳平调，如不说、发挥。阴平字重叠为AA式，第一个字变作上声调，如星星、箱箱；双音节词语，第二个音节是轻声调或由非阴平调变作阴平调而第一个音节为阴平调的，阴平字调变作上声调，如月亮、工人。两上声字连读，一是前字变为阴平调，如老手、老许；二是两字都变作阴平调，如老虎、老鼠。双音节词语也有第二个音节由非阴平调变作阴平调的，如文学、动静。单音节上声调动词在语气助词"啦"前变作阴平调，如走啦、来啦。儿化变调也有，如变作轻声，媳妇儿。阴平字儿化后变读为阳平调，如框框儿。去声字儿化后变读上声调，如麦穗儿。其声韵配合有一定差异。随普通话的不断推广和普及，各地间的相互交流，各种读音已逐渐趋同。

二 词汇

蒲城词汇是当地人日常生活经验记录和表达，有鲜明地域特色，其分类大致如下。

一是天文、地理、时间类。太阳叫日头。流星叫贼星。顶风叫戗面子风。冰雹叫冷子或冷子疙瘩。大雨叫白雨或跛子雨。硝根土叫碱土。小雨叫毛毛雨。长时间下雨叫霖雨。雨后彩虹叫绛（音 jiàng）。大坡叫长坡，短坡叫坡坡。各种各样的地势叫沟沟、洽洽、凹凹、台台、埝埝等。去年叫年时。明年叫过年。今年叫这一年。昨天叫夜来。明天叫明儿。后天叫后儿。大后天叫老后儿。前天叫前儿。大前天叫大前儿。早晨叫早上或干早。中午叫晌午。下午叫后晌。傍晚叫麻擦黑或麻麻黑或黑得。凌晨前叫前半夜。凌晨叫半夜。凌晨后叫后半夜。黎明前叫麻麻明。过去叫老早。当下叫这会儿。收麦季叫麦月天，等等。

二是生活生产类。吃晚饭叫喝汤。带汤吃的面疙瘩叫老哇撒（音 lào wā sá）。饺子叫煮角、扁食或煮馍。麻食叫戳戳或捻捻。花卷叫油蹄凹。菜卷叫卷卷。盘子叫碟碟。大碗叫老碗。小碗叫碗碗。勺子叫勺勺。麻花叫油麻塘。五香粉叫调和面儿。涎布叫涎水帘帘或遮遮（音 zhā zhā）。棉鞋叫窝窝。沏茶叫泼茶。买醋（油）叫灌醋（油）。买盐叫称盐。吃饭叫咥饭。明间儿叫过厅或过堂。厨房叫灶火。风箱叫风汉。方凳叫机子。打架叫打槌。坏人叫哈怂或蛇火。干事不行叫怂不顶或球不顶。小偷叫贼娃。头脑不清叫嘹怂。爱挑拨是非的人叫搅屎棍。生活不上进的人叫烂杆或死狗。社会上闲逛的人叫二流子。事情没弄好叫哈列（音 hā liě）或日特（音 rì té）了。东西丢了叫遗（音 yí）了或末（音 mo）了。村子蓄水池塘叫涝池。泔水叫恶水。这儿叫揸揸（音 zhā zhā）。哪儿叫伢达（音 yà dā）。那儿叫物达（音 wū dā）。骟猪叫挑猪。旧式大车叫硬脚子车或硬轱辘车。铡槽叫铡子。担水扁担叫担。筛子叫蓙筛。拐杖叫拐拐。烟袋叫烟锅。烟油子叫烟屎。厦房二梁叫二担子。房屋上的顶棚叫重（音 chóng）棚。砌护墙面叫瞟墙。上泥皮叫墁泥或裹泥。用镢头挖地叫剜地。牛轭叫牛根头。做笤帚叫缚笤帚。锛子叫平斤。钉钉子叫楔钉子。插楔子叫憋楔子。蒜臼儿叫踏（音 tá）蒜瓯子。手或脚伸出来叫手或脚刺（音 cī）出来。东西发馊了叫死气了。割麦（草、柴等）叫作铍（音 pō）麦（草、柴等）。柿子脱涩叫燣（音 lán）柿子。穿针叫引针。缝扣子叫缵（音 zàn）扣子。缝衣边叫缏缏（音 pián pián）子。缝鞋口子叫缵（音 zān）鞋口。砍去多余的树枝叫廓（音 kuō）树。折树枝叫撇树枝。树木的斜枝叫斜股子。树冠叫树匍楞（音 pú lēng）。闹饥荒叫年馑，等等。

　　三是身体、病痛、医疗类。矮子叫矮咕喽。个头高而难看叫侉气。头叫颡、脑（音 náo）、叠脑（音 dié náo）。眼睛叫眼窝。睫毛叫眼眨毛。鼻子叫鼻子疙瘩。脖子叫脖（音 pó）汉。胸部叫腔子。耳聋叫耳背。拳头叫槌头。腿肚子叫腿猪娃。膝盖叫磕膝盖。踝骨叫核桃侉拉。脚叫角（音 jué）。脚上大拇指头叫你大舅，依此类推你二舅、三舅等。脚后跟叫脚巴。阴茎叫鸡鸡或牛牛。阴户叫屄。刘海叫囟门角儿。雀斑叫蝇子屎。有病叫不鞭活或身体不美、难过。驼背叫背锅子。眼睛看不见叫眼哈（音 hā）了。感冒叫着凉了。疣叫瘊子。诊脉叫号脉或捉脉。用火罐拔毒叫打瓯子，等等。

　　四是红白事、商业活动类。订婚叫过礼、吃面。嫁女叫打发女子。给出嫁女子送礼叫添箱子。接生婆叫老娘婆。棺材叫货或木头。棺材板叫枋子板。做棺材叫割货或割木头。灵位叫牌位或先人位子。孝衣叫孝衫。买布叫扯布。送礼叫行门户或送礼性。开玩笑叫说笑。闹房叫耍媳妇。妊娠反应叫害娃。怀孕叫有身子了。生孩子叫到炕上了。胎盘叫娃衣。娶带子女的寡妇叫捎连带犊或连瓜带蔓（音 wàn）。遗腹子叫暮生子。老人去世叫人老了或人走了、人不在了。小孩夭折叫娃撂了或殇了。守灵叫守丧。入殓叫殓木。哀杖叫丧棍。顶纸盆叫顶盆子。摔纸盆叫摔盆子。吹鼓手叫乐人或鬼子。送葬叫送灵。影轴叫先人轴子。走运叫兴运。便宜卖叫贱葬。以堆堆为单位便宜卖叫断堆堆。以捆捆为单位便宜卖叫掀捆捆。买小猪叫逮猪娃。买一吊子肉叫割一吊子肉。行贿叫塞黑拐。受贿叫吃黑食。不和睦叫不卯。亲戚不再来往叫撑断。嫌弃叫弹嫌。骂人叫咒人。训斥叫日嗷。讨厌叫训。赌气叫打气憋。妒忌叫害气或红眼病。糟糕叫麻眼。不吱声叫不言传。待理不理叫佯求不睬，等等。

　　五是动作、行为、情态。抬头叫扬头或昂头。头低下来叫颡低下。手拉手叫拖拖。摩挲叫扑娑。孩子跌倒扶起来叫徂（音 cú）起来。拿上叫撼（音 hàn）上。够不着叫奔（音 bēn）不着。立住叫弩（音 nù）住。蹲下叫圪蹴。捣乱叫骚情。放工叫撒（音 sā）工。乘凉叫歇凉。玩耍叫逛去。举手（脚）叫乍（音 zhā）手（脚）。够得上叫奔（音 bēn）得着。吃叫咥。快点叫克里马擦。凉一下叫冰下。摔了个屁股墩叫摔了个沟子墩。侧身睡叫仄愣睡。趴着睡叫趴喝（音 hē）睡。梦魇叫鬼压身子。

　　六是植物、动物。玉米叫苞谷桃或玉米桃。玉米秆叫包谷秆。番茄叫洋柿子。土豆叫洋芋。甜瓜叫香瓜或脆瓜。小蓟叫刺角。大蓟叫马刺角。苦菜叫苦曲菜。麦蒿叫米蒿。蝌蚪叫蛤蟆咕蚪。壁虎叫蝎（音 xiè）虎。蛐蛐叫醋（音 cù）蛛蛛。母猪叫草猪。公猪叫牙猪。种母猪叫猪老婆。肥猪叫壮货。骟公猪叫骟猪。骟母猪叫劁猪。公驴叫叫驴。母驴叫草驴。公狗叫伢狗。貛叫貏。孵小鸡叫孵鸡娃。小燕子叫燕蝶。斑鸠叫咕咕鸟。麻雀叫鸺咻（音 xiù xiù）。猫头鹰叫鸺鹠。蝙蝠叫夜蝙蝠。鸽子叫鹁鸽。臭虫叫臭虮。牛虻叫虻咱（音 zán）。蚂蚁叫蜱麻虫。螳螂叫猴子。七星瓢虫叫花媳妇。蚜虫叫腻虫。蛇叫长虫。公牛叫犍牛。母牛叫乳牛。牛角叫牛顶子。麦蒿叫米蒿，等等。

　　肮脏叫拉撒或污壅（音 wú yōng）、奴（音 nóu）。做活做得整齐或好叫倭曳（音 wó yè）。做事比较慢或麻烦叫暮囊。油多的样子叫油囊囊。饭菜做得酸叫酸太太。饭菜做得没味道叫作的甜（音 tián）。饭菜做得好吃叫香得很。看不见叫黑咕隆咚或黑麻咕咚。令人作呕样子叫恶心。结伴一块去叫相跟上。美得很叫撩咋咧。非常好叫嫽得太。很舒服叫囊太太。多亏帮忙叫亏挡。总共多少叫满干多少。你两个叫你俩。头脑不清晰叫二马咕咚（音 ér mā gū dōng）。痴呆叫呆子或傻子。做事大方叫戳撑（音 chuó cēng）。坏人叫瞎人。美叫嫽。婆媳叫娘们。妯娌叫先后（音 xiān hòu）。孩子们叫娃娃家。妻子叫屋里人。丈夫叫外面人。自己人叫咱。这里叫这嗒。近处叫兀嗒（音 wū dà）。远处叫那嗒（音 nā dā）。哪里叫阿嗒（音 ā dā）或亚嗒（yà dà 音）。

另有一些重叠词语，是"AA 式"或"AA 儿式"的名词重叠，都有"小"的意思，其中，AA 儿还含有"爱"意。如盆盆、罐罐、瓶瓶、桌桌、布布、房房（小房子）、路路、渠渠、沟沟、台台、凳凳、桩桩、牛牛（小孩阴茎）、肚肚、手手等。又房房儿、桌桌儿、脚脚儿、脸脸儿、喳喳儿、碗碗儿等。也有两个单音节形容词"AB 式"可以重叠为"ABAB 式"，其意是"又 A 又 B"，如黑瘦黑瘦、白胖白胖、黄亮黄亮、细长细长、高大高大、端直端直等，表示一种情感倾向。

三　句子

当地语言表达也有自己的特点，下面举例中，前面是普通话句子，后面是蒲城当地话，有很浓郁的地方语音与表达习惯。

这是谁干的？——这是谁该？

他干的。——伢该。

你去干什么来着？——你去做啥该？

我上街买菜来着。——我上街买菜该。

他来不来？——他来伢不？

我该不该来？——我该来吗不该来（吗）？或我该来伢不？

能弄吗？——弄得成弄不成？

这个比那个大，可没有那个好。——这叶比兀叶（音 wū yè）大，可没有兀叶好。

能比上。——能吃住。

谁呀？——兀谁？或兀是谁？

你来吧。——你来伢！或你来么！你来吗！

你干什么去？——你做啥去？

这些果子能不能吃？——这些果子吃得吃不得？

你是抽烟还是喝茶呢？——你是吃烟呀还是喝茶呀？

这个东西太重。——这叶东西重矣很，我晓得拿得动拿不动？

这个涝池淹死了一个人。——这叶涝池把一人淹死啦！

坏得很。——瞎的没眉眼。

非常好。——嫽扎咧。或嫽得太太。或美得很。或好得很。

好极了。——碾扎啦。或好得不得了。

这是谁说的？——谁胡皮干？

重着呢。——重着哩。

以上为当地方言大致情况。其实，蒲城境内各片区方言还有一定差异。县西以兴镇为中心的兴镇片区方言，包括大孔、坡头、三合、贾曲等地。县东永丰镇南部以唐家堡为中心的唐家堡片区方言，其多受大荔方言影响。县北以铜川、白水、蒲城交界处的罕井片区方言，包括高阳、东党、罕井、上王、马湖等地。随交通便捷，人流交错，各种方言间的差异日渐消失，更多片区的方言多保存在土生土长的老人语言世界中，年轻一代多因为外出务工，已很少用方言交流沟通。

第十章

民间信仰

民间信仰①是一个庞大的、内涵丰富的"体系",它渗透在人们的日常生活中,有意无意影响着人们的生产生活方式,崇拜、祭祀、禁忌、占卜等都属信仰范畴,天地、日月、土地、山川、动物、植物和祖先等都可以是信仰对象。各种信仰既是民众长期生活实践的经验总结和观念反映,也是人们"有形"生活背后必不可少的"无形"支撑。

蒲城民间信仰五花八门,从各地遗留的庙宇、敬献的诸神、祭祀的祖先及流传于民间的各种占卜、禁忌、祈禳等活动看,当地民间信仰包括自然信仰、诸神信仰、鬼魂信仰、命运信仰、祖先信仰等,它们是当地人生产生活的重要组成部分,也是古代万物有灵观念的现代延伸。这些信仰对象在时间和在空间上可以相互转化,交互影响,在某种程度上,它也是中国民间信仰文化的一个缩影,② 是中国多元文化观念的现代遗留。

第一节 日常生活信仰

当地人认为信仰既是人生虚的部分,也是人生的重要精神支撑,它与

---

① 长期以来,中国一直被认为是一个缺乏宗教性国家,这种看法对也不对。如果将宗教理解为像一神教,如基督教、犹太教、伊斯兰教等,一种制度性宗教,中国人的宗教观念自然淡薄。其实,中国的宗教信仰有神祇和祖灵两套主题。在民间社会,中国人对包括儒道佛在内的各路神祇都有信仰和对祖先的崇拜,构成一个热闹的神灵崇拜世界。根据美国研究中国宗教学者杨庆堃的观点,与西方制度性宗教相比,中国的宗教是一种弥散性宗教。中国人的宗教情绪,不一定依附于建制性的宗教系统及有关仪式之中,而是普遍的融合和包含于日常生活中。

② 例如,当地人死了,有人认为是灵魂升天了,成了天上的神;有人认为是灵魂进入阴间,被黑白无常带到阎王殿接受宣判。在日常生活中,人生要和各种神仙或鬼魂搞好关系,其手段是通过各种祭祀(如摆设供品、烧纸钱)。对鬼神来说,这是一种贿赂和讨好;对祖先来说,这是供养他们在阴间的各种花费。人世出现的麻烦如果用常规手段不能解决时,往往就会采用各种巫术。

实际生活距离稍远，但又不离开生活本身。一般人更重视现实生存需要，如直接的吃穿住用，但又选择虚的方式应对那些介于可信与不可信之间的存在，求得心理上的平安。当地人的一般信仰对象有天地、鬼神、命运及祖先等，也有各种并不严格的佛教、道教神仙，但都不很重视。

天地崇拜。认为天地是人生存、生产、生活的基础，人虽不完全知道天地为何物，但能感受到天地经久不息，能力无限，可以化生世间万物。当地人将天地统称"老天爷"，① 在遇到灾难而无力解决时常说："我的老天爷呀！你为啥要这样作践人呢？"日常生活中有"谋事在人，成事在天"的说法。谁要做了不道德的事，人们便说他是"伤天害理"。认为"人恶人怕天不怕，人善人欺天不欺。善恶到头终有报，只分来早与来迟"，相信天地最公平，可以替人主持公道，有"善有善报，恶有恶报，不是不报，时间未到"的精神信仰。如果有人做了恶事，当地人便谴责其人是"天理不容"，是"天杀的"等。可以认为，人对天地崇拜是发自内心的情感表达，也是心理平衡的一种寄托与慰藉。

鬼神②信仰。当地人对鬼神的态度是不可不信，也不可全信，更多时候是宁可信其有，不可信其无。人们认为万物有灵，一切都有神性，有"敬神避鬼"的说法。认为鬼是人死后的精灵，其面目多狰狞凄苦，使人畏惧，这大约与人死时"面目可憎"有关。又认为"鬼由心造"，如果一个人做了亏心事，心里就有亏欠，担心鬼来报复，无形之中就有了鬼在作祟的心理，也就有了"为人不做亏心事，夜半不怕鬼敲门"的俗信。认为人对鬼的态度是远离它，避开它，或直接与鬼做斗争。当地有各种各样的"送鬼""避鬼"方法。如人久病不好时用"立筷子"送鬼。人去世下葬时，人们都会在棺木路过的家门前燃一小堆火"避鬼"。如果避不开，就和鬼做斗争，认为人遇到鬼，可以用"吐唾沫"方式制伏鬼。如果碰见旋风，可以念咒语"旋风旋风你是鬼，我拿大刀砍你腿"斗鬼，化作旋风的鬼就会离去。人们对鬼否定的多，肯定的少。与鬼相比较，神似乎多受人欢迎。认为神是各种自然力量的化身，如土地神、城隍庙神、风

---

① "爷"是当地人对父亲的父亲的称呼，有时泛指祖宗，将天称作爷反映了人与天地自然的关系。如将太阳称作爷，将冬天的太阳称为"暖爷"，将日上三竿说成"爷上墙"等。

② 研究认为原始宗教只有精灵、灵魂，没有鬼神，鬼神是人类早期多神崇拜的衍生和遗留。

神、冰雹神、雨神等，也将自己的祖先称作"神"①，是人崇拜和敬畏的对象。神和人一样，有善也有恶，如土地神、财神有助于人，就受到人的礼敬。冰雹神、风神有害于人，就经常受到人的诅咒。当地人还将有大功于人的人封作神，如将孙思邈封为药王神，将关羽封为关帝，为其修建庙宇。神若助人，人便礼敬有加，神若不助人，人也会惩罚神，如风调雨顺时，人就给土地神常年供奉祭品，如霖雨成灾时，当地人便会把土地神塑像倒插在粪堆上，任其淋雨。鬼神虽然都是人造之物，是人观念的形象化，但它们一定与人的日常生活有关，与人的生活经验和敬畏之心有关。虽有鬼神观念，但毕竟是一种虚的存在，当地人更重视现实，如俗语有"小麦不怕神与鬼，就怕四月八日雨"，就能看出其中轻重，鬼神不可怕，担心下雨影响小麦扬花授粉，而下雨似乎与天神有关。

命的信仰。人是否有所谓的"命"，更多人说不清，当地人对"命"的认识也是稀里糊涂，他们能感受到对其起主宰作用的或是玄虚的天，或是若有若无的鬼神，或是自己无力左右又无法说清的一种力量，于此便将其称作"命"。过去在乡村街道上普遍流行算命的、抽签的、算卦的、看相的，就足以见出当地人对命的关注。有"有命不在打啼起，有儿不在早娶妻"的说法，认为有人早起晚归，四处奔波却未必富贵，有人年龄很小就能娶上妻子，但未必就能生下儿子，一切都是命里注定的。认为"命里有时终须有，命里无时莫强求"，人生要顺其自然，不必勉强。人们对命的这种认识也给自己提供了生存技巧，如遇到人事不顺，就感叹命运如此，用一声轻叹抹去许多烦恼，想到"九寸的命拉扯不到一尺"，也就会坦然面对人生。如果生活一帆风顺，事业有成，便会说自己运气好，否则便说运气不顺。认为人的命是循环翻转的，不会一成不变，只要人生努力，就有变化的一天，如"打墙的椽板上下翻"，也有"运气莫当本事一般用""三十年河东，三十年河西"的普遍观念，暗示了命运循环变更的可能。也就是说，人需要接受各种可能的命运，人也会对未来报以好转的希冀，给自己留一份继续生活的信心。

祖先崇拜。相对于天地、鬼神、命运，祖先变得更真切、真实，他们是具体的生活中的人，父母、祖父母、曾祖父母等，可以无限向上推演，人们用家谱就可以看清楚，了解真实。认为祖先虽已远逝，但他依然会荫

---

① 如将其牌位放置地方称作"神位"。

庇后世子孙，福泽后世，后人既要有传承祖训的义务，更要有光耀门楣的志气。有"百善孝为先"的说法，认为人既要孝敬在世父母，也要敬重已逝先祖，饮水思源，不忘根本，祖先时刻都会关注后辈一言一行，敬祖祭祖是"孝"道体现，它在行更在心。日常生活有各种各样的敬祖、祭祖活动。如春节专门到坟地烧纸祭祀，还在家中摆放牌位，敬献祭品，鸣放鞭炮，焚香跪拜"请先人"。清明节要上坟扫墓，祭祀祖先。冬至要给先人"烧寒衣"和纸钱，供先人在阴间使用，不受饥寒。娶亲、出嫁时要祭祀祖先，禀报结婚事宜，请求祖宗保佑平安。丧葬时要请祖先接受后辈祭祀。其他如乔迁新居、新开店面、喜得贵子等，都要祭告祖先。日常生活有"不孝有三，无后为大"的说法，敬祖既要传承祖先香火，还要发扬祖先事业，不能给祖先丢脸，否则就被视为不孝子孙。如果一个人在生活上过的缺吃少穿甚至乞讨，就被认为是辱没祖先。如果做了行窃诈骗、违法乱纪的事情，更是被人唾弃，是"亏了先人"。当地人骂那些品行不端，道德败坏人的口头禅是"羞先人"，而做事最绝情的便是掘祖坟等。凡此足见当地民众对祖先的崇拜与敬仰。

第二节 民间宗教信仰

根据《蒲城县志》记载，县域内过去曾有很多佛教和道教庙宇，因时代变迁和多次社会运动，许多庙宇都已消失或毁坏。许多以庙宇为依托的庙会活动也随之消解。现根据当地县志记录庙宇分布情况，大致可以反映过去当地民众的精神信仰和生活状态。

一 佛教[①]庙宇

佛教何时进入蒲城已无可考。北周以来，佛教在蒲城兴起。唐时鼎盛。据宋熙宁六年（1073）椿林乡《寿圣院敕额碑》记载，时县域内有寺院28所。清朝末年，佛教衰落。民国初年，经政府备案，成立佛教会。会址设在慧彻寺（今蒲城中学院内）。时有信徒20余人，"拟于各乡设阅经处，派人讲读，以资宣传。并拟募化捐款，举办各种慈善事业，以期利益众生"。但此佛教会非正统佛教，是儒、道、佛三教的融合。中华人民

---

① 佛教自东汉明帝永平十年（67）传入中国，并逐渐在全国传播开来。

共和国成立后，佛教在县域内已无活动。县志记载的佛教寺院大致如下。

圣母寺。俗称"敬母寺"，曾改名"福田寺"。在保南敬母寺村。有北周保定四年（564）四面造像碑一通，碑文二百余言。民国时毁。

慧彻寺。在今蒲城中学所在地，寺院建于唐初，俗称"南寺"。民国时拆寺建校。现仅存贞观元年（627）宝塔一座。

崇寿寺。在县城北庙西侧，与北寺塔相对，俗称"北寺"。建年不详，民国时毁。

准提庵。在县城城关工商所所在地。建年不详。已毁。

寿圣院（寺）。一在坡头六井村，唐时称"具缘寺"。宋熙宁二年（1069）赐额"寿圣院"。一在安王村，金大定年间（1161—1189）奉敕建，清光绪时改名"三神庙"。龙池东社村、龙阳汉帝村、洛滨马湖村、蔡邓村、池阳村等，均有过"寿圣寺"。均已毁。

广济院（寺）。在椿林护难村。建于宋崇宁五年（1105），大观元年（1107）建成。时为名刹，内存古经甚多。已毁。

龙泉寺。原址在兴镇初级中学分校院内。金大定四年（1164）建。已毁。

大兴寺。原址在贾曲南阜张家村。建年不详。已毁。

灵起寺。原址在县城南三里处。已毁。

武威寺。原址在党睦镇寺前村。唐时建。已毁。

垂庆院（寺）。原址在孝通初级中学所在地，当地人称"南寺"。建于金世宗大定九年（1169），明弘治三年（1490）重修，隆庆六年（1572）再修。已毁。

铁佛寺。原址在苏坊姜家村北，有铁佛三尊，塑有罗汉像十八座。已毁。

海源寺。原址在今永丰镇温塘村，建筑时间不详。寺已毁。现存金时六角形宝塔一座。

清凉禅寺。原址在今永丰镇石马村。寺已毁。蒲城县博物馆存有石刻《清凉禅寺赐额碑》。

精严寺。原址在今苏坊镇大联和封村之间。明朝万历年间《重修精严寺碑志》载："明兴以来，本社建修精严寺宇规模已洪阔矣！顾世远年深，兼嘉靖乙卯二十四年（1555）有地震大变，而佛像殿宇……倾毁。"

弘教院。原址在苏坊镇崇德村，明朝末年修建。其碑石由黄州（今湖北黄冈县）知府阎顾行书。已毁。

荆保庵。原址在今荆姚镇西门外。清朝同治年间修改为多隆阿将军祠。其有张少溪书写楹联。已毁。

善庆寺。原址在今苏坊镇北姚村，金大定年间（1161—1189）修建。民国时期修建为中心小学。曾有碑石存放，但字迹漫漶，不可辨认。已毁。

圆通庵。原址在今荆姚镇东街，又名"太清庵"。修建年不详。已毁。

白吉寺。原址在今孙镇白起寺村。修建年不详。已毁。

寿宁寺。原址在今洛滨镇马湖村。修建年不详。现存有明朝重修时的碑记。已毁。

永显寺。原址在今孙镇刘傅村。修建年不详。已毁。

大觉寺。原址在今洛滨镇西头村。修建年不详。《民国蒲城县志稿》记载明崇祯元年（1628）重修碑记。已毁。

石佛寺。原址在今桥陵镇坡头村。据清道光二十四年（1844）《安王上原重修石佛碑记》记载，寺庙修建于唐朝。已毁。

云寂寺。原址在今距县城西约12.5千米处。金大定年间赐额。已毁。

洪教院。原址在今东党村。唐贞元十二年（796）修建。后改为道教庙宇，敬奉华佗。已毁。

睡佛寺。原址在今桥陵镇三合村碨山沟。清乾隆四十七年（1782）六月十五日《重修睡佛寺碑记》载，此寺庙修建于唐。金大定、明嘉庆、清乾隆年间皆重修。已毁。

广浚寺。原址在今荆姚镇东。修建年不详。民国初年改建为学校。

福严禅院。原址在今苏坊镇鱼家村。金大定十五年（1175）修建。民国初年改建为学校。

寿峰院（寺）。蒲城县域内修建多处。贾曲宜安、党睦洛北、龙池的东社、坡头的安王等。均已毁。

另外，县域内有宝塔八座。钤钰乡的车渡、龙阳镇的汉帝、平路庙街、东陈镇的白起寺，均有宝塔，现已毁弃。目前县域内已无寺院与僧人，仅存宝塔四座，即慧彻寺塔、崇寿寺塔、海源寺塔、常乐寺塔，认为凡有宝塔之地，均有寺院。

事实上，佛教庙宇数量可能更多，各村可能都有庙宇，数村又必有一较大庙宇，听老人讲，过去庙宇数量远超过当时学校数量，足见当时民众对信仰的重视。在实际生活中，普通民众的"麻烦事"比较多，生老病死、天灾人祸，民众根本无法解决，而佛教宣传的生死轮回可以为民众提供精神寄托，想此世受苦受难，来世能获取好生活，从而赋予其继续生活下去的信心。由此，佛教遂成为过去许多人精神信仰的重要对象。现在科技进步，医学发达，许多"麻烦问题"都可得到当下解决，不必等神的降临和人生来世。如此，我们便可理解旧时佛教庙宇多，现在很少有人再修庙宇的原因。但佛教作为当地人精神信仰的一种存在，于今人日常生活也能提供一种认识和解释生活诸多现象的视角。

二 道教

明代以前，县域内有玄武庙、云集观、庆云观、洞仙观、太微万寿宫、了然观、仙台观、龙河观、龙祥观等。清代增加了历代圣贤，其庙、观、宫、殿遍布各地。县城有72道巷，各巷皆有庙堂。民国年间，许多庙观被毁。中华人民共和国成立后，除确定为文物保护单位外，其他陆续拆除。县志记载的道教庙宇大致如下。

关帝庙。俗称"老爷庙"，祭祀关羽的庙堂。中华人民共和国成立前，各村大都有之。城内有南庙和北庙。南庙据《民国二十四年县关岳庙调查表》记载："碑载溯及元朝初建，至明朝万历、崇祯以及清朝康熙、乾隆、嘉庆、道光，各代均有重修增补。旧有关帝塑像一尊，新有关、岳牌位各一尊，及各朝忠武陪享牌位二十四尊。"北庙在北寺塔东北。两庙均已毁。

城隍庙。县城内城隍庙，建于西魏。后多有重修。荆姚、永丰、蔡邓等地均有城隍庙。均已毁。

药王庙。县城内西南角慧彻寺东侧（今蒲城中学院内），有祭祀孙思邈的庙堂。旧志记载，药王洞（庙）原建东杨洞耳村附近，后因兵乱而毁。重建于城内。已毁。

五岳庙。原址在县城北门外（今尧山中学院内）。已毁。

东岳庙。在县城东门内，建年已无考，旧殿栋上有唐、宋时人名。明、清重修。已毁。

观音庙。在县城西街路南，曾从县城西北角五娘庙中搬移观音像。已消失。

丰神庙。原址在东陈傅家庄。相传后稷曾在此教民稼穑，庙前有稼穑台、古柏及明朝万历十一年（1583）知县彭希武重修碑记。庙东有姜源庙，已毁。

尧山庙。即尧山灵应夫人庙，唐咸通年间（860—873）碑记有"自古灵应一方"之说，每逢大旱，民众多在此祈雨。1993年发现唐穆宗长庆二年（822）"敕封浮山（尧山）灵应夫人"铁券。现存。

九天圣母庙。在今甜水井村，建年不祥。

平路庙。在平路庙街。据传唐将郭子仪曾在当地上寨、下寨村屯兵，安史之乱平定后，当地人为郭子仪立祠，后称"平房庙"，"房"演化为"路"。已毁。

白马庙。在平路庙下寨村。据传唐将郭子仪在下寨屯兵时，一白马在沟中刨地，水乃出。遂令士卒凿之，其水汤汤不竭，故曰"跑马泉"。庙已毁。

魏晋公庙。在县南庙坡村北，创建时代不详。已毁。

人宗庙。在原西头政府院内。庙内有一男一女塑像，传说是伏羲、女娲。已毁。

两县庙。在县北与白水交界处。建于清顺治初年。原为关帝庙，后有两孤寡老妪以庙为家，化缘布施，行善积德，为远近乡里称赞。其后，附近人捐资特制"两贤庙"木匾，悬挂庙门，以彰其德。后称其遗址为"两县庙"。

可以看到，当地过去也有许多道观庙宇，足见道教在当时民间有一定影响。道教重视生命，着意追求长生不老，喜欢炼仙丹妙药，而这也迎合了普通民众追求健康长生的心理。虽然如此，但更多民众关心的依然是日常生活中的柴米油盐，妻子儿女，并不真正致力于那些传说中的"飘飘欲仙"之人，仅将其作为一种生活趣闻或精神寄托，以此增加生活的乐趣和人生的幻想罢了。有"腰缠十万贯，骑鹤下扬州"的说法，认为即使成仙骑鹤，也先要有"十万贯"，生活的物质需要才是最重要的。其庙宇供奉诸神比较杂乱，既有虚无缥缈的玉帝、圣母，也有历史真人，凡有益于当地民众生活的，都可被供奉，是人们祈求福报的对象。各种庙宇祭祀，还是为解决现实生活问题，并不一味磕头烧香，即便敬神也只是想让神保佑自己，求得风调雨顺，五谷丰登，全家健康，生活平安。

当然，民间也有人反对修建庙宇，敬神拜仙，如孙镇南塬头村关帝庙有清代康熙元年（1662）曹直撰书的《重修关帝庙碑记》，其中就有"跪拜泥木，劳民伤"之语。随着历史发展，社会变革，诸多道教庙宇已毁弃，或仅存庙宇遗址，在社会生活已很少发挥作用，但其相关思想已成为人们日常生活的组成部分。

三　其他宗教

人总在现实中求生活，在与自然、与社会、与他人、与自己的交往中实现生活的价值。由于儒家重视现实的人生精神，且在中国历史上有广泛影响，它引导普通民众的精神信仰，对虚的玄幻的东西不太重视，而对现实的需要有极度的追求。在历史发展中，儒家文化作为中国文化的主流思想，它不断融合吸收和化解其他宗教思想，深刻影响并构建了当地人的生活观念和宗教信仰，其他外来宗教更多是生活的一种点缀。

近世以来，县域内陆续出现了除佛教、道教之外的其他宗教，但影响都不甚大。基督教在宣统三年（1911）进入蒲城，设立教堂，并延展其传教场所。解放初期，县域内有八福村的"安息日会"，西府巷的"信义公会"等基督教组织。至20世纪末，县城西府巷有教堂1所，各乡镇有聚会点18处。现在各地还有零星信徒，多是上了年龄的妇女。天主教在光绪年间传入蒲城，先在荆姚镇雷坊村传教，建教堂1所。民国时期，活动范围扩大。中华人民共和国成立后，仅有一般教会活动。

当地目前在建有教堂的地方，还有部分信徒参与教会活动，如做礼拜、听福音书，但在实际生活中，这些参加教会的多数人并不严格按教义生活，他们更关注直接的现实生活，仅将教会活动作为生活的补充和精神的一种寄托罢了。

四　尧山圣母信仰

尧山庙在县北尧山深处，俗称"尧山圣母庙"或"灵应夫人祠"。庙宇建在尧山峪谷一处人工凿辟的平台上，其西、北、东三面环抱。庙宇大殿建在平台正中，背靠青山，坐北向南，面对峪口，两侧自然山脉向前延伸。尧山庙以圣母庙正殿为主，另有文昌庙、送子娘娘庙、九天三圣庙、药王庙、关帝庙、马王庙、牛王庙、白马将军庙等，各占平台上一位置。从山峪口台阶盘桓至西侧入庙门，目前庙门建在原门墩上，门口东西各有石狮一尊。

尧山庙供奉神主是尧山圣母，也称"灵应夫人"。据唐代咸通年间（860—873）石碑记："自古灵应一方，不知肇与何代？"①唐代人已不能说清灵应夫人的来龙去脉。据宋崇宁二年《尚书省牒碑》记载："妇人之神，初封夫人，今拟灵应夫人。"宋代《重修尧山夫人殿记碣》记载："尽闻尧山之神，自古老相传，于蒲邑一方最灵祠也。"足见灵应夫人信仰绵延已久。

有人认为灵应夫人是女娲的女侍官。尧山是女娲炼石补天时遗落的一颗石子，在天下洪水滔滔之时，尧山浮而不沉，初名"浮山"。后来，尧在浮山一带治理水患，受女侍官指点，用疏导方式取得成功，人们便将浮山称作"尧山"，并将指点尧帝治理水患的女侍官奉为尧山神灵。也有人说灵应夫人是尧的二女儿女英。尧在治理天下过程中发现了舜的智慧和能力，决意将女儿娥皇许配给舜。后发现女英已与舜有了爱情，在左右为难之际，便将两个女儿都嫁给舜。尧去世后，为追思父亲，姊妹二人到尧山居住修行，娥皇在西山建造了无量殿，也称无量庙。女英在尧山建造了殿宇，即后来的尧山庙，后人便将女英称作"尧山女神"。

传说尧山女神管天上三分水，龙王受其调遣。在天旱之际，尧山女神常赐雨人间，造福百姓，深受当地百姓的信任和爱戴。其恩惠人间的各种故事便在民间广泛流传。唐穆宗长庆二年（822），皇帝感念尧山女神恩惠，便以金书铁券敕封尧山女神为"灵应夫人"。②后遂有"尧山圣母""尧山女神""灵应夫人"等多种称呼。

尧山圣母以祈雨和求子灵验出名。据尧山庙诸多石刻记载，在每年清明庙会时段，前来求子还愿的人络绎不绝，庙内外人山人海，香火旺盛。求子之时，人们先到尧山正殿为灵应夫人叩头上香，心中许愿，想要男孩，主事者便会给求子者发一枝黄纸花和一枝白纸花。想要女孩，则会发一枝红纸花。然后，求子者到正殿西侧娘娘庙叩头上香，领取一只由黄表纸包裹的童鞋和一束纸花，返回交给主事者。主事者便将童鞋和纸花在娘

---

① 据清康熙五年（1666）《蒲城县志》卷一称："尧山灵应夫人祠，在尧山。唐咸通有石碑。"依此，尧山庙中原应有唐代石碑记录此事。

② 尧山现存唐穆宗二年（822）敕封灵应夫人的一通金书铁券，长二尺，宽一尺二寸，厚五分，呈等腰梯形，重约15.25公斤。上方两边券首横排铸有行书"敕封"二字，周边有缠枝花纹，中间竖写"浮山灵应夫人"六个字，右上方有"长庆二年"年号。所有文字属凸出阳文，字迹清晰严整，刚劲有力，体现了唐代人的文化个性。

娘像前蜡烛火焰上绕三圈，圣母娘娘便会赐灵气，并具体执行。求子者将童鞋藏于怀中，回家将纸花和童鞋压在床底隐秘处，便可等待日后喜讯。还愿时，求子者带小孩上山，携带颜色各异纸花一把、童鞋一双、红绸被面一条和鞭炮若干，作为给灵应夫人还愿的礼品。还愿者在正殿将花束、童鞋、红绸被面交给主事者，带小孩焚香磕头，燃放鞭炮。灵应夫人便会赋予红绸被面灵气，主事者将其披在小孩身上，让孩子走出大殿，在庙前一棵千年古柏前环绕一周，将保佑孩子健康成长，长命百岁。

  尧山庙每年都有迎神送神活动。尧山庙周围村落自发形成以社①为单位，专门祭祀灵应夫人的民间组织，早先按地域划为12个社（目前延续迎神、送神活动的是11个社②），在每个社址修建一座尧山庙，称作"圣母行宫"，也称"行殿"。各社将区域内庙宇称为"某某尧山庙"，如桥西尧山庙、太睦尧山庙等，将尧山庙宇称作"尧山大庙"。各社行殿中均有灵应夫人塑像，是当地人平日祭祀的重要对象。该社遇到迎神年份，便将从尧山庙宇接来的圣母塑像神楼放在该塑像之前。《唐原药王真人尧山圣母庙争地碑》记述了早期尧山庙会迎神社事，"尧山社事，已经历十余年，迎神的队伍摇旗扬帆，鸣锣击鼓，今岁迎来，明年送去"。每年清明时节，各社轮流将圣母神像从尧山大庙迎至社中，供奉一年，次年清明时节，再送回尧山大庙，由下一社接去，如此周而复始，绵延至今。

  接尧山圣母有一套专门仪式。一般是在尧山总社头领指挥下进行，在尧山大殿神像前，送神社社长及理事将收账簿及相关祭器交与接神社社长及理事手中。十一社社头领在总社头带领下，向圣母焚香祭祀，殿外有仪仗，演奏庄严的祭祀敲打乐，众人行三叩九拜礼。随后，接圣母的社头领烧高香（香长约3尺，粗约半寸），行跪拜礼，在神钗、神棍武士护卫下，从尧山大殿将圣母神楼搬至12层台阶（现为11阶）下放好。此时，迎接圣母的社火队在前，神楼在中，有神马、神辇相随，在旗帜、花秆、神棍前后簇拥下，返回本社尧山庙。在接圣母回社的路上，沿途各村人家都会在大门外插上从尧山采来的柏枝和小花，门框拴上红线，门前设香摆

---

  ① 为何要用"社"作为祭祀区域组织机构，大约与古时候送神接神需举行社火活动有关，或与古代祭祀天地的"社"相关，当地人将送神接神称为社事。
  ② 清嘉庆五年（1800）《十一社布施记名碑》记载了11社分布情况，延兴一社，池阳二社，陶池三社，山阳四社，太睦五社，上王六社，罕井七社，桥西八社，东党九社，神后十社，神后（兴光）十一社。

案,摆放茶水糕点,敬献圣母。在神楼经过时,人们多跪拜行礼(老人妇女更是如此,现在已很少跪拜行礼),祈求家人身体健康,四季平安。在鞭炮声和各种笙箫、唢呐的细乐吹鸣中,将圣母神像安放在社庙内。十一社社头一字排开,焚香跪拜,表示圣母已入神位。本社头领率先焚香祭祀,该社成员随后向圣母献礼祭祀,祈求福惠。从此时至来年清明节的一年里,尧山圣母便在此社为民"办事"。在此期间,该社成员须做好圣母四时祭祀。过去为满足社内各户人家想祭祀圣母的心愿,便以游神管饭方式,让圣母接受每户人家的祭祀。这天,该家成员都会充分准备,穿戴整齐,给圣母像做好供奉,一日三飧,全家人行跪拜礼,献祭并祈求平安。

送尧山圣母在清明节前一两天,与接圣母的仪式相似。送圣母的神社除了唱大戏外,将迎接圣母时的社火重新操演,并将圣母神楼在本社各村周游一遍,众人夹道跪拜送行。送圣母之日,由该社头领主持,向神像焚香叩头,将圣母像放入神楼。在神棍、神钗武士护卫下,将神楼抬出行宫,抬进送神队伍中。仪仗在神楼之前,社火在神楼之后,在鼓乐奏鸣中缓缓前行,从社内村巷穿过,直至尧山山门。神楼经过沿途社员门口时,都会鸣放鞭炮,以示礼敬。圣母进入尧山庙宇时,各社锣鼓队均集中在圣母庙大殿前,演奏专用古乐谱。在此过程中,主社头领手端香盘,各社头领跪迎圣母入位,在总社头领指挥下,众人抬神楼走上殿前11层台阶。此时众人会争先恐后,触摸神楼,祈求福惠。在庄严礼仪中,众人将神楼抬入大殿,放入圣母神位,大殿外的锣鼓声乐随之转为安神鼓乐。各社按顺序献花行礼,总社头领带领十一社头领焚香跪拜。最后由送圣母社头领焚香磕头,行三叩九拜礼,表示已将圣母安全送至尧山大庙中,随后其他社员行跪拜礼。至此,一年一度的送圣母活动结束。

尧山庙各社接神与送神活动均属民间自发行为,没有僧人、道人参和主持,是当地十一社之间相互协商的结果。据以往经验,他们创造了一套呈现其信仰的规约和仪式,相沿成习,绵延至今,只是不再有过去太多的跪拜礼仪,而增加了更多的娱乐内容,人们在敬神的同时也在自娱,以表达对精神信仰的尊重。在科学昌明的今天,其祈雨求子习俗日渐淡薄,但求子还愿习俗依然延续。各社还延续着每年一次的送神接神活动,其隆重程度不亚于以往,足见更多民众希望在圣母庇佑下,事事如意,兴旺发达。

第三节 民间诸神信仰

民间信仰的神灵有无数名目,当地人并不对某位神灵有绝对信仰,其信仰有很大的随意性、灵活性。各种神灵在性质上大致都有神、神仙、人鬼、菩萨、妖魔等多种属性。① 从过去逢年过节祭祀对象和日常生活中求神拜佛活动看,影响较大的神灵有玉皇大帝、观音菩萨、关帝、土地、城隍、财神、灶神、门神及各行业神等。现在已很少有人相信以上诸神的能力,如果知晓其中一二,也多是从小说、电视、电影、网络等途径中获取,并不具备真正意义上的信仰功能。

一 道教神

玉皇大帝。俗称"玉帝""老天爷"②。当地人在生活中碰到麻烦事、苦恼事时常仰天大呼"老天爷"。玉帝是中国人自己创造的神,他和传统封建社会的帝王一样,拥有各种权利。因为《西游记》故事的普遍传播,玉帝在当地民间的知名度就更为普遍。随现代科技发展,玉帝仅是一种虚幻性、象征性存在,并不具备现实作用。

城隍。俗称"城隍爷",③ 认为是守护城池的神。过去将城隍作为管领亡魂的神,道士在建醮"超度亡魂"时,一般都发《城隍牒》文书,

---

① 神包括自然神,如日神、月神、风神、山神等;社会神如黄帝、夸父、关帝等;神仙是通过修炼而达到长生不老的人,如民间八仙。鬼是人死亡之后在冥间的存在形态。菩萨是佛教人物形象,如观音、普贤菩萨等。妖魔是人以外的其他生物或无生物通过修炼而达到的一种生命形态,常可幻化为人的形状,如狐狸精、蛇精等。

② "玉皇大帝"是道教天神名。据《玉皇本行集经》记载:玉帝是光严妙乐国王子,舍弃王位。在普明香严山中学道修真,辅国救民,度化群生,历三千二百劫后,始证金仙,号曰清净自然觉王如来,又经亿劫,始证玉帝。传说是总执天道的最高之神,犹如人间皇帝。唐代开始有玉皇塑像。据说唐李隆基将正月初九定为"玉皇大帝圣诞",过去各地道观在此日都有"祭天诞"活动。

③ "城隍",中国古代将有水的城堑称为"池",无水的堑称为"隍"。《礼记·郊特牲》"天子大蜡八"中所说的蜡祭八神,其七为水(隍)庸(城),即为后来的城隍。"城隍"最早见于记载的是三国吴赤乌二年(239)所建的芜湖城隍。《北齐书·慕容俨传》有郢城城隍的记载。唐代后,各郡县皆祭祀城隍,张说、韩愈、杜牧等人都有祭城隍文。后唐清泰元年(934)封城隍为王。宋代后奉祀城隍习俗普遍流行,多数地方以有大功于当地者奉为当地城隍爷。明太祖曾封京师城隍爷为帝,开封、林濠、东和、平滁为王。府曰公,县曰侯,洪武三年(1370)又去号称神。

要"知照"城隍，才能将忘魂"拘解"到坛。城隍还是"剪恶除凶、护国保邦"的神，能应人求雨、祈晴、禳灾之请，解除人间旱涝灾难，保人间风调雨顺，五谷丰登等。过去各地都建有城隍庙，现在都已消失。

灶神。俗称"灶王爷"，是各家的守灶神。传说是玉帝派到人间查看人间善恶的神，由来分说。[①]当地人在农历腊月二十三或二十四日祭灶，恭送灶神上天报告这一家人一年的情况。人们担心灶王爷上天说人间不是，在祭祀时便用糖类食物做祭品，让灶王爷上天多言人间好事，不说人间不是。现在这一习俗依然流行。

钟馗。[②]旧说其形象是一大鬼，头戴破帽，身穿蓝袍，脚蹬朝靴，面目狰狞可畏，一手持利剑，一手按妖怪，如捉住小鬼，则剜其目，劈而啖之。在除夕之时，人们都将其贴在大门上，也有人将其像挂在家中厅堂，有辟邪镇宅作用。现在门口贴钟馗的人少了，多贴秦琼、敬德像，用来守门辟邪，家中也很少悬挂钟馗像。

二 佛教神

阿弥陀佛。佛名，也称"弥陀"，意译为"无量光佛""无量寿佛"。[③]因佛教称其是"西方极乐世界"教主，是净土宗信仰对象。俗信认为他可以引念佛之人前往"西方净土"，也被称为"接引佛"。现在当

[①] 一是黄帝说，《淮南子·微旨》："黄帝作灶，死为灶神。"二是祝融说，《周礼》："颛顼氏有子曰黎，为祝融，祀以为灶神。"三为老妇说，《礼记·礼器》中有"燔柴于奥"记载。汉代郑玄注"奥"为"灶"。唐代孔颖达疏：奥即灶神。春秋时，于孟夏之月祭祀，"以老妇配之"，其祭"设于灶陉"。四是神仙说，灶神是天上星宿之一，犯了过失，玉皇大帝将其贬到人间当灶神，号曰"东厨司命"。五是浪子说，灶神姓张，是一位负情浪子，因羞见休妻而钻入灶内，后成为灶神。六是虫变说。《庄子·达生》："灶有髻。"司马彪注："髻音结，灶神名。"民间相传，"髻"是一种虫，长栖居于灶台，其身暗红色，头小，有丝状触角，善跳跃，俗称"灶马"或"灶鸡"。在"万物有灵"观念支配下，这种不离灶的小虫就是神的化身。

[②] "钟馗"，在唐玄宗时期盛行。根据《补笔谈》《三教搜神大全》《历代神仙通鉴》等书记载，唐玄宗时，钟馗为终南山举子，应试不捷，羞归故里，触阶而死，奉旨赐进士，蒙以绿袍殓葬，岁时祭祀。为感皇恩，自荐为皇上除妖孽。唐玄宗时的各种钟馗捉鬼图，相传是吴道子根据玄宗所梦而作。随之从宫廷流于民间，以钟馗像为辟邪捉鬼门神，逐步取代远古门神神荼、郁垒地位。另具学者考订，"钟馗"是"终葵"谐音。"终葵"原是家庭用的椎。《日知录》卷二："《礼记·玉藻》：'终葵，椎也'。"《方言》："齐人谓椎为终葵。""盖终葵本以逐鬼，后世以其有避邪之用，遂取为人名。流传既久，则又忘其为辟邪之物，而意其为逐鬼之人，乃附会为镇有是食鬼之姓钟名魁者耳。"后世相传，产生了专职捉鬼形象的钟馗和俗规。

[③] 《阿弥陀经》说：念此佛名号，深信无疑，即能往生其净土。后世念佛，多指念阿弥陀佛名号。寺院中的塑像常与释迦牟尼、药师二佛并坐，称为"三尊"。

地人碰见烦恼事或危险事得到解脱时，便随口念"阿弥陀佛"，以感佛的保佑。

观音。也称"观世音""观音菩萨"。① 相传观音菩萨是阿弥陀佛在人间的化身，佛教将其封为大慈大悲菩萨。认为遇难众生只要颂念其名号，观音就会前往拯救其解脱。当地民间多推崇"送子观音"，认为观音可以保佑人的生产和子嗣，帮助育儿顺利，无有灾害。

阎罗王。俗称"阎王爷"，是梵文"阎魔罗阇"的简译，是"地狱的统治者"或"幽冥界之王"，其初为印度古神之一，后为佛教沿用。人们认为阎罗王掌管人间寿数和生死轮回，可以评判人生的功德罪孽，并在阴间进行赏罚。过去的阎罗王塑像、画像及殿堂多设在城隍庙、土地庙等庙宇中，周边有牛头马面、黑白无常等，其供案很少有香火，显得很冷清。

当地民间还有信佛之人，但数量不多，也没有特别的佛事活动，信佛人多自己修行，讲究不吃荤、不喝酒，相信自我修行可以净心安身。当地人观念中，如来佛、弥勒佛、观世音、阎罗王等佛教诸神还普遍存在，《西游记》电视剧的广泛传播，更多人因此而知晓了佛教诸神及能力，并对其间的相互关系有所了解。他们在现实生活中不发生多大作用，但可以作为人们日常生活的谈资和精神上的寄托。

三　其他诸神

土地神。俗称"土地""土神""土地公公""土地爷"，也称"社神"②，是守护地方的神，掌管本乡土事情。过去各村都建有土地庙，有的在村头，有的在村中，设备简陋，供奉对象多是白须白发、慈祥和蔼的老人。因其面目亲切慈祥，又经常帮助乡里，人们对土地神多是敬而不畏。村中如果有人去世，必到土地神前"报庙"，现在已没有土地庙，"报庙"多在门口或路边进行。另外，旧时各地在祭宗祠、扫墓、破土之前，先要祭祀土地公，俗称"祭后土"。农历二月初二是土地神诞辰，庙

---

① 相传"观音"显灵的道场在浙江普陀山。其生日是夏历二月十九日，成道是夏历六月十九日，涅槃是九月十九日。民间与佛门多在普陀山对其焚香祀奉。观音供奉始于南北朝，盛行于唐以后。相传其可以随机变化为种种救苦救难，在中国寺院和民间供奉的常为女相，是远古遗存的女祖崇拜缩影。民间妇女多推崇"送子观音"，凡祈求生育的妇女多对其焚香、燃烛。

② "土地神"，古称"社神"。后世发展中掺和了"先啬""田畯""坊""水庸"之神和共工氏之子"后土"等形象。清代翟灏《通俗编·神鬼》："今凡社神，俱呼土地。"

中除各种供奉外，各村多用演戏娱乐方式，为土地神祝寿。和人间家庭相似，土地神有自己的配偶，俗称"土地奶"，与土地神共享香火，但没有特殊职司，过去的老婆会与土地奶有些关系，认为土地奶愿意管理妇女的事情。现在多在年节时祭祀土地，并没有特别对象，只在庭院中焚香献祭跪拜即可。

财神。专门掌管钱财的神，认为其神主是赵公明。① 传说赵公明能驱雷役电，除瘟禳灾，主持公道，能助人求财如意，后遂演变为民间信仰的财神。过去和现在商家都会在家中显耀位置敬奉财神像，一般人家也贴财神像。认为农历正月初八是财神生日。商家祭祀很虔诚，过去大商家还举行祭财神、迎财神活动，祈求生意兴旺、财源滚滚，一般人家则不太重视。

门神。当地人常贴的守门神，各家各户每年都会在大门上张贴两张彩印的门神，认为门神能守护门庭，阻止恶鬼进屋，保护家中人畜平安。过去贴门神的时间在除夕夜分间，去掉旧门神，贴上新门神，现在在腊月三十日傍晚时就贴好了。传说早先的门神是神荼、郁垒。② 唐代变为秦琼和尉迟敬德。唐后期又借钟馗捉鬼传说，将其当作门神张贴。现在当地多用秦琼和尉迟敬德作门神，已很少有人贴钟馗，但门神习俗一直流行。

马王爷。管马的神，传说马王爷源自西汉大臣金日䃅。金日䃅原是匈奴休屠王太子，在汉武帝时期，跟从昆邪王归降汉朝，任马监。武帝奇其貌，拜为郎中，其常侍武帝左右，目不忤视。后世将其祀为马神。有"马王爷有三只眼"的说法，其神像为四臂三目，狰狞可怖。过去的马伕、骡马商家、农家养马的人在农历六月二十三日祭祀。③ 现在乡间已很少养马，马王爷祭祀也已消失。

---

① "财神"，明代《三教搜神大全》卷三"赵元帅"载，赵公明，钟（终）南山人，秦时避世山中精修至道功成，"头戴铁冠，手执铁鞭"，"面色黑而胡须"，身跨黑虎，故又称"黑虎玄坛"。诸安仁《营口杂记》："拜年者必先拜其影灯。影灯者，外画财神，内点蜡烛，有八尺余长者在中，左招财，右利市。"

② "门神"，汉代王充《论衡·订鬼》引《山海经》："沧海之中，有渡朔之山，上有大桃木，其曲蟠三千里，其枝间东北曰鬼门，万鬼所出入也，上有二神人，一曰神荼，一曰郁垒，主阅领万鬼，恶害之鬼，执以苇索而以食虎。于是黄帝乃作礼，以时驱之，立大桃人，门户画神荼、郁垒与虎，悬苇索以御，凶魅有形，故执以食虎。"

③ 《新燕语》："祭品用全羊一腔，不用猪，谓马王在教，不享黑牲肉也。"

瘟神。传说中主管瘟疫的神，① 俗称"疫神"。过去当地有送瘟神活动，现在已没有了，也很少有人说瘟神。在瘟疫其间，当地人多用白灰撒地面消毒隔离，或用大火焚烧驱瘟疫。

雷公、电母。雷公是传说中管雷的神，形象有多种，② 也称"雷神"。过去各地多有祠庙，认为雷神可以惩恶劝善。电母是主管电的神，也称"闪电娘娘"，是雷公配偶，与雷神同受民间祭祀。电母右手持镜引电，与雷神配合便电闪雷鸣。过去人家屋顶常有雷公电母塑像，认为这样便可防火避雷禳灾。现在人对闪电打雷已有科学认识，多用避雷针防灾，雷神电母观念也日渐淡化。

还有月老、风神、井神、河神、山神、福禄寿星等多种信仰，多是过去生活经验与观念的延伸，它们广泛存在于当地人的日常生活中，在现实生活中并不发生具体作用，但也是当地人信仰世界的组成部分。

第四节　民间日常祈禳

祈禳既是自我保护的重要手段，也是人敬畏不可知力量的重要表现，属于民间信仰组成部分。当地人常见的祈禳方式有念咒语、占卜、下神、画符、镇邪等，许多祈禳都包含一定技术操作，是民间方术的重要内容。

一　念咒语

"南无阿弥陀佛。"当地人遇到生活中各种困难，多会念"南无阿弥陀佛"，认为反复念诵这一咒语便可消灾免祸。

---

① "瘟神"，东汉蔡邕《独断》记载，颛顼有子，生而亡去为鬼，居于江水，为瘟鬼。明代《三教搜神大全》载，隋开皇十一年有瘟神出现，身披青袍的春瘟神张元伯，红袍的夏瘟神刘元达，白袍的秋瘟神赵公明，黑袍的冬瘟神钟仕贵。是岁大瘟，帝乃立祠，封为将军。《后汉书·礼仪志》载，先腊一日，大傩谓之逐疫。隋唐时，夏历五月初五祭之。南朝梁宗懔《荆楚岁时记》有腊日逐疫之说。

② "雷神"，《山海经·海内东经》记载，雷泽中有雷神，龙身而人头，鼓其腹则发雷声。《太平广记》引《神仙感遇传》，谓雷公有兄弟五人，谓之五雷。清代陈元龙《格致镜原》称为天雷、地雷、水雷、神雷和社雷。汉代王充《论衡·雷虚》提到雷公画像，"又图一人，若力士之容，谓之雷公，使之左手引连鼓，右手推椎，若击之状。"《元史·舆服志》描绘雷神是犬首，鬼形，白拥项，朱犊鼻，黄带，右手持斧，左手持凿，运连鼓于火中。明代《三教搜神大全》图刊雷公形象为鸡嘴、两肩生翼，右手持槌，左手持剑，足为鸡爪。道教奉为九天应元雷声普化天尊，并有天雷十二、地雷十二、人雷十二的三十六雷之说，言其能用符咒召役，以除妖孽。

"小儿夜哭禳词。"当地新生小孩若长期夜间哭闹不休息,家人就会用红纸写"小儿夜哭禳词",其词曰:"天皇皇,地皇皇,我家有个夜哭郎。过路君子念一遍,一夜睡到大天明。"将其贴在街道、路口处,让过路行人诵读,用众人之口消除不祥。

噩梦禳词。如果晚上做了噩梦,可书写禳词:"夜梦不祥,书于东墙。太阳一照,化为吉昌。"

治淋巴结肿大。如果有人淋巴结肿大,可约三位不同姓的人聚集,站在淋巴肿大者门槛周围,一人执刀,两人手执谷草,面对患者念词:"某某(患者舅父的姓)家外甥,某某(患者姓)家子、一刀把你砍死(指有病部位)!"随即用刀砍断谷草,俗称"砍鱼口"。

二 占卜

求签。将编号的竹签放入签筒,置在庙宇神案上,供香客占卜吉凶用。竹签上刻有数字,另备纸片,写有诗语,编号与竹签上数字相符,悬挂在庙堂上或放在柜中,称作"签诗"。求签时,问卜者先虔诚向神像磕头祷告,诉说所求之事,随后从签筒中抽出一签,或摇动签筒,以先掉出竹签为准,按编号取签诗决吉凶。签分九等,即上上、上中、上下、中上、中中、中下、下上、下中、下下,签诗文没有标点符号,可作多种解释,以适应不同求签者需要。认为求得上签便能得福,求得下签便要临祸。

测字。也称"拆字",① 通过汉字加减笔画,或拆开偏旁,或打乱字体结构,或谐音替代等,进行附会,推算吉凶。

看风水。② 主要是看宅地、坟地的地势、方向、位置等,附会人事吉凶,过去和现在都比较流行。认为风水好坏会影响子孙后代祸福,每到造房、建坟时,必请风水先生先看好地方,再做定夺,认为其中暗含风水运势。如果先人下葬,家业不振,也会请风水先生看地方改葬。现在人也重视风水,特别重视先人坟地的风水,多希望坟地能背靠山,面向水,视野

---

① "测字"起源甚早。隋朝叫"破字",宋代称"相字"。
② "看风水"古已有之,也称"堪舆",是人对自然的认知与理解,也是人对自然的合理利用。晋代郭璞《葬书》记载:"葬者乘生气也。经曰,气乘风则散,界水则止。古人聚之使不散,行之使有止,故谓之风水。"宋代司马光《葬论》记载:"《孝经》云:卜其宅兆。非若今阴阳家相其山冈风水也。"

开阔，可以聚气成势。

择吉。也叫"看日子"。过去人们将记录年、月、日的天干、地支及二十四节气与金、木、水、火、土五行相联系，按相生相克关系，将一年总天数分吉凶两类。凡丧葬、婚娶、远行、造屋、耕种、拜师、学习等都会翻阅"皇历"，或请风水先生看日子，多选择吉日，避开凶日。过去旧"皇历"中都会标明一年中某日吉凶情况，人们多会根据皇历信息，决定其是否在某日进行某种活动。还有"黄道吉日"说，认为每天都有星神值日，其中青龙、明堂、金匮、天德、玉堂、司命等吉辰值日就是"黄道吉日"，如果是天罡、地煞、天牢等凶辰值日就是"黑道凶日"。

圆梦。也叫"占梦""破梦"。认为梦中事情可预兆祸福，人通过对梦的解说，附会人事吉凶，便可化解梦中所兆。解梦有"正梦律"和"反梦律"。如梦见人家婚娶是凶兆；梦见丧葬是吉兆；梦见被虎咬，主有大福；梦见得财，主将死等都是从相反方向解梦。如梦见被狗咬，主吉兆；梦见得大鱼，主发财等都是从正面方向解梦。过去圆梦人多是僧人、道士、算命先生等，现在一般老人都会圆梦，常根据生活经验类推，并不追求其是否应验，更多是一种化解。若是吉梦，则大喜，若是凶梦，则设法拔除，翌晨便会用红纸书写，"夜梦不祥，书之高墙，日头一照，凶化为祥"，以此祛除不祥。

三 下神

立筷子。也称"立柱子"。如果一个人久病不好，便认为是某位去世的人在作祟，当地人常用立筷子方式请神送神。做法者多由村中老年妇女或见多识广的人的操作，先端一碗凉水，拿四根筷子，让病人侧卧。做法者便口中念词，用蘸了凉水的筷子从病人头部敲打至脚部，又从脚部敲打至头部，用双手将筷子插入碗中清水。其间不断发问："你是不是谁谁（病人去世亲人的名字，或村中某位去世人的名字等）来了？是你的话，你（筷子）立住。让某某（病人）赶紧好起来，到时好好给你祭祀"等，如此反复问不同人的姓名，直至筷子在水中站立，便判断是某人作祟。在此过程中，如果发问某人而筷子不能站立，便认为不是某人作祟，如此便可发问下一人姓名。有时也会反过来再问已问过的某人姓名。等筷子站稳，做法者便许愿说要祭其坟墓等，并说"你立好（稳），让我给你拿点东西去"。便向水中撒一点白面粉，随后用巴掌将筷子打散在地，随口说

"看你还作怪不"。如此一般,做法者将散落的筷子捡起,和碗一起倒扣在家中下水道处,俗称"水洞",筷子压在碗上三天即可。现在村中还有许多老妇人用此法祛除身体病痛。更多人如果身体不适,或长期病痛,都会到医院就诊治疗,而不用"立筷子"驱除邪气。

扶乩。也叫"扶鸾",① "扶"是"扶架子","乩"是"卜以问疑"。通常是将木制"丁"字架放置在沙盘上,两人用手指扶住两端,口诵咒语,请神显灵。乩架因手臂抬举而抖动,"神灵"便会应请而"降",在沙盘上画出字符,如此便是神灵"降乩"启示,用来占卜吉凶。

四 画符

驱鬼。俗称"送鬼"。当地人认为人若凶死,如溺水、暴毙、凶杀、自杀等,其灵魂常会游荡空中,不时会附于阳世人身,倾诉生前种种怨恨。此时,被附体者便转换身份,成为逝者代言人,说出逝者的怨恨。便需寻逝者生前畏惧之人来驱鬼,其间有一套操作程序,有画符内容,方能从附体者身上驱除逝者灵魂。

画符。人们认为道士画出的符图对鬼魅有威胁作用,过去有人从道观请来画符,贴在家中合适位置,用作镇宅驱邪。现在很少见,偶尔也能看到有人家中贴有红纸或黄纸上画好的符图。

五 辟邪

门上挂红布条。妇女坐月子期间,常在月子门上挂红布条,有辟邪作用。

点火辟邪。婚娶时,新娘婚车出发前,新娘父亲常用点燃的干草绕婚车一周;婚车到新郎家门前,公公也会用点燃的干草绕婚车一周,有辟邪作用。

红色辟邪。当地人用火烧、鸣放鞭炮、披红绸被面子、栓红线或红布条、穿红色衣服等方式辟邪。人们认为鬼属于阴间之物,害怕红色,人或物戴上红色饰物,便可防鬼、驱鬼、辟邪。

---

① "扶乩"也称"扶鸾""扶箕",是占卜的一种。产生于唐代,盛行于明清。过去在元宵节夜有迎厕神紫姑习俗。现在已经没有了,扶乩更多是一种游戏。

第五节　民间日常禁忌

禁忌是人类自我保护的重要方式，也是人类对未知世界的畏惧。当地民间有诸多禁忌，随社会文明发展，许多禁忌多被忘记，但还有一些禁忌在民间普遍流行，并可用不同方式消解其影响。

门槛。① 也称"本命年"，当地人认为自己属相那一年都是门槛，并将36岁、73岁、84岁看作大门槛。门槛神秘莫测，经过门槛时要格外小心，尽力避免危险事情发生，一般会通过系红腰带，穿红内衣避险避灾。

婚忌。婚礼中忌"四眼人"（孕妇）在场。忌"单边人"（寡妇）在场。结婚送礼忌送钟，谐音"送终"。

孕期忌。孕妇忌吃兔肉，认为吃兔肉会生出豁豁嘴（兔子嘴）孩子。

正月初一忌。忌扫地，认为此日扫地便会将一年钱财扫掉。忌泼水，认为水是财，此日泼水便会将一年钱财泼出去。

男忌拜月。有"男不拜月，女不祭灶"的说法，认为月亮属太阴，月神嫦娥是女性，只能妇女或女孩拜月，忌讳男性拜月。

忌壶嘴对人。认为壶嘴对人是克人遭难的行为。

忌踩门槛。又叫"踩门槛"，认为门槛是户主脖颈，严禁踩踏，要跨过去。也忌踩佛庙、道观等地门槛，认为踩踏不祥。

忌手指虹。认为用手指虹，手指就会生疮。

忌称王八（龟）。② 当地人将乌龟称作王八，认为将人称作王八是对人的极大侮辱。

忌带绿头巾。③ 认为带绿头巾（帽），是暗示妻子有外遇的羞辱。

忌太岁头上动土。"太岁"是值岁神名，凶神。④ 认为动土建筑碰到太岁，须用红布将其包裹，埋于其他地方，方可继续施工。

忌用针。认为正月初五动针线活，容易得眼病。

---

① "坎"为八卦之一种。《汉书·贾谊传》记载："乘流则逝，得坎则止。"后世遂将"凶险"叫作"坎"。

② 唐宋以前，龟与龙、凤、麟合称为"四灵"，人多视为祥瑞。有人还以龟为名，如晚唐诗人李龟年。元代时，人们用龟羞辱娼妓之夫或妻有外遇之夫，遂以为忌讳。

③ 清代翟灏《通俗编·绿头巾》记载："又以妻之外淫者，目其夫为乌龟……国初之制，绿其巾以示辱，盖古赭衣之意。至今里闬，尚以绿头巾相讥也。"今仍以绿帽子为忌讳。

④ "太岁"，《协纪辨方》卷三引《黄帝经》记载："太岁所在之辰，必不可犯。"

栽树忌。房屋前忌栽桑树,房屋后忌栽柳树,庭院忌栽杨树。认为"桑"与"丧"谐音,栽桑树要死人,"柳"与"绺"谐音,会招惹小偷,杨树俗称"鬼拍手",栽杨树会招来横祸。

人老时忌见流星。认为人老见流星,便有灾祸临身。

夜晚忌猫头鹰叫。认为夜晚猫头鹰鸣叫,是人去世的预兆。

第十一章

民间智慧

民间智慧是日常生活经验的积累,是普通人生活行为的重要依据。民众头脑中保存的大量生产生活智慧,它们既是人们日常生产生活的反映,也是人们人生历史的记录。这些民间智慧既是知识性的,也是审美性的,经过不同时代文人加工改造后,成为这一地域社会生活的重要文献。

蒲城的民间智慧通过民间谚语、神话传说、幻想故事、机智故事和民间游戏进行传播,它们构成一个完整的有机体,体现了当地人的价值观念和生存技巧。

第一节 民间谚语

古语曰:"集谚以察俗尚,陈谣以观民风。""谚"是传言,是民间广为传承的知识性语句,"智慧的花朵"。"谚语"曾被文人称为"野语""俗语""俚语"等,但它确是前人经验的积累,人生智慧的结晶。它短小精悍,言简意赅,读起来朗朗上口,悦耳悦心,为普通民众的日常征引创造了很大空间。蒲城民间谚语内容广泛、形式朴素、生动形象,涉及农业生产、农村生活、自然气象、社会伦理、人生哲理等,可以涵盖社会生活所有方面。现选录如下。

一 自然、天气类

早上立了秋,晚上凉飕飕。

一九二九不出手,三九四九冰上走,五九和六九,河边看杨柳,七九河冻开,八九燕子来,九九加一九,耕牛遍地走。

日晕三更雨,月晕午时风。

三九三，冻破砖；五九半，冰消散。

九九八十一，老汉顺墙立，不怕身上冷，单怕肚里饿。

入伏入冷哩，交九交热哩。

过了五豆，长一斧头；过了腊八，长一杈把；过了年，长一椽；过了清明，长一井绳；过了端午，天长没（音 mō）模（音 mù）。

十月天，碗里转，好婆娘做不了三顿饭。

云向西，水滴滴；云向南，水漂船；云向东，刮黄风；云向北，呼雷白雨下到黑。

黑云接得底，有雨在夜里；黑云接得高，有雨在明朝。

早霞不出门，晚霞行千里。

夜停没好天，等不到鸡叫唤。

早上朵朵云，下午晒死人。

久晴大雾必阴，久雨大雾必晴。

亮一亮，下一晌。

燕子低飞蛇过道，蚂蚁搬家山戴帽，水缸出汗蛤蟆叫，瓢泼大雨要来到。

雷声大，雨点小。

东虹日头西虹雨，南虹呼雷大白雨。

秋后下得西风雨。

东晴西暗，等不到吃饭。

有钱难买五月旱，六月连阴吃饱饭。

太阳颜色黄，明日大风狂。

灶烟向下钻，阴雨就要来。

惊蛰起了土，倒冷四十五。

头九二九下了雪，头伏二伏雨不缺。

伏伏有雨，九九有雪。

雨撒尘，饿死人。

收秋不收秋，先看五月二十六；五月二十六里滴一点，耀州城里买老碗。

九月雷声响，倒旱一百八。

重阳不下看十三，十三不下一冬干。

六月晒，七月盖（农耕时的保墒），八月种麦美得太。

蚕老一时，麦熟一晌。
初三初四不见月，暮哩暮囊半个月。
白露种高山，秋分种平川，寒露种到两河边。
湿锄糜子干锄花（棉花），露水地里锄芝麻。
要收花（棉花），旱五（月）八（月）。
清明前后，种瓜点豆。
得墒不等时，节令不等人。
谷雨前不种棉，立了夏不种瓜。
地不冻，只管种（小麦种植）。
枣芽发，种棉花；枣儿塞鼻子，吧哩吧塔种糜子。
正月茵陈二月蒿，三月就当柴火烧。
麦收八（月）十（月）三（月）场雨。

二 社会生产、生活类

庄稼人靠天吃饭。
不能靠天吃饭，全靠两手动弹。
有料没有料，四角搅拌到（喂养牲畜）。
七（月）八（月）马牛岁半，要使驴儿得两年。
好庄稼在粪里，好婆娘在命里。
怕怕处有鬼，痒痒处有虱。
荞麦地里刺角花，人家不夸自己夸。
穷人无啥本，功夫就是钱。
纺车就是摇钱树，天天摇着自然富。
一亩菜园十亩田，十亩菜园赚大钱。
早起三光，晚起三慌。
肚里没有病，不怕吃西瓜。
三勤加一懒，想懒不得懒；三懒加一勤，想勤不得勤。
闲时收拾忙时用。
一窍不得，少挣几百。
打井打深，交友交心。
应人事小，误人事大。
让人一步天地宽。

君子爱财，取之有道。
村看村，户看户，群众看的是干部。
君子一言，驷马难追。
要娃安，耐饥寒。
轻车避重车，炭车避瓮车。
养兵千日，用兵一时。
说出不算，做出再看。
早上吃饱，晌午吃少，黑（晚上）了不吃刚好。
吃面喝面汤，原汤化原食。
桃饱吃，杏少吃，梅子树下睡死人。
见人不见人，先看搋（音chāi）面盆。
饭后百步走，能活九十九。
剃头洗脚，胜过吃药。
住房住北房，冬暖夏天凉。

三　人生、世态类

一娘生九子，连娘十条心。
鱼找鱼，虾找虾，乌龟专门找蛤蟆。
穷在城市无人问，富在深山有远亲。
床头一仓谷，死了有人哭。
财主门前孝子多。
远亲不如近邻。
靠亲戚，靠邻人，不如靠自己学勤勤。
人闲生愚事。
婆婆打了瓮，片片都有用；媳妇打了碗，挨骂得半年。
男怕穿靴（脚肿），女怕戴帽（脸胀）。
从小耍奸流滑，老了赛过猴子。
为人不做亏心事，半夜不怕鬼敲门。
人没尾巴比猪都难认。
吃饭穿衣亮家当。
人靠衣服马靠鞍，三分长相，七分打扮。
四十五天认奶母，三翻六坐九爬爬。

第十一章 民间智慧

狗不嫌家贫，子不嫌母丑。
蒸吃省，烙吃费，连锅面吃才是对。
十件单抵不住一件棉。
夜眠不盖头。
七岁八岁，猪嫌狗不爱。
好言一句三冬暖，恶言一句三夏寒。
话有三说，巧说为妙。
骂人莫揭短，打人不抓脸。
人心不足蛇吞象。
人在屋檐下，哪能不低头。
看见大王点头拜，看见小鬼踢一脚。
天无一日雨，人无一世穷。
不当家不知柴米贵，不生子不知父母恩。
天无绝人之路。
求人不如求己。
三年能学个买卖人，一辈子学不下个庄稼人。
荒年饿不死手艺人。
自己不得不俭省，为人不可不大方。
挣钱有如针挑土，花钱有如水推沙。
只要功夫深，铁棒磨成针。
雁过留声，人过留名。
气死不告状，饿死不做贼。
各人自扫门前雪，莫管他人瓦上霜。
出门看天色，进门看脸色。
年年防饥，夜夜防贼。
减粮不如减口。
每顿少一口，能活九十九。
眼痒烂，疮痒散。
笨鸟先飞，笨人先行。
没有好牙口，别吃硬豆子。
船破不可进水，家丑不可外扬。
一人一条心，穷断骨头筋，大家一条心，黄土变成金。

天可度，地可量，唯有人心最难防。

逢人莫说人间事，便是人间无事人。

马善被骑，人善被欺。

吃水不忘打井人。

可以看出，各种谚语都是人们长期观察自然、体验生活的经验总结，它们既有科学的道理，也有哲理的意味，对当地人日常生产生活作出了规训和指导，成为其人生过程的重要参考。

第二节　民间传说

传说是民间的口述历史，人们以语言为媒介，对历史和现存事物进行筛选，创造形成有意义的文本。各种传说多是民众对本地诸多人、事、物来龙去脉的叙述，在某种程度上，它是一种追溯历史、解释源流的知识。当地民间传说非常多，几乎每地方都有与之相关的人物传说、历史故事，形成了当地社会生活的文化传统。现选列如下。

一　由稼穑而来的"永丰"

"永丰"位于县域内最东部，与大荔、澄县接壤，距今已有四千余年历史。其名于周祖后稷[①]在永丰教民稼穑有关。

据说后稷从小喜欢种植麻、豆，长大后更喜农耕，并总结了一套广为传播的耕种技术。帝尧听说后，让其做农师，教民稼穑。舜继位后，定都蒲坂（今山西永济），并召开施政大会，任命后稷为农官，主管农业生产。后稷遵照舜帝"黎民阻饥，汝后稷播时百谷"诏命，教民稼穑。因为永丰距蒲坂较近，且土地平阔，河水环抱，气候湿润，适宜农耕，后稷便以此为种植基地，进行耕种试验，使之成为"远无年馑薄收之岁，永为五谷丰登之地"，遂有"永丰"一名。

在永丰西北洛河西岸冈陵原上，过去曾建有后稷庙，庙内大殿内有后稷与夫人并列的泥塑。后稷夫人也是一位教妇女植桑、养蚕、缫丝的女领

[①] 后稷是周族先祖。周武王是他的十六代孙。传说后稷母亲姜嫄因踩踏一大脚印后生下后稷。姜嫄认为后稷来历不明，是不祥之物，便将其扔到巷口，但过路牛羊却给他喂奶。将他扔到山林，樵夫却把他抱了回来。将其扔到冰上，大鸟却用翅膀垫护着。无奈之下，姜嫄便把后稷抱回来，起名弃，意为该抛弃的孩子。

袖。后稷庙左侧有姜嫄庙，纪念教子有方的后稷母亲。庙南有教稼台，可南望永丰。认为农历六月六日是后稷庙祭祀日，人们多在夏收夏播结束时，前来纪念这位造福百姓的农学家。

二 "甜水井"转为地名

甜水井在县城西南20千米处，2015年撤乡并入荆姚镇。据清代康熙年间《甜水井碑记》记载，在唐代中期，奉先县（今蒲城县）西南有甘泉坊村，村中井水苦咸，人畜难以饮用。当时的唐顺宗李诵因长期染病而不能正常处理朝政，半年以后，便禅位给李纯，是为唐宪宗。宪宗即位后，便在富平县东北方向的金瓮山为父亲修筑陵墓。

顺宗晏驾后，宪宗扶灵送葬，在荆姚东休息时，发现此地水味咸卤，人马皆无法饮用，便召集随行臣子。其中，随驾方士柳泌，善观察地形，察验风水，将自己勘验结果回报宪宗。宪宗即令人按柳泌所指处挖掘，果真挖到清澈甘冽泉水。宪宗遂将其命名为"甘泉"。此后，当地人都从"甘泉"中汲水饮用，并将此井称为"甜水井"。历代相传，"甜水井"便成了地名。

三 贾曲"纹石"的历史

贾曲位于县城西南10千米处，是县域内最早有历史记载的地方。西周建国后，实行分封制。周成王姬诵攻克唐地（今山西），封其弟叔虞为唐侯。后来，叔虞长子燮父继承诸侯位，改国号为唐。康王姬钊继天子位，封叔虞少子公明于贾，为卿大夫。公明因封地在贾，故称"贾大夫"或"贾平伯"。

贾国东边以沮水（今洛河）、芮（今大荔县）为界，西临石川河（今富平县），北依白水河，南跨卤阳湖，包括今蒲城全境及大荔、澄城、白水、富平部分地区。贾国都城贾城在今贾曲镇一地。贾曲镇西边不远处，有贾大夫阅兵台，南边的内府村是贾国财粟、铸币、兵器贮藏地。贾曲镇西的箭头路还记载了贾大夫的风流逸事。

据说贾大夫相貌丑陋，但妻子却极有美色。贾妻因贾大夫相貌不好，婚后三年不曾言笑。有一次，周王来到贾国田猎，看见芦苇丛中飞起一只雉鸡，周王便让贾大夫射雉助兴。贾大夫拔弓放矢，雉鸡闻声而落，周王一行皆拍手称好。此时，跟随贾大夫观猎的妻子也露出笑容，其笑容恰好照映在路旁石头上，石头上竟因此出现了笑纹。此后，这块石头便被称作"纹石"，而"射雉纹石"也成为"贾曲八景"之一。①

四　重耳逃难留地名

春秋时期，晋文公逃难蒲城时留下了许多历史遗迹，洛河沿岸的许多地名都与重耳逃难有关。据史记载，晋献公伐骊戎，俘获了能歌善舞的骊姬。献公对她宠爱到言听计从的程度。骊姬为献公生了奚齐，为让儿子奚齐继承诸侯爵位，骊姬便设计陷害晋献公的其他三个世子，即申生、重耳和夷吾。骊姬先陷害太子申生，②并谗言重耳、夷吾是同谋。晋献公便派勃鞮追杀重耳、夷吾。重耳遂在外逃亡了19年。

重耳先逃避在自己的封地，即蒲城（今山西蒲州），其辖地包括黄河以西蒲城在内的大片土地，后逃至洛河西岸的晋城，在逃亡中，重耳被勃鞮追至晋城，削去一只袍袖。重耳一路奔逃，并随机扔下印绶（今"铃铒村"），迷惑追兵，趁夜从小路奔逃，五更时到一村庄（今"五更村"），便折向东北，沿洛河谷北上，在深沟洞穴留宿（今"避难堡村"），摆脱勃鞮追杀。

重耳脱险后，与一路跟随自己的臣子赵衰、孤偃、介子推到金策山乞食祭母（今"敬母寺村"）。随后，逃亡到其母故国——翟国（今延安附近）。晋惠公夷吾即位后，担心重耳回国争夺王位，又派勃鞮追杀重耳。③现在蒲城县的晋城、五更、避难堡、敬母寺等地名都是重耳逃难的历史遗迹。

五　盘龙异石的传说

在罕井镇千家桥西一带，盘龙异石传说颇有名声。据说旧时村北

---

① 明代人权作揖曾诗咏其事："疑是织机下九阁，牵牛曾此媚天孙。篷头赢得倾城笑，石上犹留巧笑纹。"贾大夫死后葬于贾曲西南怀德村，今仍有不完整坟墓遗迹。

② 据历史记载，公元前656年，骊姬告诉献公，说自己梦见申生亡母齐姜求食。献公便让申生祭奠母亲。申生是太子，为人忠厚老实，不知是计，祭母后，便将酒食进献父亲。晋献公出猎未归，骊姬便将毒药放入祭食。献公回来后，正要食用申生进献的酒食，骊姬急忙阻拦，说宫外东西不安全，要先尝试。结果毒死了试吃的狗和太监。骊姬趁机进谗言，说申生要毒死献公，谋取王位。晋献公便逼申生自杀。

③ 重耳离开翟国后，先后到过齐、楚，62岁到了秦国。秦穆公把女儿嫁给他，并帮助重耳回到晋国，继承王位。重耳最终成为春秋时代继齐桓公之后的又一霸主，即晋文公。

城隍庙别具一格，其东城墙上有一棵老茶树，树干有碗口粗细，六七尺高，弯曲不已，枝节交错，状如盘龙。城墙下面有一奇异石头，有一米多高，一抱多粗，远看像狮子，有头、有脚、有眼嘴，却没有雕刻印痕。石头顶部刻有"光绪元年"字样。关于这一奇异石头的来历留有许多传说。

有人认为这块石头是桥西村北蟠龙下雨发大水时冲下来的。有人说这块石头是从天而降的陨石，在方圆几十里没有如此质地的石头。有人说它是一头成精的狮子，因到桥西村油坊偷油喝而被打断一条腿，上不了山，只好蹲在这里，久而久之便化成了石头。据说过去出远门的硬轱辘车经过这里，或是路经此处，车夫都会从油葫芦中抽出油抹子，在狮子嘴上抹点油，否则，牲畜就会无缘无故迷路或车子行走中不断出问题。

有人说这石狮子还给当地的樊祥娃做过"干大"。据说罕井镇西场财东的独生儿子樊祥娃，在满月当天撞上了石狮子。樊财东当天抱着孩子撞干亲，硬是在村里碰不见人。随后又在大路上撞干亲，一直走到桥西涝池岸边，还是没有碰见人。此时的樊祥娃已饥饿难耐，便大哭起来，着急的樊财东向前一看，便看见路边蹲着一个人，这人不就是娃他干大吗？随之便上前搭话，却不见那人言语，仔细一看，原来是块大石头，便自言自语道，好！好！好！撵到这儿，有啥办法，这石狮子就是我祥娃他干大。樊祥娃长大后，每到逢年过节，都会提着点心到石狮子跟前敬献。

第三节　民间幻想故事

幻想故事表现了民众想象的活跃和精神世界的广阔，反映了民众的精神空间和价值观念。民众用幻想故事将世俗生活向天上、地下延伸，使想象中的各种神仙、妖怪、动物、宝物等成为丰富日常生活的重要内容。当地民间幻想故事多将生活中坎坷不平、灾祸连绵的故事在幻想中安排的合情合理，将"善有善报，恶有恶报"作为幻想故事的主题。这些民间幻想故事是对平凡生活的艺术扩展，赋予现实生活特殊意义，从而实现对日常生活的超越。现选录几则如下。

一　卤阳湖的故事

很久以前，蒲城县南卤阳湖里住着一位残暴的龙王，经常危害湖边百姓。它高兴时，湖水便清澈如镜，它发怒时，湖水便浊浪滔天，四处淹死人畜，住在湖周围的百姓苦不堪言。

有一年，县里来了一位杨姓县官，他为官清正，体察民情。得知卤阳湖周边百姓生活情况后，便带领百姓筑堤打坝，防洪除害，百姓生活随之好转。杨县官有一位17岁的女儿，名叫杨素英。素英长得端庄秀丽，知书达理，精通纺织和刺绣，是杨县官的掌上明珠。卤阳湖龙君知道素英美貌后，便想将素英娶作妻子，杨县官坚决不答应。

卤阳湖龙君便恼羞成怒，掀起暴风骤雨，湖面顿时乌云密布，大雨倾盆，湖水不断上升，冲击着湖边堤坝。杨县官一边组织百姓加固堤坝，一边想对付卤阳湖龙君的办法。暴雨却越下越大，湖面越升越高，最终冲毁堤坝，淹没了周围的庄稼，人畜大多浸泡在湖水之中。百姓危在旦夕，庄稼奄奄待毙，为拯救黎民百姓，杨县官只好答应将素英嫁给卤阳湖龙君。此时，暴雨骤停，狂风消失，湖面又恢复了平静与安宁，看着湖中水卒将女儿素英抬入水中，杨县官痛不欲生。

杨素英按照父亲的计谋，毒死了卤阳湖龙君，也失去了自己年轻的生命。从此，卤阳湖便成了无主之湖，湖水迅速干涸，成为一片滩涂。为感恩杨县官和他的女儿，人们便在卤阳滩头修建了杨氏祠。杨氏祠堂已在岁月流逝中无有影踪，但杨县官和女儿杨素英舍身救百姓的故事却一直流传。

二　浮山的故事

传说轩辕黄帝乘龙上天后，唐尧接替他。尧帝以德治天下，日食一钵粗茶淡饭，夜宿一领蒲席，他勤勤恳恳为百姓办事，时时替百姓操心，人们日出而作，日落而息，日子过得平安美满。

但祸从天降，瓢泼大雨日夜不停，直到山洪暴发，河水暴涨，大地成为一片汪洋。田地被淹没，牧场被吞噬，村庄被摧毁，面对百姓遭受不幸，尧焦虑万分，便派鲧治理洪水，自己则到各地巡查百姓受灾情况。

尧到了渭北一带，这里地势高，还可看到田地里的庄稼，房舍中的牛羊。但这里也是大雨不停，百姓危在旦夕。远处传来阵阵雷声中夹杂着百姓惊恐的喊声,"天漏了。涨水了。快逃命啊。"尧勘察地势后,带领大家到附近一座山上躲避水灾。山势高大,山上长满了可以充饥的野果,布满了可以遮风避雨的石洞。随行的百姓感激尧的恩德,便将这座山称作"尧山"。

在此期间,洪水还在继续泛滥,尧和大家日夜不停赶制木筏,组织妇女采摘野果,带领男子四处打猎,大家有饭同吃,有难同当,度过了最艰难的时期。但人们发现,下了四十九天的大雨,涨了四十九天的洪水,眼看远处的华山已被淹得只剩一个山尖,尧山却像一只巨大的轮船,始终浮在洪水之上,无论涨起的洪水有多大,最多只能淹到山脚,不再涨起。人们便将尧山称作"浮山"。

鲧用堵截方式治水失败后,尧让鲧的儿子禹治水。禹汲取了父亲治水的教训,以疏导为主,听取众人的意见,在韩城境内"斩断"了横截洪水的"黄龙",让洪水顺利通过"龙门",沿黄河流入大海。现在,尧山顶还留有尧的脚印,有尧用寿木棍戳的深圆坑,山顶那块高耸无比、光滑如镜的悬崖陡壁,便是帝尧的功德碑。

第四节　民间机智故事

机智故事也称机智人物故事,多是正面主人公的笑话。① 它将日常的事物和行为组合在故事中,包含了世俗的智慧和习惯的笑话,不乏诡诈、狡黠和恶作剧等,可令人拍案叫绝、捧腹大笑。当地民间机智故事多取材于地方人物生活故事,这些故事或以口耳相授方式传播,或以嬉笑幽默方式叙述,或假托名人逸事创造等,体现了当地人的生活观念和精神品格。现选取如下。

一　孙如僚②用尿冲回县二爷

据说在清末年间,永丰设立了巡检署,处理东乡民事和管理河防,当地百姓将巡检署官员称作"二爷"。因为永丰距县城远,上下石羊坡很辛

---

① "这类故事的主人公都机捷多谋,诙谐善噱,常以机智手段拨弄、惩罚邪恶势力,替老百姓排忧解难,在社会生活中发挥作用,在人民群众里面产生影响,颇受人们喜爱。"(祁连休:《中国机智人物大观·前言》,河北教育出版社 1991 年版)

② 孙如僚,据传其人好抱打不平,人送外号"孙瞎(音 hà)子"。

苦，县二爷就不愿到永丰办公，经常住在县城西街申明里（今县城西街小学附近），当地百姓要办事，就要跑60多里路到县城找县二爷，百姓很埋怨，但又无处说理。孙如僚得知此事，便想惩治县二爷。

有一天，孙如僚让孙子领自己到县城明里门撒尿。衙役怒斥孙如僚怎么跑到县二爷衙门前撒尿。孙如僚便责备孙子为什么将自己领到永丰来。孙子说这是县城申明里，不是永丰。孙如僚便问衙役，二爷的衙门一直在永丰，什么时候搬到了县城。县二爷得知此事，自觉理亏，又知道孙瞎子是远近闻名的人物，便吩咐下人，备马抬轿到永丰办公。于此，便有了"孙瞎子一泡尿，冲回县二爷"的故事。

二　孙如僚救子咎父

据说当地有一位做父亲的人，他行为不端正，常调戏儿媳，儿子因此常与父亲发生争吵。父亲便以忤逆不孝罪，将儿子告到县衙。按当时律令，忤逆不孝的人，要处以重刑。儿子觉得冤枉，便向孙如僚求救。

孙如僚听后，便在他的两只手掌各写一行字，教给他在县衙如何如何即可。县老爷审判时，儿子一言不发，只跪在堂下不断叩头大哭，并匍匐到县老爷跟前，亮出手掌上两行字。县老爷看一只手掌写着"妻有貂蝉貌"，一只手掌写着"父有董卓心"。县老爷恍然大悟，当堂宣判儿子无罪，并指责其父不是。其父羞愧难当，不再告儿子的不是。

三　孙如僚巧治朱泼皮

据说有一个以卖炭为生的小伙，在赶车路过县城东街时，恰好碾死了一头被狗追撵到自己煤车下的小猪。猪的主人是当地有名的地头蛇朱泼皮。朱泼皮闻声赶来，气势汹汹地说道："碾猪事小，欺主事大"。便要夺走小伙拉车的牛，以之作为赔偿。小伙哭诉原委，但朱泼皮根本不听，只留下几句恶言便回了家。

无奈之际，小伙找到孙如僚，向其哭诉自己的遭遇。孙如僚便说道，你到出事地方去，等我来，你到时把我叫声舅舅即可。朱泼皮吃饭后，准备到门外给小伙发威，远远看见孙如僚走来，便谄笑迎上前说："孙先生，您看，这小伙用车碾死了我的猪，欺到我头上，您说这……""竟有这样的人"，孙如僚说。"舅舅，我、我……"小伙望着孙如僚。"是你！打狗看主人，你碾猪欺东家，没教养的东西！"随之就"啪"地扇了小伙一耳光。又给朱泼皮说："余甥年幼无知，我让他加倍赔偿就是。"朱泼皮连翘大拇指说："孙先生果真办事公道，今天的事情就请先生公断。"

孙如僚转身训斥小伙道，"你不好好在路上赶车，为啥把车赶到朱家的猪圈里？你没有长眼睛吗？""没……没有，我在街道上赶车……""你还敢强辩，难道朱家将猪圈修到大街上不成？""不是，是他家的猪被狗撵到我车下，才被碾死的，你看！"小伙指着车轮下的死猪娃。孙如僚黑眉一横说："狗有绳，鸡有笼，猪有圈。乡规民法，人人皆知；纵猪窜街，碾死活该！"说罢一摆手，让小伙牵牛赶车上路。

最后，小伙高兴而去，围观乡亲满脸笑容，朱泼皮却脸如猪肝，肚大如鼓。

四 "张大架子"的故事

据说乾隆年间，苏坊人张汝骧（号尧山）在福建为官，清正廉洁，深得民望。有一天，乾隆在太和殿召见文臣数人，令他们各给太和殿写一五字匾额。因一般匾额多用四字，很少用五字。一时之间，大家面面相觑，不知如何下笔。碰巧张汝骧在场，他即将出使琉球，略加思索，便写了"天子重英豪"五字。乾隆当即褒奖，命他将这五个字写在门匾上，随后刻制。张汝骧因题匾已捷足先登，不好意思再在诸位大臣面前显才，便再三推让自己不敢。乾隆便有点不耐烦地说："你好大的架子"。张汝骧只好奉命写下匾额。从此，"张大架子"便成了张汝骧的封号。

因张汝骧出使琉球有功，乾隆便赏给他一串朝珠。和珅当时很羡慕，不断夸赞朝珠的美好，并示意张汝骧转送给他。张汝骧便一语双关地说，这串朝珠好是好，可惜眼太小。和珅听后，便不好意思再向张汝骧索要朝珠。

五 知足先生

传说在清代道光年间，县东北洛河上有一座三眼桥，附近有一富家子弟，幼时读书上进，长大后却不务正业，把祖宗留下的家业全部糟蹋浪费，只能乞讨为生。

一年冬天，他在三眼桥下点火取暖，从笼中取出乞讨的干馍，准备食用之时，心想自己虽在冰天雪地，却无饥寒之大苦，也无兵抢贼掠之患，便沾沾自喜，用打狗棍在桥下写了很大的"知足"二字。碰巧知县蔡信芳骑马路过，看见桥下"知足"二字，便派人询问究竟。当得知是一乞丐所写时，蔡知县便感慨自己身为县官，却为升官四处奔波，想此人倒是一个明白的有识之士。随之将此人带回县衙，以宾礼相待，让帮忙做事，闲时教女儿腊梅读书识字。

第二年端午时节，知足先生喝酒之后，便心生邪念，想要非礼腊梅。县官得知后，忍住心中怒气。几天后，他差遣知足先生到渭南给朋友送信。知足先生按信上地址、人名，却找不到此村此人。最后，他便拆信查看，只见信上有诗曰："知足先生戏腊梅，忘记桥下那堆灰。一封书信送你去，渭河倒流你再回。"

六　秤锤夹辣子

据说当地有一位70多岁的老人，好不容易给儿子娶下媳妇，想儿子、儿媳日后能孝顺他，帮他安度晚年。谁知道结婚才过一年，自己便遭儿媳的嫌弃，心里很不好受。

有天吃饭，儿子和儿媳先给自己捞了干面条吃，只给老人端了些稀面汤。老人说这尽是稀糊糊，有汤没有面。儿媳却说面要是多了，怕你好吃难克（消）化。老人生气说到，你把秤锤煮熟了，看我能克化不。

第二天做饭时，儿媳专门在蒸笼里放了一个秤锤，吃饭时将秤锤端给老人说，秤锤熟了，你吃吧。老人听了，慢条斯理说，好吧，你把外（音wài）掰（音bāi）开，给我夹些红辣子再吃。儿媳一惊之下，便不知说什么好。儿媳见老人不好欺负，态度便逐渐好起来，也不再像以前那样嫌弃老人。

七　天子师故事

据说清代县城达仁巷王鼎家门口曾悬挂过"天子师""相国府"的金字匾额。王鼎早先是道光皇帝幼年的老师，他对道光读书写字要求严格，管教也非常严厉。

有一次，道光因贪玩没有写完作业，王鼎便罚道光下跪。嘉庆皇帝正好游玩至此，见皇子端端正正跪在地上，心中立时冒火，心想王鼎虽学识渊博，见多识广，但毕竟是臣子，皇子虽然年幼，却是龙子圣体，怎能罚跪？臣子欺君，这还了得。正要发作，忽想王鼎是朝中柱石，赤胆忠心，便压下心中火气，扶起皇子说："读书将来是皇帝，不读书将来还是皇帝!"想带皇子离开。

王鼎当即正言道:"读书可以为尧舜,不读书将为桀纣。"嘉庆一听,如凌空炸雷,心头一亮,顺手又将皇子按下,皇子又端端正正地跪在原地。

第五节　民间游艺

"游戏是劳动的儿子。"它根植于人们的生产生活和社会结构的土壤中,是民众长期生活实践的艺术创造,不同的游戏既符合了不同人群的身体状况,也反映了不同人群的审美情趣。人们在游戏过程中,放松了身体的紧张,体验了精神的愉悦,发展了生存的技巧,训练了头脑的智慧,加强了彼此的合作,也增进了相互的情感。当地民间游戏是民众日常生活的重要组成部分,许多游戏不受时间、地点和文化程度限制,普遍流行于大人、小孩,男性、女性间,年龄和性别的差异,形成了不同的游戏人群,构成了当地游戏总体风貌。

一　男性(成人及老人)游戏

老虎拳。当地人在聚餐宴会上,常喝酒佐饮,用老虎拳助兴。其方法是两人以筷子相击,一起喊"老虎老虎"两声,随之喊出老虎、杠子、鸡、虫四个中的一个口令,以老虎吃鸡,鸡吃虫,虫吃杠子,杠子打老虎为胜,输者喝酒。两人口令若不相吃,则两人平。

划拳。也称"猜拳"。朋友聚会时多玩此游戏。其方法是甲乙双方同时伸出一只手中的任何手指,并喊数猜指,两人伸出手指数相合为其中一人所喊数字时,即为赢,不合者为输。不合于任何一方的则继续喊数字,出手指,直到一人胜为止。输者喝酒。数字可直呼一到十中任何一个。划拳也有文饰性喊数,增加热闹氛围,如一心敬你,二红喜(或咱俩好),三桃园,四季发财,五魁首(或五经魁),① 六六顺,② 七个巧,八个鸟,

---

① "五经魁"源于古代科举考试词语,后借用到划拳游戏中。古代初入私塾读书,经过县、府考取的叫"童生"。经省贡院考取的叫"庠生",俗称"秀才"。秀才在省里"乡试"中考取的叫"举人",其第一名称作"解元",第二名称作"亚元"。考试内容为"五经",即诗、书、礼、易、春秋,中举前五名的称作"五经魁"。第六名称作"亚魁"。

② "六六顺"与古代"六顺说"相关。古代认为君臣、父子、兄弟间应有六种品德,即君义、臣行、父慈、子孝、兄爱、弟敬。如有这六种品德,一切就会顺心如意,便有了"六六大顺"的说法。

九九长（或九能长），十满堂，将不伸手指的算作"零"。酒量大、拳术好的人，常选择"打关"，与所有人划拳、碰杯喝酒。

摇骰子。过去用作赌博器具，现在常作宴饮时的游戏器具。骰子有各种摇法，如摇皇上、吹牛皮、比大小等。其方法多是一人打关，其他人应关。打关人称作"庄家"，有权利制定摇骰子规矩，其他人根据规矩迎战，一般"三局两胜"一杯酒。输者喝酒。一圈结束后，开始下一庄家打关，依此类推，直至一桌人都坐庄打关，即可结束。

打扑克。扑克牌由红桃、黑桃、方块、梅花四类 A 至 K 图案构成，外加大小王，共 54 张。有各种玩法，如升级、五八王、红桃 4、跑得快、弥竹竿、吹牛等。可二人玩、三人玩、四人玩。其竞技有不同技巧，是当地老少皆宜的游戏方式。

象棋。是两人对抗性斗智的高雅游戏。当地人下象棋很普遍。在街道边、公园里、村道旁等都会碰到下象棋的石桌。目前流行的象棋①是每人 16 颗棋子，分别为一将（帅），两士（仕），两象（相），两马，两车，两炮，五卒（兵），棋子木制，上书棋字名分。棋盘以楚河汉界分，两军对垒，以互相吃子攻灭，最终卡死将（帅）为胜。各棋子都有自己棋路，如马走日，象走田，士走叉，炮、车走直线，卒（兵）只进不退，将（帅）只在框中转。如果某棋子落在对方某棋子可及路上，便可被吃掉。象棋是当地民间斗智赛能的重要方式，其中有很多技巧，常见的下棋情景是，两人对垒，多人围观，指手画脚的人比较多。但下棋最忌旁观者"场外指导"，有"观棋不语真君子"的说法。1985 年，陕西省还将蒲城县命名为"中国象棋之乡"。

---

① 据文献记录，春秋战国时，棋艺统称"博弈"。《楚辞·招魂》记载："蓖蔽象棋，有六博些。"《史记·苏秦列传》六博注记："博，著也，行六棋，故曰六博。"这大约是中国较早象棋模式。早期象棋为金质立体形象。西汉刘向《说苑》记了雍门子周以琴见孟尝君时，说："足下……燕则斗象棋而舞郑女。"可知象棋在当时是宫廷玩物。南北朝时周武帝曾著《象经》。《续藏经》记载："若神农以日月星辰为象，唐相牛增儒，用车、马、士、卒加炮，代之为棋矣。"唐肃宗李亨，将棋子改作木质。等到宋朝，已有 32 颗棋子。《象弈》记有"屹然两国之，限以大河界"，"三十二子者，一一俱变态"，又"远炮勿虚发，四卒要精汰"等句子，足见象棋已具规模。立体棋子逐渐淘汰，改为木质涂色棋子。等到清代，出现了圆形扁平木质棋子，上刻阴文，用红色、绿色涂抹。"象棋"称谓大约源于早期下棋人多是达官贵人，棋子多用象骨制成，故称"象棋"。

麻将。① 俗称"打麻将",四人娱乐游戏,各地均流行。麻将多用竹子、骨头或塑料制成,小长方块,上刻各式花纹或字样,有"饼(文钱)""条(索子)""万(万贯)"和"风、中、發、白",每副136张。麻将基本打法简单,容易上手,极为有趣,但其中变化多端,充满了许多不确定性,是最能引人入胜的博弈游戏。

打呼哨。男子常玩的游戏,一种呼哨是凭借特殊口型与舌尖的特殊摆放,用气流吹出,发出特殊音响,俗称"吹胡哨"或"吹口哨"。呼哨水平高的人,会吹不同歌曲、音乐曲调。一种是将拇指与食指或中指指尖连成弧状,放入口中,或用指尖将舌头卷起,送出气流,会发出高亢响亮的哨声,俗称"打呼哨",这种呼哨大约是古代的"啸"。男子一般都会打呼哨,许多人呼哨打得好,还可将其作为日常劳动伴奏,边干活边吹口哨。

二 妇女(成人及老人)游戏

摸花花。过去在老人、妇女间流行。其牌用厚纸制作,牌页宽约1.2寸,长约4寸,上涂桐油,牌页上画有水浒人物像或其他图像。一副牌48张。3人游戏。先洗好牌,抬牌比大小,点数大的人先摸牌,摸完为止。赢家先出牌,牌的出法有多种,以有利于自己胜利为是。或一次出够6张或比6张多,或一次出牌等于或超过11张,就称作"刺(音 cí)",然后"扣(音 kòu)牌",后面的人(或第2人,或第3人)可"掀(音 xiān)牌"。随之第一个人再出牌,后面的人跟进。每次可1人胜,也可2人胜。游戏中如果没有人能补足六张及以上,即要洗牌重新开始。每张牌都有自己特殊名称,如两红点的称作红眼、三点的或五点的称作系、四点

---

① 麻将起源有多种说法,如与捕雀相关的说法。早先称"麻雀牌"或"麻雀儿牌",据说由江苏太仓"护粮牌"演变而来。江苏太仓曾有皇家粮仓,常年囤积稻谷,供"南粮北调"。因粮多引发雀患,每年因麻雀而损失许多粮食。管理粮仓的官吏便制定了奖励捕雀护粮的方法,以竹制筹牌记录捕雀数目,凭此发放酬金,即为太仓的"护粮牌"。这种筹牌上刻有各种符号和数字,可观赏,可游戏,用作兑取奖金凭证。这种护粮牌的玩法、符号和称谓都与捕雀有关。麻雀牌三种基础花色的名字为"万、束、筒"。"筒"即枪筒,其图案是火药枪的横截面,几筒就表示几支火药枪。"索"即"束",是用细绳串起雀鸟,"一索"图案便以鸟代表,几索即几束鸟。"万"是赏钱单位,其数量是按鸟的数量计算,几万就是赏钱数目。"东南西北"是风向,故称"风",用火药枪射鸟,须考虑风向。"中、白、發","中"即射中,故为红色;"白"即放空炮,故为白板;"發"即发赏金。其玩法术语与捕雀护粮有关。如"碰"即放枪声响"嘭"。成牌称作"和"(胡音),与"鹘"谐音,"鹘"是捕雀的一种鹰。

的称作板头腿、六点的有楔子六或梅花六、七点的称作七婆娘、八点的称作红八、九点的称作牛、十点的称作梅十或红十、十一点的称作虎、十二点的称作天等。出牌有"一副摆（音 bài）"，由天、梅十和红八组成，可以吃"鱼（音 yú）"，鱼由红眼、板头腿和楔子六组成。另有天吃虎，公牛吃虎，母牛不吃虎，公系占牌张，母系可以被吃等，多是根据牌上点子多少比大小。

三 儿童游戏

儿童有游戏的天性，是游戏最重要的主体。过去流行许多儿童游戏，有的现在依然时尚，有的则已很少再见。如踢毽子、放风筝、打陀螺、抓子、老鹰抓小鸡、官打寻贼、掏绞、捉迷藏、跳房、打鳖、跳绳、踢毛弹、打戏台、丢方、猜谜语、跑马城、顶牛、打弹弓、滚铁环、猜人、上刀山、摔跤、摔泥窝、打呼哨、吹咪咪、打秋千、弹流儿等，都是不同年龄和性别儿童喜欢的游戏，花钱极少，却能锻炼孩子身体，提高孩子智力，增加孩子乐趣。

踢毽子。女孩常玩的娱乐游戏。毽子常用鸡毛和铜板制作，当地人多用方孔铜"麻钱"做底衬，鸡毛选择鸡尾部翎毛根部一小段，用小布片将其包扎，便可做成一个普通毽子。女孩踢毽子的多，男孩踢毽子的少。游戏人数没有规定，可用脚尖、脚后跟反复踢动毽子，不让其落地，以踢毽子数目多的人为胜。踢毽子好的人常会踢出各种花样，可以有效锻炼孩子身体的灵活性。

放风筝[①]。放风筝是老少咸宜的娱乐活动，过去现在都很流行。只要有合适的风，一年四季都有人在县城广场放风筝，风筝有蜈蚣状、公鸡状、蝙蝠状、人状、鱼状、花状等，颜色各异，大小不同，风筝放的高低也不同，在空中蔚为壮观，很有地方特色。

打陀螺。俗称"打猴"。男孩常玩的娱乐游戏。常见陀螺用一坚硬寸

[①] 风筝在春秋时代出现，当时称作"纸鸢""风鹞"，用于军事活动。《韩非子》记载："墨子为木鸢，三年而成，蜚（非）一日而败。"楚汉相争时，韩信用风筝指挥各路军马。汉代蔡伦发明了纸，风筝便以木为架，用纸裱糊，再染颜色。到唐代，风筝已成为人们娱乐工具。当时有人将风笛和弦装在风筝上，风筝高飞便会发出乐器奏鸣声。唐代诗人高骈有《风筝》诗，"夜静玄声响碧空，宫商信任往来风。依稀似曲才堪听，又被风吹别调中。"等到清代，风筝已进入寻常百姓家。

许长木头削尖,形状呈圆锥状,将其用长鞭裹卷底部,立于地上,用力拉动长鞭,圆锥随之飞转,待其将要停下,再用长鞭抽打,催动陀螺连续旋转,以时间长而不倒者为优。男孩玩的多,女孩一般不玩,可单独玩,也可众人一起玩比赛。

抓子。俗称"抓豆(音 dòu)",是女孩子喜欢玩的娱乐游戏,男孩子很少玩。以小石子或杏核为玩具,数目以手可盛完为限,没有严格要求。玩耍时,一手将石子抓完,反手摔至空中,石子便落在手背和地上。又反手将手背上的石子摔至空中,用手从空中抓住其中一颗,以此为母子。随之将母子摔向空中,覆手抓起地上石子,抓子时不能碰到其他石子,同时翻手抓住空中母子。如此反复将地上石子抓完。若两人比赛,在此翻转抓子过程中,以抓石子多者为胜。抓子游戏可以训练孩子的手眼。

老鹰抓小鸡。三名及以上孩童的集体娱乐游戏,男孩女孩皆可。一人扮老鹰,一人扮母鸡,其余人扮小鸡。游戏时,"小鸡"用手抓住"母鸡"衣服后面,排成一行,"老鹰"伺机抓取小鸡,母鸡要时刻掩护小鸡,小鸡左右躲避,防止被老鹰抓走。小鸡也可自行离开鸡群,但不能跑得太远。游戏以老鹰抓完小鸡为胜。老鹰抓小鸡可以训练孩子在集体活动中的灵活性和组织性。

官打寻贼。四人娱乐游戏,在四张小纸片上各写"官""打""寻""贼"一字作道具。游戏时,将折叠为一样形状的小纸片随意撒开,孩子自由抢抓,并打开查看。抢到"官"字的人先找抓"寻"字的人,如果猜错,便要自罚,以示对自己判断错误的惩罚。如果正确,则指挥抓"寻"字的人找抓"贼"字的人。如果猜错,就要被抓"官"字的人指挥抓"打"字的人惩罚抓"寻"字的人,以示对其办案不力的惩罚,"贼"则可逃过一"劫"。或是猜到抓"贼"字的人,"官"便指挥抓"打"字的人惩罚抓"贼"字的人,惩罚多少由"官"定夺,以示对"贼"的公正处罚,其"打"多是模仿性轻打。如此,一局即可结束。一般情况是,每个孩子抓到纸片后,都会不断自我掩护,反复制造迷雾,引导对方猜错,自己则可以逃过一"劫"。

掏绞。两个孩童完成的娱乐游戏。道具是一根有一定长度的圆圈线,两孩子各用双手通过反复勾连转换绷紧的线圈,在四手交互中转换手势。或用无名指勾出,或用大拇指挑拨,或用嘴咬线,或用食指、无名指翻转等,总之要将对方的圆圈线倒换到自己手中而不使线圈"破碎",并可使对方以相似方法翻转过去。游戏过程中有很多技巧,会形成剪子绞、牛槽绞、四股线绞等。

捉迷藏。当地称作"毛忽都鲁(音 máo hū dù lū)",多人娱乐游戏。其游戏时,一人站立,其他人背对此人,此人便让其他人转过身来,然后讲各种幽默,目的使其中一人先发笑声。发笑者便会被讲幽默者用双手蒙上双眼,其他人则尽快找地方隐藏。在此期间,讲幽默者自己不能移动,捂着发笑者的双眼说,"东摇西摇,毛忽都鲁开幕了"。此人便寻找并捉拿其他隐藏者,隐藏者则要伺机挨住讲幽默者,便可得到安全。一时如果不能挨住讲幽默者,则要不断逃跑,寻找机会靠近并挨住讲幽默者。如果隐藏者中的一人被抓住,则进入下一轮游戏。被抓的人便要替换刚才发笑者,重复前面的游戏。如果发笑者一个隐藏者也抓不住,则此发笑者继续被蒙眼,重复刚才的游戏。

跳房子与丢方。两人或两人以上娱乐游戏。在地上画出若干相连的方框(一般是两行,一行5个方块),以瓦片为道具,从第一格开始,将瓦片扔进方框,单腿蹦进,一次须踢动瓦片到第二框、第三框,但不能将瓦片踢出方框线外,否则为失败,依此类推。一圈结束,便将瓦片扔到第二方框,依次循环,到第三方框、第四方框等,谁最先跳完所有方框者为胜。"丢方"与跳房子游戏玩法相似,是两人或两人以上的竞技游戏。

打鳖(音 biē)。两人竞技娱乐游戏。用废旧纸张折成方形纸板,厚度大体相同,可以做得很薄,也可以给里面垫大小合适的纸张,使其较重。游戏用石头、剪刀、布开局,失败者先将纸板平放在地上,另一人手持自己准备好的纸板,抡起胳膊,使劲拍向地上纸板,或从侧面,或从正面,目的将地上纸板尽量打翻,或从正面打翻至反面,或从反面打翻至正面,只要打翻过来即为胜。如此反复进行。经常是两人各持许多纸板,持续打鳖,直至其中一人输掉手中所有纸板。有些地方用香烟盒纸折叠成三角形,看起来很漂亮,游戏方法与此一样,俗称"打角",也叫"打宝"。

跳绳。一人或多人娱乐游戏。可一人独立完成。道具为2米长短的绳子(每人根据自己身高,确定绳子长短),两手各持一端,呈"U"形,放置身后,双手用力,将绳子绕过头顶,摔至身前,跳绳者可双脚同时跳起,让绳子从脚下通过,又从身后翻转过来,双脚跳起,如此反复。也可单脚跳动,让绳子穿过脚底。比赛时以绳子翻转次数多者为胜。也可多人(至少3人)一起跳绳,俗称"跳大绳"。道具为一根4—5米长的大绳。

游戏时，两人各持大绳一端，向同一方向抡起，大绳在空中呈一大"U"形，随之落地又复起，一人则伺机跳入大绳划出的"U"形椭圆内。绳子落地扫过跳绳者的双脚。绳子复来，跳绳者重新跳起，如此反复，以跳动次数多且不碰大绳的人为胜。也有几个人逐次跳进大绳绕成的"U"形内，协调一致，集体游戏。

踢毛弹（音 tán）。女孩子喜欢的娱乐游戏，一人可单独完成。道具为小布块缝成约 1.5 寸多的正方体，内装适量豆子或玉米即可。其游戏方法是用手扔出毛弹，一只脚随之抬起，或用脚尖，或用脚掌，或用脚跟踢起毛弹，使之不落地。等毛弹落下时，再次抬脚踢起，如此反复，毛弹在脚力作用下，上下弹起。游戏以弹起次数多而不落地者为胜。此游戏也可多人（至少 3 人）共同完成，俗称"打毛弹"。游戏为两边各 1 人，距离约 10 米，中间 1 人，两边人相互向对方扔毛弹，中间的人尽量用手接住毛弹，若能接住一次，便能赢得一局。如果不能接住打来的毛弹，则要尽力避免毛弹打在身上，否则便输一局，下场让下 1 人上场。如此反复。有时候是两队比赛，看那一队抓毛弹的次数多，多者为胜。

搭戏台。三人或四人一起玩的娱乐游戏，多是四个孩子一起玩。其游戏方法是四个孩子呈四角形排列，采取相同姿势，左腿单足站立，右腿的大腿垂直，小腿向后弯上来，与大腿呈"L"状。每人的右脚搭在后面人的弯腿处。这样，四个人就连成一体，搭成一个"戏台"。随后，四人以同样节奏，用左腿向前蹦，转起圆圈。蹦跳时，大家口中多拖音念歌谣："搭、搭、搭戏台，搭下戏台没人来。叫小姐，小姐没有袜子没有鞋，光着脚片跑过来。"实际上，转不上两三圈，就会有人先散架，戏台也就散落下来，有的孩子还可能摔倒。大家便在一阵笑声中，站起来重新开始，接着再来一次搭戏台。它可以锻炼孩子的平衡力、协调力和耐力。

猜谜语。普遍流行的娱乐游戏，有字谜、物谜、动作谜等。如字谜，谜面是"一个字四笔，无平无立，皇上见了下马，宰相见了作揖"。谜底是"父"字。"无平无立"是说"父"字没有横竖笔画。用文字描述了"父"字，又融入文化知识。又如，谜面是"本来圆又圆，写来是九点"。谜底是"丸"字。用文字描述药丸形状，引导孩子对生活常见之物的联想和想象。又如，"远看一盘龙，近看铁丝拧；天晴龙驮鳖，下雨鳖驮龙"。谜底是"自行车"。用文字描述自行车轮形状，天气晴朗，人骑车，下雨天，道路泥泞，人扛车。猜谜可提高孩子的想象力，锻炼孩子的观察力。

跑马城。也称"骑车子",多是男孩三人娱乐游戏,或多人比赛游戏。其游戏是两人手拉手,一人单腿跨在两人相牵的手上,从膝盖处垂下,脚悬空,一腿直立,用脚蹦着走,两手搭在其他两人肩上,向前冲跑,比赛速度。也可是分组比赛,先到达目标者为胜。也可是双方对冲,"车子"先散架的一方失败。

顶牛。多名男孩的竞技游戏。游戏时,孩子分作两队,选出队长,队长为自己小组挑选队员,挑队员时从好到差,双方人数对等。比赛时,双方每次出一人,比赛者一腿蹦跳,一腿蜷缩在前,用双手扶住脚部和膝盖部,反复对冲,至某一方蜷缩的脚落地为败。随之,失败一方重新选派一人,如前一样,相互对冲,如古代"车轮战"一般,只是两边不断选派新人投入,直至某一队对冲至最后一人脚落地为止。

打弹弓。男孩喜爱的娱乐游戏。弹弓制作是截取"丫"形树枝,或用铁条制成"丫"形,两角顶端系以皮条,皮条中间截断,用薄皮制作小兜,小兜多用割开的野蚕茧制作。将搓制的小泥丸或小石子放在小兜,用力拉开皮条,松手便将泥丸弹射出去,常用来打小鸟或树叶。

滚铁环。一人可独立完成的娱乐游戏。早时多用木桶上的两道铁箍圈做铁环,后有专门用钢圈制作的铁环。铁环有宽有窄,宽铁环滚起来平稳,但比较笨,窄铁环滚起来轻便,比较灵巧。滚铁环需要一个手柄,多用粗铁丝弯折成钩状,后面用木棒连接扎紧。也可用粗钢筋制作,俗称"铁环溜子"。游戏时,右手握铁环溜子手柄,用铁环钩子护着铁环后部,给铁环一定推力,铁环便像车轮一样前行。人若快跑,铁环也滚动快,人若慢走,铁环也滚慢。如遇到上下坡,人还要不断转换钩子与铁环相接的方式,最大限度地让铁环不倒,其中有很多小技巧。

猜人。集体完成的娱乐游戏。其游戏是一孩子用双手捂住另一孩子双眼,让他猜从眼前经过的人是谁。游戏过程中,蒙眼者常向被蒙眼者不断提示,"跛子走过去了""犁地的人走过去了""瞎子走过去了"等,让蒙眼者猜测扮演者的姓名。如果猜中,游戏重新开始。猜人游戏可练习孩子观察生活和语言描述的能力。

上刀山。数人完成的娱乐游戏。方法比较简单,在地上划五道直线,状如梯子。小孩选用一瓦片(大小不限)作道具。站在最后一条线外,用手将瓦片抛掷顶头线外,要求瓦片不能压线,也不能距离顶头线太远

(否则单脚一次不能踢进线内)。然后从第一条线起,单脚站立,一条线一条线蹦过,直到最后一条线。随后反身,将瓦片踢入第一条线内,单腿蹦跳跟进,将瓦片踢入下一条线内,依次类推,直至踢过最后一条线,一局结束。在踢动瓦片过程中,脚上力量大小要合适,一次只能过一条线,既不能超出线外,也不能踢不出本线,可以锻炼孩子抛物的准确性和单腿蹦跳的耐力。

摔跤。男孩比力量、技巧、耐力的娱乐游戏。摔跤多是年龄相仿、力气相当的男孩子一起玩耍,没有打斗念头,只有切磋技艺目的。有时也会在年龄、体力有明显差异的孩子中游戏,多是弱者先从后面抱住强者的腰,取得优势,然后正式开始。小孩摔跤可锻炼体力和身体的灵活性。

摔(泥)窝儿。也称"玩泥巴",是最具农家特色的男孩娱乐游戏。多在雨天之际,一群男孩常在屋檐下找平整地面。用手挖好泥巴,将其揉成面团状,再将泥巴做成盆状,称作"窝儿"。孩子多会根据泥巴多少,做出大小不同的窝儿,孩子多将自己的窝底做薄,方便赢得更多泥巴。比赛时,一孩子手托窝儿,高举后,翻转手掌,用窝儿猛扣地面,便发出"啪""咚"声音。因窝内聚气,落地之际,空气便穿透窝底,在其底部留下一破洞。对方须用自己的泥巴做一与洞口大小相当的泥饼,补在上面。其泥饼算是比赛的战利品。接下来由别的孩子依次摔窝,摔出破洞由接下的孩子补齐,依此类推。如果窝摔下没有破洞,其他小孩便无需用泥饼弥补。多数孩子求胜心切,常将自己的窝做得好,争取摔出更大破洞,获取更多补偿。摔窝一般比谁摔窝的响声大,谁赢的泥多。泥巴黏性好,许多孩子多会将摔窝的泥巴做成各式小玩具,如小汽车、小泥盆、面条、小狗等,不一而足,很有乐趣。现在因土壤卫生问题,已很少有小孩玩泥巴。

吹咪咪。也叫"吹咪儿",常在春天杨柳发芽时,因杨树、柳树、榆树水分多,皮质易剥离。人们常选用筷子粗细的枝条,折出3—4寸长短,用双手各握半段,合适用力(有很大技巧,一般容易将树皮撕裂),做相反方向扭动,皮质就分离开来,再将木质芯抽出,留下一段树皮筒。再用剪刀将树皮筒两端修剪齐整,留下一寸左右,便做成一个小哨。游戏前将一端捏成扁平状,噙在口中,便可吹响,模拟不同动物声响。还有一种,用两片有韧性的芦苇叶,放在嘴唇处,口含一部分,用力吹动,也可发出各种各样的哨音。

打秋千。多数孩子喜欢的娱乐游戏。多在家中房梁上用绳子拴制，也有在庭院中两树间架起一段坚硬横木，再用绳子拴制，供孩子打秋千玩耍。游戏可一人玩耍，也可数人一起玩，一人用手推动荡秋千，使之来回浮动，可锻炼孩子的胆量和平衡性。

弹流儿。男孩喜欢的娱乐游戏。弹流状如药丸，多是玻璃球，其大小不同，直径1—2公分，有些内嵌色彩，滚动起来很好看，因其滚动如水流，也称"流儿"。流儿便宜，但自己做不了，多是买取或废品换取。"弹"是用手指弹动流儿，助其滚动。游戏时，先在平地上挖三个小坑（大小可容流儿），深4—5公分，相互距离约1米，小坑分列呈三角形，构成比赛场地。两个孩子即可游戏，也可多个孩子一起游戏。其方法是先将流儿各自放置在距离某坑的一定位置，大家用石头、剪刀、布决定谁先弹。弹时用大拇指与食指，依次将流儿弹入坑中，从第一个开始，依此类推，谁先弹完三个坑，谁就胜利。如此循环往复，可训练孩子的眼力，对距离的判断及弹指的力度。

参考文献

樊雨田主编:《可爱的蒲城》,陕西人民出版社1994年版。
费孝通:《乡土中国》,中华书局2015年版。
高丙中:《中国民俗学概论》,北京大学出版社2009年版。
刘福谦主编:《蒲城县志》,中国人事出版社1993年版。
刘雨晓主编:《尧山》,西北工业大学出版社2017年版。
权佳果著:《中国伦理》,陕西人民出版社1995年版。
师继祖主编:《渭南地区文化艺术志》,三秦出版社1992年版。
杨景震主编:《陕西民俗》,甘肃人民出版社2003年版。
赵作雨:《金色蒲城》,陕西科学技术出版社2017年版。

后　　记

《蒲城民俗调查研究》记述了蒲城县域内的风俗民情。以《蒲城县志》（1993年版）中相关民俗内容为线索，以地方文史资料为基础，着力从现存各种民俗事象中探索其历史流变和文化意蕴。为弥补县志和地方文史资料不足，本书编者还对县域内相关人员进行走访，了解相关民俗事象基本情况，对县域内诸多民俗事象进行系统整理与研究，力争比较全面反映县域内百年以来的社会生产与生活风貌。

民俗是传统文化与现实生活的结合体，它既是历史留给现代人的文化资源，也是现代人生产生活的重要文化指令，不同时代的民俗生活都有承上启下的历史功能。各不相同的民俗生活都包蕴了不同时代人的思想、情感、意志、观念与信仰，它是一种有"意味"生活模式，是人们可以不断"玩味"和体验的存在。在梳理分析各种民俗事象过程中，本书坚持详近略远，努力勾勒出不同民俗事象的历史流变及现代转换，重点记述有地域特色的民俗事象，发掘其背后蕴含的文化意义。坚持民俗传承的批判性，详尽优秀传统民俗形式，弘扬其内在文化精神，对含有糟粕内容的民俗，辨析其存在的意义，去伪存真，将其作为特定时代历史遗迹进行记述。对一些陋俗、恶俗则给予批判和否定。

蒲城是"关中隩地"，地理位置优越，土地平整肥沃，历史悠久，文化灿烂，有厚重的人文积淀和丰富的历史遗迹，自然资源多，生产潜力大，人口密集，交通便捷，境内民俗种类繁多，呈现形式不同，多数民俗"通而不同"，可以相互兼容。随现代经济社会发展，县域内诸多民俗已成融合趋势，各地村镇中的"小"民俗逐渐被整合或消解，随之散落流失在历史长河中。传统民俗就像一条绵延不断的河，它不仅营养滋润不同时代生活的人，也创造其生机，塑造其性格。因此，本书在记述中做了筛选，既全面呈现蒲城境内百年风土人情，又努力凸显蒲城民俗的地域特色。对有地域性的民俗事象，则详加叙述，重点分析，着力发掘其文化价值和现代意义。对与周边县域相似的民俗事象，则简单描述，勾勒其大致情状。对历史上曾经发生，现在已经消失的各种民俗，也尽力收集，以显示其存在的历史价值。

本书重视被调研人的讲述，以实地考察实证和文献记录保存为依据，重视第一手资料的占有和第二手资料的参考，重点收集目前在日常生活中普遍流行，且还发挥作用的民俗事象，重点记述在当地有较大影响、且能凸显地域风土人情的民俗事象。本书以文化符号学为分析原理，强调人、符号、文化三位一体，即人创造了符号，符号蕴藏了文化，文化塑造了人，三者是一个相互构建和螺旋上升的过程，着力分析重要民俗的历史渊源、发展变迁及现实意义。

在实际调研中，本书重点选择了县北的罕井镇、县西的荆姚镇、县南的党睦镇、县东的永丰镇、孙镇及城关镇等，争取能全面记述县域内各有特色的民俗事象。陕西省图书馆、渭南市图书馆、蒲城县图书馆及渭南师范学院图书馆是查阅相关资料的重要地方，关中民俗博物馆、林则徐纪念馆、王鼎故居、杨虎城纪念馆、清代考院、蒲城文庙、尧山庙、重泉古镇等是实地考察和资料搜集的重要场所，两者相互补充，力争达到记述的完整性、真实性和全面性。

被调研人员都生长在乡村，有长期乡村生活的经历和经验。他们一直在田间作业，熟悉乡村社会，了解民间生活，知晓各种民俗形态，有些人本身就是相关民俗活动的组织者和参与者，或是某些民俗的行家里手，能够较好讲述各种民俗故事。其讲述内容多是自己熟悉的生产生活，或是他们自己的生活故事，等等。我们发现，县域内各地民俗虽有差异之处，但大多是相通的，有很大的通约性。本书着力保全同一民俗的不同说法和呈现形式，如此也可相互补充，较好反映县域内的生活事实。本人有乡村社会生活的经历，参加过乡村社会的许多生产活动，对多种民俗也知晓一二。中学时代的同学来自县域内不同地方，他们均能讲述很多地方民俗故事，这也为本书记述提供了重要线索。

本书在编写过程中得到诸多热心人士的关心与帮助，他们是渭南师范学院人文学院院长曹强教授，退休老师严安政教授及权佳果先生等。特别是权佳果先生编写的《家乡与我》一书，对蒲城县西一带许多生产生活都有记述，其中许多乡村生产生活方式都已逝去很多岁月，但它依然能提醒我对县域内其他相应内容的回忆与调研，使我受益良多。我的母亲赵凤兰，年寿高，历事多，知晓乡村诸多故事，能详细讲述当地许多生产生活习俗，特别是一些地方菜肴做法、小麦种植过程、土织布生产流程以及当地的婚嫁习俗、丧葬习俗、寿诞习俗，等等。我的同学发小还讲述小时候一起玩过的游戏。如此内容，让本书增加了更多风土人情和人生道理。

另外，本书在记述民俗事象时，尽量"述而不论"。用民俗事实呈现当地人的日常生活，显现当时人的生产生活观念，将立场与观点寓于材料的整理与记述中。在记述语言上，尽量科学、朴实、严谨，不用夸张、渲染等手法，着力让文字干净、亲切、生动，努力增强该书的资料性、文学性、故事性，也部分增加相应内容的研究性。虽然如此，但本书仍避免不了挂一漏万，会有诸多缺点和不足，敬请各位方家海涵。

本书插图采自已公开发行的照片。文中引文和解释说明等，选用页下注，作为正文的补充，方便阅读参考。文末已注明参考文献基本信息。凡此一并致谢。